特攻
この地より
かごしま出撃の記録

はじめに

昭和史研究家　保阪正康

「戦後70年」(２０１５年)の戦後は、太平洋戦争が終結してからの意味だが、これだけの時間を経ると戦争に加わった元兵士たちは極端なまでに少なくなっている。当時20歳の兵士とて90歳に達しているわけだから当然であろう。

このときに新聞やテレビを始め、大半のメディアが70年企画を行っている。私のもとにも幾つかの社から取材申し込みがあり、なかには私自身が関わった企画もあった。しかし私が不満だったのは、特攻に関する企画が少なく、たとえとりあげても表面的であり、取材の奥行きが狭すぎるとの感がしてならなかったことである。

そんなときに南日本新聞が特攻作戦の全面的調査や取材を進めていることを知った。編集委員の２人の記者がこの企画専門で取材を進め、記事をまとめていくというのである。なにより会社も全面的に支えてくれるという。特攻作戦に関わった人たちと会う最後のチャンスと理解していることを知った。

誰かがいつか、次の世代の目でこの軍事的戦術がどのような意味をもつのかを検証しなければならない。県内に知覧、鹿屋をはじめとする数多くの特攻基地を抱えていたといっても、関係者は全国に散っている。そういう人たちに対しても積極的に連絡をとり取材に赴く姿を確認して、私は内心で応援を続けた。

なんどか紙面を送ってもらった。それに南日本新聞主催の講演会に講師として出席した折にも、編集幹部から話を聞くことができた。特攻作戦の記事は、一方で賞賛、もう一方で犬死にといった極端な論に傾きがちだが、そこからは特攻という日本だけの特殊な戦術への内実は浮かんでこない。私は両論を軸に歴史的事実を語るのは特攻隊員の人たちに失礼だと考えていて、とにかく史実をありのまま、さらには特攻隊員たちの心情をできるだけ加工しないで残しておくべきだと思っている。

「特攻この地より」というこの連載記事では、芙蓉部隊指揮官の美濃部正少佐もとりあげている。美濃部はパイロットという立場で、あるいは海軍の部隊長として特攻作戦に反対している。美濃部の伝言をいかに残すか、その心情をどう理解するかは、特攻作戦を考えるときの貴重な尺度になりうる。

連載記事で美濃部の遺族を訪ね、その心情を聞いているのは、他メディアにみられない史実の真相へのアプローチである。このほかにも韓国取材に見られるような広がりがある。

その点を読み抜くことで、私たちは昭和のあの戦争の本質へ近づくことが可能になる。
そのような機会を与えてくれたことに、私は感謝している。

目次

第2部　砂上の基地

第3部　軍都鹿屋

第4部　細る戦力

第5部　半島の神鷲

第6部　本土決戦への道

第7部　統制下の新聞

第8部　伝承の壁

※本書は南日本新聞長期連載企画「かごしま戦後70年―特攻この地より」を加筆修正したものです。年齢と肩書は当時。

序　鹿児島県の特攻

沖縄支援の出撃基地が集中

太平洋戦争時、本土最南端の鹿児島には航空基地が数多く存在した。米軍の沖縄上陸を控え、次々と特攻基地化。1945(昭和20)年3月11日から8月13日まで特攻機が出撃した。湾岸沿いには本土防衛に備えて特攻艇基地も造られた。特攻施設の集中は、県民が猛烈な空爆にさらされる大きな要因にもなった。

太平洋戦争は41年12月の日本海軍によるハワイ・真珠湾攻撃に象徴されるように、航空機とそれらを運ぶ空母が主役となった戦いだった。

短期戦を狙った日本は42年6月のミッドウェー海戦の敗戦以降、消耗戦を強いられる。レーダーをはじめとする最新技術を積極導入した米軍に制空権を握られ、44年9月のマリアナ沖海戦で大敗。マリアナ諸島に大型爆撃機B29の基地が建設され、日本のほぼ全域が空襲圏に入った。

客観的に敗戦は明らかだった。陸海軍が「米軍に一矢を報いた上での講和」を模索する中で採用したのが、爆弾を積んだ航空機で敵艦に体当たりする「特攻」だった。

初めは軍内部でも多くの反対があり、限定的戦術と位置付けられた。しかし、初出撃し

太平洋戦争末期の海軍鹿屋基地周辺。田畑の中に南西から北東方向に走る滑走路（写真右側）があり、つながる道路には飛行機を爆風から守る土を盛っただけのコの字型掩体壕《えんたいごう》が点在、空爆を受けて飛行機が炎上しているのが見える（海上自衛隊鹿屋航空基地史料館提供）

た同年10月のフィリピン・レイテ沖海戦で米軍の護衛空母1隻を撃沈してからは攻撃の主流になった。

米軍の沖縄進攻が迫る45年1月、最高戦争指導会議は「全軍特攻化」を決定。既に多くの熟練操縦士を失い、各地の練習航空隊の学徒出身士官や少年兵が、未熟な技術のまま相次いで動員された。

鹿児島から初の特攻機出撃は3月11日、海軍鹿屋基地。米軍空母が集結していたカロリン諸島・ウルシー環礁に向かった。以降、離島を含む県内12カ所か

1945年4月11日、沖永良部東方で米戦艦ミズーリに突入する特攻機（海上自衛隊鹿屋航空基地史料館提供）

ら続々と飛び立っていく。

6月末に沖縄戦が終結すると、本土決戦に備え、沿岸部に「震洋」「回天」などの水上・水中特攻艇基地もあちこちに設けられた。出撃することはなかったが、哨戒中や終戦後の撤収時の事故で命を落とした人もいる。

知覧特攻平和会館や特攻隊戦没者慰霊顕彰会の資料を集計すると、鹿児島から出撃し亡くなったのは2236人。大戦中の特攻戦没者5852人の4割近くを占める。正確な戦没者数は戦後の軍による資料焼却などでいまだに分かっていない。

犠牲は軍人・軍属だけではない。鹿屋、知覧などの特攻基地が多数あり、沖縄に続く上陸地点とされていたことから空襲の標的になり、多くの民間人が亡くなった。

特攻をどうとらえるか
昭和史研究家・保阪正康氏に聞く

太平洋戦争中の１９４４(昭和19)年10月、フィリピン・レイテ沖海戦で初めて採用され、45年８月15日の終戦まで日本軍の主要戦術となった「特攻」。生還を許さない自爆攻撃を今、どうとらえればいいのか、昭和史研究家の保阪正康さんに聞いた。

「英霊」「犬死に」ともに矛盾

日本の戦争には三つの問題点があると思っている。軍事が政治を支配したこと。国際ルールが確立していた捕虜の扱いなどを無視したこと。そして「特攻」や「玉砕」のような、１００％の死を強要する戦略・戦術を戦争指導者が採ったことです。

米国にしてもドイツにしても、戦局を打開するための特攻的な作戦はありえた。でも、それを組織的にシステム化してしまった国は日本以外にはない。本来、命を慈しんできた

「『英霊論』でも『犬死に論』でもない特攻の見方が問われている」と話す保阪正康さん
＝東京都中央区

はずの日本の文化・伝統への戦時指導者の不遜な挑戦といってもいいだろう。

以前、特攻機の無線を聞く立場にあった元海軍士官に戦時中、個人でつけていた日誌を見せてもらったことがある。そこには「きょうもまた『海軍のバカヤロー』といって散華する者あり」と無線内容が書かれてあった。

元士官に「これだけじゃないでしょう」と聞くと、〝最期の言葉〟には「お母さん」とか、交際していた女性の名が多かったらしい。「恨む」言葉もあったとのことです。

4、5年前に千葉で講演した時、80代後半の男性がやって来て「自分は余命幾ばくもないが、心の奥に封じ込めてきたことを聞いてほしい」という。

男性は学徒動員で整備兵になり、南九州の飛行場で特攻機の整備に当たっていた。いよいよ出撃という段階で失神したり失禁したりするなど、人事不省に陥る操縦者もいたらしい。そんな人を5人ほど特攻機の操縦席に運び上げて出撃させたのだという。「私は同年代を殺した」。その罪悪感を戦後、ずっと抱えて生きてきた。

だけど、こんな話は公的な記録にはない。軍にとっては都合の悪い話だから、もみ消したんでしょう。志願した者だけが出撃したといわれているが、実態は強制。「志願説」は戦後、責任を追及されたくない元軍幹部が流布したものだとみています。

もし戦争が45年8月で終わらなかったらどんなことが起きていたか、日本人はもっと考えてみるべきではないかと思います。米軍は11月以降、暗号名「オリンピック」「コロネット」などの日本本土上陸作戦を準備していた。オリンピック作戦は鹿児島県の志布志湾や吹上浜などが上陸目標でした。

本土上陸作戦に備えて、日本は45年6月に「義勇兵役法」を定め、15歳〜60歳の男、17歳〜40歳の女全てを義勇兵として動員する態勢を整えていた。これら義勇兵がどんな役割を担わされたかというと、正規軍が戦う前に、爆弾を抱えて上陸後の米軍戦車に飛び込んでいく特攻要員だったというべきでしょう。

最初に特攻作戦を始めた第一航空艦隊司令長官の大西瀧治郎中将は45年春、台湾での訓示の中で、「日本人の5分の1が戦死する以前に、敵の方が先に参ることはうけ合いだ」と述べています。死体が累々と並ぶ血まみれの日本本土の光景に米兵がひるんだときが講和の時だというんです。正常な戦略・戦術はなく、倒錯している。一億総特攻。国全体で自殺するという、とんでもない発想です。

戦後、特攻隊員の評価は「彼らの犠牲の下に戦後日本の繁栄がある」という英霊論と、「無駄死にだった」という犬死に論に二分されてきました。だが、どちらにも矛盾がある。前者には特攻が国家から強制された死だという視点が見事に欠落している。後者も、個々の隊員の苦悩・苦悶《くもん》を理解しようとしていない。

戦後70年近く、当時を知る人の多くがこの世を去り、今また英霊論が広がってきているようにも見えます。大事なのは「自分たちも特攻隊員たりえた」という視点を持つことだろうと思います。

人の生命を国家が100%支配する世界で、個人がどう振る舞えるものか。想像してみれば、特攻を美化することなどできなくなるはずです。

自分の父母や祖父母があの時代をどう生きたのか。歴史を難しいと考えず、身近なところから教訓を学んでほしい。

鹿児島県内の主な特攻拠点

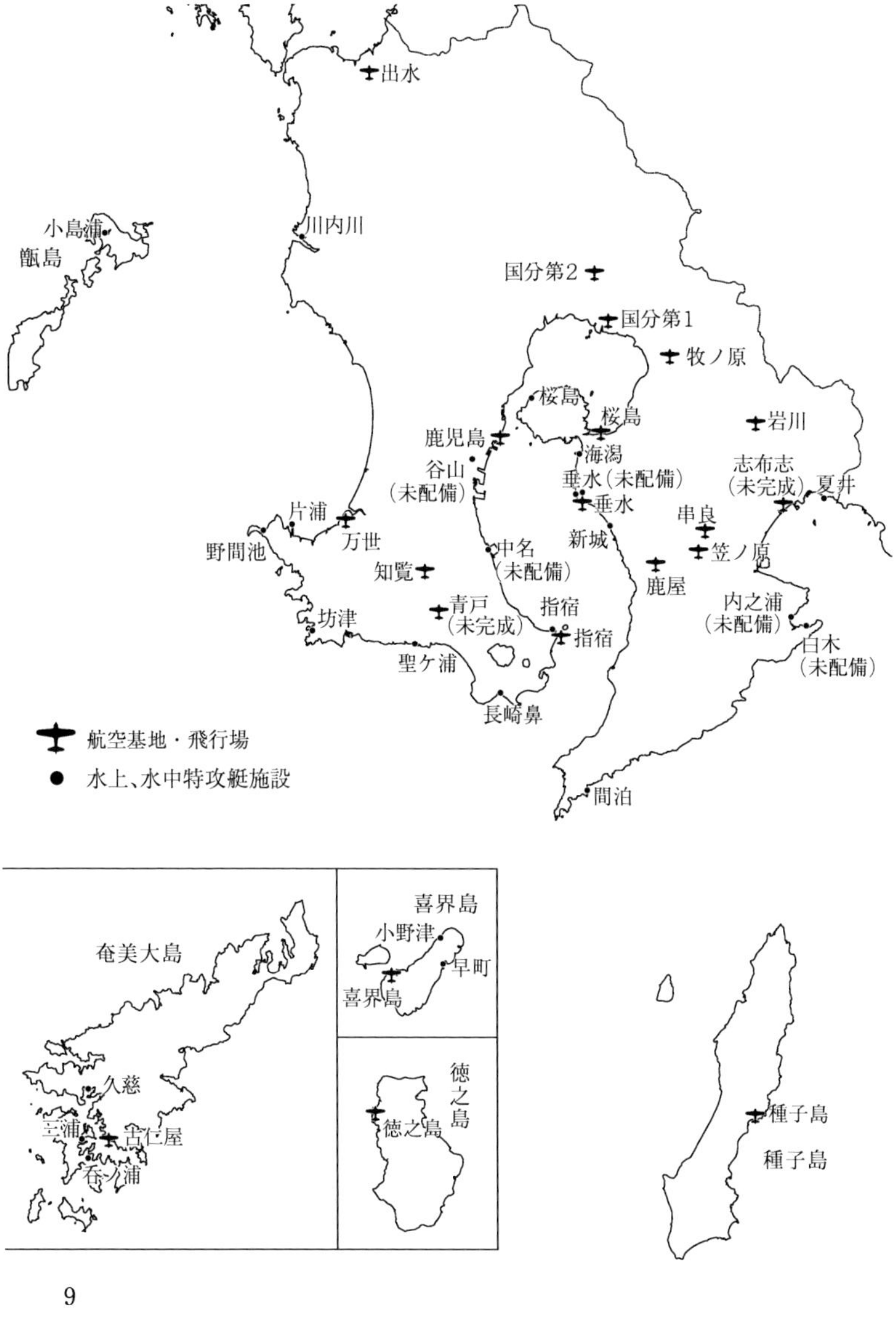

■陸軍

●知覧(特攻戦没者数・403人)

1941(昭和16)年、福岡・大刀洗陸軍飛行学校知覧分教所(のち教育隊)として使用開始。少年飛行兵や特別操縦見習士官らを訓練した。その後、実戦部隊化し、45年春からは特攻基地に。4月1日〜6月11日、特攻機が出撃。

●万世(特攻戦没者数・121人)

突貫工事で1944年(昭和19)年末ごろ陸軍最後の特攻基地として完成。使用期間が45年3月から7月と短く、知覧とも混同され「幻の飛行場」とされた。4月6日〜6月19日、特攻機が出撃した。

●徳之島(特攻戦没者数・14人)

1944(昭和19)年、沖永良部、与論両島からの増援を受けて、天城町浅間に完成。45年3月31日〜4月29日に特攻機が出撃。

●喜界島(特攻戦没者数・23人)

●鹿屋(特攻戦没者数・12人)

■海軍

●鹿屋(特攻戦没者数・833人)

1936(昭和11)年、海軍初の陸上攻撃機で編成された航空隊として開隊。海軍沖縄作戦の中核基地として45年2月、第五航空艦隊司令部が置かれた。特攻出撃は3月11日〜6月25日(陸軍も含む)。

●串良(特攻戦没者数・341人)

1944(昭和19)年、整備員養成航空隊として開隊。45年に入ると搭乗員や搭載兵器整備の要員教育を行った。特攻出撃は4月6日〜6月25日。水中特攻員の訓練も。

●国分第1(特攻戦没者数・167人)

1943(昭和18)年、出水海軍航空隊の分遣隊として開設。国分第2基地と合わせて国分海軍航空隊となった。特攻出撃は45年3月18日〜4月22日。現在は陸上自衛隊国分駐屯地。

●国分第2(特攻戦没者数・185人)

急造の国分第1基地は大型機発着に不便を生じたことから1944(昭和19)年、溝辺・十三塚原に建設が進められた。特攻出撃は45年3月18日〜6月3日。

●指宿(特攻戦没者数・75人)

1942(昭和17)年、海軍が魚見岳下の田良浜集落130戸を強制移転させて建設に着手。水上偵察機基地として開設した。45年4月28日〜6月25日に特攻出撃。

●出水(特攻戦没者数・41人)
1937(昭和12)年に基地造成開始。41年に佐世保海軍航空隊の分遣隊として発足し43年、出水海軍航空隊に。学徒出身の予備学生養成を任務とした。特攻出撃は45年3月19日～4月17日。

●鹿児島(特攻戦没者数・12人)
1941(昭和16)年開設、南方への中継基地となった。43年、鹿児島海軍航空隊が併設され、予科練の教育を始めた。45年3月11日、鹿屋基地からの特攻部隊の先導役として出撃。

●古仁屋(特攻戦没者数・7人)
1941(昭和16)年、水上機の中継基地として開設された。指宿航空隊の派遣隊が配置されるようになる。特攻出撃は45年6月25日～7月3日。

●喜界島(特攻戦没者数・2人)
現在の喜界空港がある中里海岸を整備し海軍の不時着飛行場として1931(昭和6)年に完成。南西諸島防衛のため44年に拡張。特攻出撃は45年4月7日～8月13日(陸軍も含む)。

●笠野原
私設の飛行場として1922(大正11)年に開設。44年に海軍の航空基地となった。特攻機も出撃したとされるが、詳細は不明。

参考文献＝「魂魄《こんぱく》の記録」(知覧特攻平和会館)、特別攻撃隊全史(特攻隊戦没者慰霊顕彰会)、鹿児島県内特攻基地と慰霊顕彰(日本郷友連盟鹿児島県支部編)、郷土誌(鹿屋市など)

※1　出撃地、戦没者数、出撃期間は諸説ある。陸軍は魂魄の記録、海軍は特別攻撃隊全史を、基地や施設の地図は鹿児島県陸・海軍主要施設マップ～太平洋戦争編(かごしまの戦跡を探る会)を基に作成した。
※2　特攻機の出撃がなかったとされる基地の説明は省略した。

太平洋戦争と特攻作戦の推移

1941年
12月8日　日本海軍の機動部隊が米太平洋艦隊本拠地のハワイ・真珠湾を奇襲。太平洋戦争始まる

1942年
4月18日　米空母からのB25爆撃機16機が日本本土を初空襲
6月5日～7日　ミッドウェー海戦。日本海軍は主力空母4隻と多数の航空機搭乗員、整備員を失う
8月7日　米軍がソロモン諸島・ガダルカナル島上陸、本格反攻始まる

1943年
2月1日～7日　日本軍がガダルカナル島撤退
5月29日　アッツ島守備の日本軍が全滅
10月1日　兵力不足を補うために、満20歳以上の文科系学生(理工・教員養成系除く)の徴兵延期措置を撤廃(学徒動員開始)
10月21日　明治神宮外苑で第1回出陣学徒壮行会

1944年
3月　海軍が「特殊奇襲兵器」の試作方針決定。のちに特攻艇「震洋」、人間魚雷「回天」などとして実用化。陸軍も艦船へ体当たり攻撃の採用決定
6月16日　中国・成都を出撃した米軍の新型大型爆撃機B29が北九州を空襲。B29による日本本土初空襲
6月19日～20日　マリアナ沖海戦。日本海軍は航空戦で一方的大敗。西太平洋の制海・制空権を失う
7月7日　マリアナ諸島・サイパン島の日本軍守備隊壊滅。8月2日にはテニアン島、同10日にグアム島でも壊滅し、日本本土の大半がB29の攻撃圏内に
8月　海軍一〇八一航空隊の大田正一中尉が「人間爆弾」(特攻兵器)の開発を航空本部に提案。ロケット推進特攻機

「桜花」の製作に着手。陸軍が所有機の特攻機への改修を開始。

9月13日　海軍特攻部が発足

10月1日　「桜花」攻撃専門部隊となる第七二一航空隊、通称「神雷部隊」が編成される

10月4日　陸軍航空総監部が鉾田教導飛行団(茨城)に体当たり隊の編成準備を命令

10月13日　海軍軍令部航空参謀の源田実中佐が「神風特別攻撃隊編成に関する」電報を起案。(発信は26日)

10月17日　米軍がフィリピン・スルアン島に上陸

10月20日　大西瀧治郎海軍中将がフィリピンの第一航空艦隊司令長官に着任し、「神風特別攻撃隊」を初編成。米軍がフィリピン・レイテ島に上陸

10月23日～25日　レイテ沖海戦。日本海軍は主要艦船の多くを失う。25日に神風特別攻撃隊が米護衛空母など5隻に体当たり。うち1隻を撃沈

11月12日　陸軍特攻隊「万朶(ばんだ)隊」が陸軍機初の特別攻撃。陸海軍による特攻作戦が恒常化

11月20日　人間魚雷「回天」がカロリン諸島・ウルシー環礁の米艦船群を初攻撃

11月24日　B29が東京を初空襲。軍事工場を主目標とした精密爆撃の開始

11月26日　陸軍が教導航空軍司令部を解散。第6航空軍司令部を編成

1945年

1月5日　陸海軍はフィリピン戦最後の特攻作戦展開

1月18日　首相や陸海軍大臣で構成する最高戦争指導会議が全軍特攻化を決定

1月29日　陸軍が特攻隊「と号」30隊の編成を命じる

出撃前日の1945年5月26日、子犬を抱く第七二振武隊隊員。(万世特攻平和祈念館提供)

2月10日　海軍が特攻を主体とする第五航空艦隊を編成。鹿屋に司令部を置く
3月1日　海軍が一般搭乗員の養成教育を5月中旬まで中止、選抜者を特攻隊員として訓練
3月9日　東京大空襲。死者10万人以上。焼夷弾を使う無差別爆撃の開始
3月11日　鹿屋基地出撃の梓特別攻撃隊がウルシーの米艦隊を攻撃。南九州の基地からの初の特攻作戦
3月17日　硫黄島陥落
3月20日　陸軍第六航空軍が南西方面作戦で海軍連合艦隊の指揮下に入る。陸海軍一体となった特攻作戦展開
3月21日　神雷部隊が鹿屋から初出撃。米戦闘機の待ち伏せを受け159人全滅
3月26日　米軍が沖縄・慶良間諸島に上陸。陸軍の沖縄航空特攻作戦開始(～4月5日)
3月27日　海軍の沖縄航空特攻作戦開始(～4月5日)
4月1日　米軍が沖縄本島上陸
4月6日　沖縄守備軍を支援する航空特攻の海軍菊水1号作戦・陸軍第1次航空総攻撃発動。11日までの特攻戦死者は海軍380人、陸軍109人
4月7日　沖縄へ出撃した戦艦大和を旗艦とする水上特攻隊10隻が米艦載機の攻撃を受け、大和を含む6隻沈没
4月12日　海軍菊水2号作戦・陸軍第2次航空総攻撃発動(ともに15日まで)。12日に鹿屋出撃の「桜花」が米駆逐艦を沈没させる。桜花唯一の撃沈例
4月16日　海軍菊水3号作戦(～17日)・陸軍第3次航空総攻撃(～18日)
4月22日　海軍菊水4号作戦(～29日)・陸軍第4次航空総攻撃(～27日)。29日に初の水上機特攻隊「琴平水心隊」出撃
4月28日　陸軍第5次総攻撃発動(～5月1日)
5月3日　海軍菊水5号作戦(～9日)・陸軍第6次航空総攻撃(～10日)
5月11日　海軍菊水6号作戦(～17日)・陸軍第7次航空総攻撃(～21日)
5月24日　海軍菊水7号作戦・陸軍第8次航空総攻撃(～27日)。海軍練習機「白菊」を使用した部隊が鹿屋と串良から出

撃
5月28日　海軍菊水8号作戦(～29日)・陸軍第9次航空総攻撃(～6月2日)。陸軍第六航空軍が海軍連合艦隊指揮下を離れ、陸軍航空総軍に復帰
6月3日　海軍菊水9号作戦(～7日)・陸軍第10次航空総攻撃(～11日)
6月11日　沖縄本島の海軍主力部隊全滅
6月17日　鹿児島大空襲。B29の地方都市無差別爆撃開始
6月21日　海軍菊水10号作戦(～22日)・陸軍第11次航空総攻撃(～7月19日)。神雷部隊桜花隊が最後の出撃
6月23日　沖縄での組織的な戦闘終結
8月6日　B29が広島に原子爆弾投下
8月9日　B29が長崎に原子爆弾投下
8月13日　喜界島で6月から待機中だった第二神雷爆戦隊の零戦5機が沖縄方面へ出撃。2機突入、3機引き返す。南九州からの最後の特攻
8月14日　御前会議でポツダム宣言受諾を決定
8月15日　正午に戦争終結の詔書を玉音放送
宇垣第五航空艦隊司令長官が部下の飛行機に同乗して、大分から沖縄に特攻死
8月16日　神風特別攻撃隊を初編成した大西・海軍軍令部次長が自死
(「防衛研究所・戦史叢書」、知覧特攻平和会館などによる)

爆弾を抱えた零戦に乗り込んだ出撃1分前の隊員
(海上自衛隊鹿屋航空基地史料館提供)

文に刻んだ思念

陸軍の軍用飛行場があった南九州市知覧は1945(昭和20)年4月から6月にかけて、特攻の出撃基地となった。特攻隊員たちの残した遺書や手紙からは、肉親に託す希望や、「皇国日本」に身をささげる運命を受け入れる決意がにじむ。一方では〝達観〟めいた複雑な感情も浮かび上がる。彼らをこの地で見送った人たちにも、さまざまな思いがあった。

●わが子へ

1945年4月1日、米軍が沖縄本島に上陸した日、第二三振武隊隊長として知覧を飛び立った32歳の伍井《いつい》芳夫大尉は、知覧から出撃した隊員の中で最年長だった。埼玉県桶川市に3歳、1歳の娘、そして自らの名の一字をとって名付けた生後5カ月の長男芳則を残していた。

知覧特攻平和会館には、長男あての遺書が展示してある。そこには「良クオ母サンノ謂ヒ付ヲ守ツテ勉強シテ日本男子トシテ陛下ノ御子トシテ立派ニ成人シテ下サイ」とあり、封筒には「物ノ道理ガ解ル年頃ニナッテカラ知ラセヨ」と添え書きされていた。

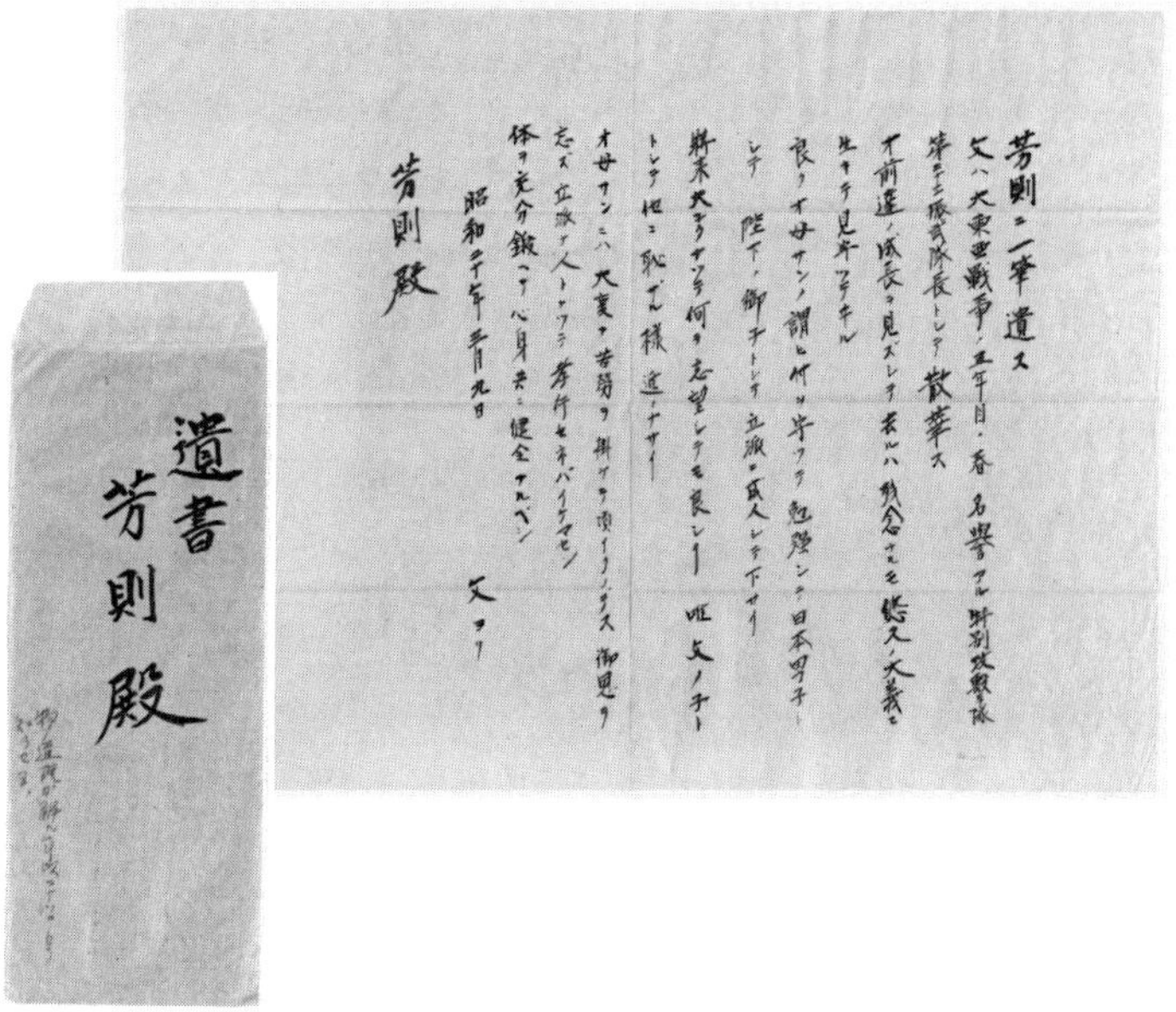
遺書
芳則殿

芳則ニ一筆遺ス
父ハ大東亜戦争ノ五年目ノ春　名誉アル特別攻撃隊
第二三振武隊長トシテ散華ス
オ前達ノ成長ヲ見ズシテ去ルハ残念ナルモ悠久ノ大義ニ
生キテ見守ッテオル
良クオ母サンノ謂ヒ付ヲ守ツテ勉強シテ日本男子ト
シテ　陛下ノ御子トシテ立派ナ人ニナツテ下サイ
将来大キクナツテ何ヲ志望シテモ良シ　唯父ノ子ト
シテ恥ヅカシイ様ナ道ナサイ
オ母サンニハ大変ナ苦労ヲ掛ケテ頂イテイマス　御恩ヲ
忘レズ立派ナ人トナツテ孝行セネバイケマセン
体ヲ充分鍛ヘテ心身共ニ健全ナルベシ
昭和二十年三月九日
父ヨリ
芳則殿

伍井芳夫大尉、安部正也少尉の手紙と封筒、「俺が死んだら何人泣くべ」の絶筆の写真は、いずれも知覧特攻平和会館提供

現在も桶川市に暮らす次女の臼田智子さん(71)は、当時、父親が母園子さん(87年死去)に書いた手紙を大事に保管している。45年3月28日に知覧に隊が到着した日と見られる便りには、「本二十八日最前線に来た。至極元気なり。思い切ってやるぞ。後をしっかり頼む。子供を丈夫に育ててくれ」と、やはりわが子への思いがにじむ。

●必死必沈

1945年4月29日、安部正也少尉（福岡県出身）は第二四振武隊の仲間と知覧を出撃したが、エンジン不調で本土から南西60キロの黒島近海に不時着した。そこには数日前に不時着し、大やけどを負った隊員がいた。安部少尉は島民の手こぎ舟で薩摩半島に戻り、再出撃。途中、黒島上空でやけどの薬などを投下して沖縄に向かい、戦死した。21歳だった。

特攻平和会館に展示された安部少尉の遺書は、第二四振武隊が知覧への「前進命令」を受けた4月27日ごろ、小月飛行場（山口県下関市）で書かれたとみられる。「愈々（いよいよ）突撃です　必ずやります　必死必沈　悠久の大義に生きむ　命降る　死亦（また）生に通ず　死亦楽しからずや　今ぞ此の身を捧ぐれば　皇国は永久に栄へまつらむ」と自らを奮い立たせる言葉が並ぶ。

●母のように

知覧の町で富屋食堂を営み、特攻隊員を母親のように見守った鳥濱トメさん（1992年死去）は、遺族にあてて子供たちの最期の日々を伝える手紙を書いた。写真は45年6月3日に出撃した第四八振武隊の中島豊蔵軍曹（愛知県出身）の父親あての便り。食堂跡に立つ資料館「ホタル館」に展示されている。巻紙に「私は食堂をして居りますものですが」「私も又子供の如くお世話してあげたかったので」と、つづっている。

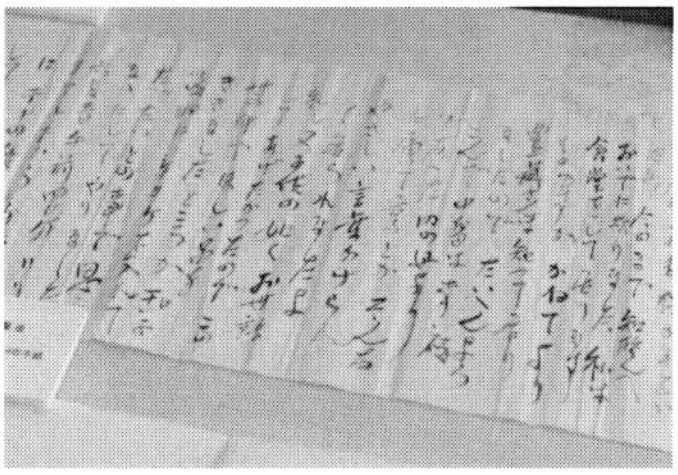

●諦め、達観

特攻平和会館に展示されている遺書、手紙の中には、勇ましいものだけではなく、写真のように「俺が死んだら何人泣くべ」といった諦め、達観ともとれる絶筆もある。

「浮世ヨリ冥土行　軍人5割引　途中下車お断り（但し特急のタメ）」「馬鹿者になるは難し　されど馬鹿者となる事肝要なり」「思索を捨つべし」などもその例だ。

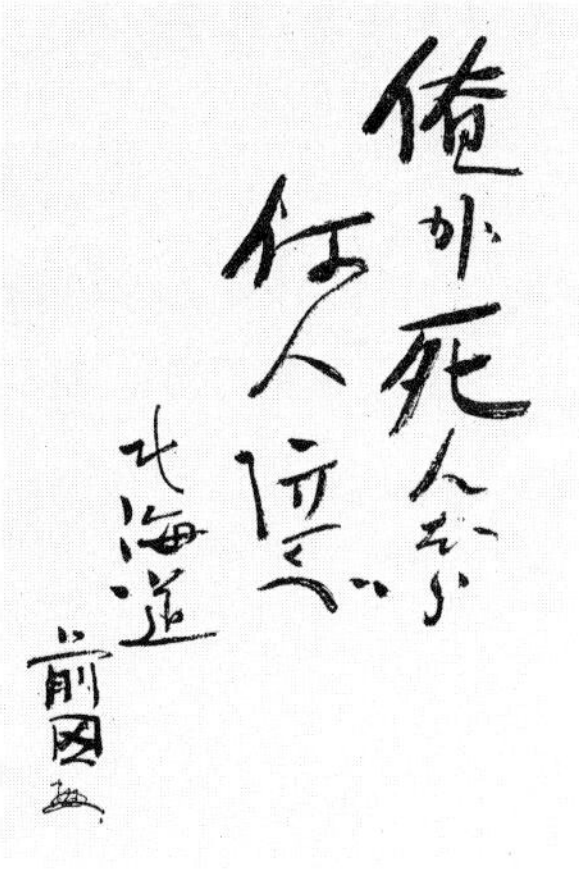

第1部　終の便り

太平洋戦争末期、日本軍は飛行機ごと体当たりさせる特攻作戦を展開した。本土最南端の基地として陸軍最多の出撃機を飛び立たせた知覧は、その代名詞とも言える。この地にまつわる遺書や手紙が伝えるものを探る。

1・生き残り

友の絶筆求め全国行脚

1945（昭和20）年5月28日は、命日のはずだった。

当時20歳。両親と小学校の先生あてに感謝を伝える遺書を書き、辞世の句を残した。「靖国の戦友《とも》に遅れはとらじとて　我も散らなん沖縄の沖」

沖縄沖の米軍艦隊に向けた第9次航空総攻撃のその日午前5時、板津忠正さん＝愛知県犬山市＝は、知覧飛行場（南九州市知覧）を飛び立った。陸軍特攻第二一三振武隊の一員だった。

だが、乗っていた九七式戦闘機のエンジン故障で徳之島に不時着してしまう。知覧に戻ってから2度の出撃命令を受けたが、雨で中止。6月下旬の沖縄陥落後も本土決戦要員として知覧にとどまり、終戦の日を迎えた。

「一緒に出撃した人が死んでるのに、のうのうと生き残った。僕ほど運の悪い男はいない」

終戦から3日後、板津さんら隊員は「すぐ帰れ。米軍に見つかったらまっさきに殺される」

と指示された。追い立てられるように知覧を離れた。

戦時中は「軍神」「神鷲《かみわし》」とあがめられた特攻隊員たちも、戦後、価値観の変わった社会には受け入れられなかった。生き残った隊員の心にも、深い負い目が消えなかった。

特攻仲間の写真や遺書の複写を前にする板津忠正さん
＝2014年10月23日、愛知県犬山市の自宅

故郷の愛知に戻り、名古屋市職員になった板津さんは戦後30年間、特攻隊員だったことを周囲に隠し続けた。生き残りには自殺者も多かったが「勇気がなかった。悩んで悩んで、心から笑った記憶はない」。もともと酒も飲まず、たばこも吸わない。代わりに「夢中で仕事に打ち込んだ」。

74年、転機が訪れる。知覧飛行場跡の平和公園に「特攻勇士の像」が建ち、除幕式に出席した。出撃前の特攻隊員を世話した地元の食堂店主、鳥濱トメさんと再会。「生き残った理由を考えんな」と諭された。50歳だった。

すぐに特攻仲間の「慰霊の旅」を始めた。厚生省復員局の陸軍特攻戦没者名簿を手に入れ、遺族に

鳥濱トメさんと並んで写る板津忠正さん（左）
＝1945年6月ごろ

手紙を出した。だが誤りが多く、宛先不明で帰ってくるケースも多かった。返事があれば直接訪ね、手紙で連絡がつかなくても現地に行って粘り強く人探しを重ねた。

遺族に会うと、基地での最後の様子を伝えた。特攻作戦は軍機密で、息子の出撃の詳しい日時、場所さえ知らない親もいた。

行脚を続けるうち遺書の散逸が気になった。自分の棺おけに一緒に入れてくれ、と頼んでいる親も多かった。

「特攻があった真実を後世に語る遺書が消えていくのは国家的損失。何とか残せないか」

洋上で死んだ特攻隊員にとって遺書は遺骨代わりだ。彼らがどんな気持ちで書いたのか。その気持ちまで忘れ去られていくのは、遺書を書いた一人としてたまらなかった。慰霊の旅は、遺書、遺影を集め、記録する使命も帯びていく。

年月がたつ焦り。仕事の片手間では追いつかない。54歳で役所を早期退職した板津さんは本格的に全国を探し歩いた。手に入れた特攻仲間の〝形見〟は、知覧町が開設した遺品館に提供した。

遺品館から特攻平和会館に移行した87年の前後4年間は、請われて初代事務局長を引き受けた。準備に携わりながら、自らの体験を交えて案内人を務めた。沖縄戦で戦死した陸軍特攻隊員1036人にまつわる会館の展示資料のおよそ1割は、板津さんが〝余生〟をかけて集めたものだ。

「ああいうものを残すこと自体、特攻を美化するという理由で気に入らない人もいた。だけど記録は記録として残すべきだと思った」「この世に私がおらなけりゃ、何も残らなかったでしょう」

取材の数日前に精密検査を受けたが、医者が驚くほど悪いところは見つからなかった。生きぬいたことの意味を、ひしひしと感じている。

2・母代わり「子供」らの最期伝える

「おばあちゃんな、行っがなっかねえ。たくさんの人が待っちょったっどん」

「大丈夫だよ。連れていくから」

戦時中、知覧の町で軍指定の富屋食堂を営み、集まる特攻隊員たちに「おばさん」「お母さん」と慕われた鳥濱トメさんが、孫の明久さん（54）と交わした最後の言葉だ。

1992年の年明けから体調がすぐれず枕崎市の病院に入院。例年5月に、知覧特攻平和観音堂前で開かれる特攻基地戦没者慰霊祭に出席できるか気がかりだったらしい。

「行っがなっかねえ」と3月末ごろから、何度も口にした。

その手紙は、「中島様のお父上様に一筆お知らせます」（原文のまま）で始まる。

中島豊蔵軍曹は第四八振武隊の一員として45年6月3日、知覧飛行場を出撃、19歳で戦死した。愛知県の実家に、あまり日をおかず、出撃前の様子を告げる手紙が届いた。差出人は42歳のトメさんだ。

自分が知覧で食堂をしていることを知らせた後、続ける。「私も又《また》子供の如《ごと》くお世話して

鳥濱トメさんの思い出を話す孫の明久さん
＝2014年12月３日、南九州市知覧のホタル館

あげたかったのでこの世の中でほしい品をききましたところが玉子の吸い物にシイタケを入れてたべたいとの事で思ふままにしてやりました」。さらに「リリク（注・離陸）」の日時を伝えている。

特攻は軍事機密だ。当時の新聞が基地を報じる際は「〇〇基地」と表して、場所を伏せた。隊員が軍の検閲を受けて出す手紙には、自分が今どこにいるのか書くことを禁じられていた。戦死情報についても、遺族にさえ詳細な日時や場所が知らされない。

そんな状況で、トメさんは多くの肉親宛てに便りをしたためた。「憲兵の見張りを避け、朝一番に遠いところのポストに出しに行ったようだ。覚悟の上の手紙だったと思う」。明久さんが言う。

トメさんが中島軍曹の父親に、あえて知らせなかったことがある。

中島軍曹は出撃数日前に片腕を捻挫した。自由に動かない腕を自転車のチューブで操縦かんに固定して飛び立ったのだ。

しかし、トメさんは「元気でニッコリ笑って征《い》かれました」とだけ記した。親の気持ちを思えば、そう書くしかなかったのか。

トメさんが書いた手紙はいま、富屋食堂跡に立つ「ホタル館」のガラスケースに収められている。同館には親や妻子と並んだ特攻隊員の写真も数多く展示してある。

戦後、「あの人たちも命が惜しい男であり人の子であり人間なんだよ。１００歳まで生きて慰霊したい」と話していたトメさん。92年4月22日、その年の慰霊祭には足を運べないまま、89歳で旅立った。

3・終の便り
遺稿集出版し証言残す

「あれは大平が私に宛てたもの。人には絶対見せたくない」

1945(昭和20)年3月27日から4月18日まで23日間、知覧飛行場で勤労奉仕をした知覧高等女学校の生徒たちが、間近に接した特攻隊員の思い出や、隊員の遺書を本にまとめる準備を進めていた。ちょうど隊員たちの三十三回忌を迎えるころだ。

45年4月12日に知覧飛行場を出撃した大平誠志《まさし》少尉(当時22歳、栃木県出身)の遺書の掲載を求められた妻フク子さんは、当初、かたくなに拒んだという。

「ぜひお願いします」と頼んだのは、生徒の一人で現在85歳になる永崎(旧姓前田)笙子さん＝さいたま市＝だ。

15歳だった自分が飛行場で接した隊員の中で、大平さんは「一番さびしいお顔」が記憶にあった。兵舎の中で腰掛けて足をぶらぶらさせている横顔は近寄りがたかった。

後になって実は、妻や子がいた身と知る。その最後の手紙を、「歴史の証言」に加えたかった。

特攻隊員の遺族らと戦後も交流を続ける永崎笙子さん
＝2014年10月5日、さいたま市

知覧高女の奉仕隊は、校章の図柄にちなみ「なでしこ隊」と呼ばれた。掃除や洗濯など隊員の身の回りの世話が課せられていた。軍の検閲を避けようとする手紙を預かり、代わりに町のポストに投函《とうかん》することもあった。

永崎さんは、大平少尉と同じ4月12日に出撃した第六九振武隊の岡安明少尉（当時24歳、埼玉県出身）から、封書を4通託された。「憲兵に見つからないよう手提げの底に入れ、上に弁当箱を載せて持ち帰った」

差出人のところには永崎さんの自宅の住所と、「前田方　岡安明」と書いてあった。出撃後、肉親や友人が連絡できるようにとの工夫だった。

実際に岡安少尉の父親から問い合わせをもらった永崎さんは、6月に返事を書いた。

「こゝ最後の基地では兵舎宛では出されぬから（略）私宅の姓をかりてかゝれたわけです。そちらへお便りのついた頃は見事敵艦を轟沈《ごうちん》させて安らかにお眠りになつていらつしやつた頃です」（原文のまま）

女生徒たちが遺族とやりとりしたそんな手紙も収めた「知覧特攻基地　知覧高女なでしこ会編」(文和書房)は79年、出版された。永崎さんの願いが届き、大平少尉の絶筆も載っている。

少尉はフク子さんに「私は君を誰にもやりたくない。必ず独身にて貫いてくれ」と訴えていた。「俺も女は君一人しか知らなかった。俺もずっと守り通した君一人が、世界中の女の様な気がする」。最後に「ではさやうなら、永久にさやうなら。さやうなら」と、叫ぶように言葉を重ねた。

永崎さんの前でいつも「大平は日本一の男」と泣いていたフク子さんも、いまはもうこの世にいない。

4・「人世総決算」諦めの心境にじむ色紙

知覧特攻平和会館（南九州市知覧）の展示品に、太い墨字のひときわ目立つ色紙がある。

「人世の総決算　何も謂ふこと無し　伍井大尉」

第二三振武隊の隊長、伍井《いつい》芳夫大尉だ。米軍が沖縄に上陸した１９４５（昭和20）年４月１日、知覧から沖縄へ出撃した特攻第１号の隊を率いた。

特攻隊員だった父親の遺書や写真を大事に保管している臼田智子さん＝2014年10月５日、埼玉県桶川市

妻園子さんは82年に知覧を訪れ、遺品館（平和会館の前身）で重なり合うように並ぶ資料に、初めてこの色紙を見つけた。知覧で書き、仲間に預けたものが戦後しばらくして出てきたらしい。

埼玉県桶川市の自宅に戻り、娘たちに「何も謂《い》ふこと無し、と書いてあったのよ」「諦めきった心境が、にじみ出ているようでたまらない」と涙ぐんだという。

4月1日から6月11日にかけて知覧から出撃、戦死した陸軍特攻隊員は403人という記録が残る。少年飛行兵や、学徒出陣から進んだ特別操縦見習士官が多かった。航空士官学校を卒業し、陸軍熊谷飛行学校の教官を務めていた32歳の伍井大尉は最年長だった。

桶川市の家に残した3歳、1歳の娘2人、そして44年10月に生まれたばかりの長男に、母親の言いつけを守るよう諭す遺書を残した。26歳だった園子さんには「後をしっかり頼む。子供を丈夫に育ててくれ」と託す手紙が届いた。

だが園子さんは夫の戦死のショックか母乳が出なくなる。食料不足や薬事情もあり、長男を45年7月に亡くしてしまう。負い目を感じながら戦後、教職に就き、残された子供を必死に育てた。

現在も桶川に暮らす次女の臼田智子さん(71)には、忘れられない光景がある。55年のある日、〝陸軍特攻作戦の責任者〟だった菅原道大《みちおお》・元第六航空軍司令官の弔問を受けた。

中学生の臼田さんに「おひなさまのおきなのよう」に見えた元司令官は仏壇に手を合わせた後、「どうしてこのように小さいお子さまがいて、なぜご主人は特攻に行ったのでしょう」と言った。母は一瞬、大きく「あなたさまは…」と声を荒げ、あとは押し黙った。

「父の特攻は命令だった、と母は思っていた。たとえ本人が志願したとしても3人も子がいる者にそれじゃあ行け、というのはおかしい、と」。それだけに、元司令官の言葉が突き刺さったのだ。

生前、母親は父の話をほとんどしなかった。「つらかったと思う。私たちも聞かなかった。暗黙の何かが漂っていた。今の生活を生きようと懸命だった」。園子さんは87年、伍井大尉の遺書や手紙を娘に預けて亡くなる。臼田さんが父の手紙にじっくり目を通したのは、その後のことだ。

５・託された謎
命日探り夫婦の旅７年

２００４年夏の終わり、東京都内で暮らす福島昂《たかし》さん(79)、安喜子さん(75)夫婦のもとに、何の前触れもなく宅配便が届いた。

古びたノートや日記、手紙、写真などが現れる。安喜子さんの父親のいとこで、特攻戦死したと聞いていた安部正也さんが残したものだった。

送り主は正也さんの84歳(当時)になる姉だ。安喜子さんは「私の父もニューギニアで戦死した。戦争遺児なら、遺品の大事さがわかっていると思ったようだ」と言う。

新聞記事も同封されていた。１９７７年8月の終戦記念日特集だ。

安部正也少尉。福岡県出身、21歳。第二四振武隊に配属され、45年4月29日、知覧から出撃。それが戦死公報の日付だが、実は機の故障で黒島(三島村)に不時着していた。

先に不時着し、大やけどを負った隊員がいた。安部少尉は島民がこぐ小舟で30時間余りかけて本土に戻り、再び沖縄へ。途中、島の上空で仲間のためのやけど薬を投下していった。だが、「いつ再出撃したのか、本当の命日は今も分からない」と新聞は報じていた。

安部正也少尉の足取りをたどった記録を前にする福島昴さん、安喜子さん＝2014年10月６日、東京都品川区

昴さんは「電流が走るほど」に驚く。命日と思っていた日が、実は生き延びていた日だとは初めて知る事実だった。

遺品送付の半年後、正也さんの姉が亡くなった。突然だった。「遺品に、正しい戦死日を探してほしいとの願いを託していたのかも」。福島さん夫婦の「本当の命日」を探る旅が始まった。

軍の側には再出撃の記録が一切残っていない。知覧や黒島に、幾度も足を運んだ。小舟をこいだ島民や、空から薬を受け取った島民らの話を聞き、記憶をつなぎ合わせ、想像するしかなかった。

旅は７年に及んだ。夫婦は最終的に、再出撃の日は５月５日だった、と結論づけた。

安部少尉が「どう死んだか」だけでなく、

「どう生きたか」も知りたいと、学生時代の親友にも会った。

「派手好みのおしゃれ男」だったという。日本銀行への就職が内定していたが、明治大学を43年秋に繰り上げ卒業し、学徒動員で特別操縦見習士官1期生となったことも知った。

遺品の中にあった日記は43年12月から約1年にわたり、福岡の大刀洗陸軍飛行学校で書かれた。「国家は何を要求しているか。自分らの如き青年は一日も早く銃を執って敢然と進み、東亜安定に馳《は》せ参ずべき」「一死をもって祖国に殉じ」と愛国青年の決意がみなぎっていく様子がわかる。特攻隊員を命じられた44年12月4日の翌5日には、「必勝を信ず。後に続く者を信ず」とある。

「第二四振武隊の仲間とともに『死ぬ練習』をした。続かなければ、という信念は強かっただろう」。昴さんは再出撃の思いを推し量る。

6・語り部

「忘れないで」思い込め

「特別攻撃隊の人たちは『決死隊』じゃない。『必死隊』なんです」

「決死隊は決死の覚悟で行きますが、生きて帰れる可能性がある。だが必死隊は必ず死ぬ。絶対に生きて帰れない」

知覧特攻平和会館（南九州市知覧）の展示室に松元淳郎《じゅんろう》さん（86）の声が響く。旧知覧町役場の広報マンだった。退職後、語り部を引き継いだ。6人いる中の最年長だ。

ひ孫ほどの小学生たちが聞き入る。松元さんは戦闘機「飛燕《ひえん》」を振り返り、「これは本物です」と指さした。周りをぐるっと見渡して、続ける。

「ここには、あの人たちが飛び立つ前に書いた手紙がいっぱいあります。時間のある限りご覧なさい」「どんな気持ちで最後の手紙を書いたか。僕は明日死ぬ、あと5時間したら死ぬ、とわかってどんな気持ちで書いたか。考えてください」

戦時中、学徒動員で富山県にあった三菱重工業の工場へ派遣され、司令部偵察機を造っていた松元さんは力をこめる。「戦争は絶対やってはならん。もう二度と」

修学旅行生らの前で解説する語り部の松元淳郎さん
＝2014年10月16日、南九州市知覧の知覧特攻平和会館

会館は年間約55万人の見学者を集める。近年、修学旅行生も増え、２０１３年度は最多の６万８８３４人を記録した。

陸軍特攻隊員の遺書・手紙類の原本やコピーを中心に２５００点余りを展示し、丹念に見れば１日でも時間が足りない。

「皇国の安泰」「悠久の大義」「護国の鬼」。70年前、隊員たちが記した言葉が並ぶ。語り部たちは来場者に語る。

「お父さんお母さん、弟妹、妻や子、おじいさんおばあさん、友達、恋人を守る。そう言って、愛する祖国のためになればと命を投げ出し、体当たりしていった純粋で優しい勇敢な先輩たちがいっぱいおりました。これから先も忘れないで」

「桶川を『第２の知覧』に」。２０１５年

10月4日、埼玉県桶川市で、特攻隊の訓練に使われた旧陸軍熊谷飛行学校桶川分教場を残す方策を考えるシンポジウムが開かれた。

出席者から何度もこの言葉が飛び出した。桶川分教場は建物群が唯一現存する飛行学校だが、老朽化が進んでいる。戦後70年を節目に維持・保存し、子供たちにあの時代を語り継ぐ場にしようという機運が盛り上がる。

シンポジウムに出席した十菱駿武《じゅんぶ》・山梨学院大学客員教授(戦争遺跡保存全国ネットワーク代表)は言う。「戦争の記憶がある75歳以上は人口の約1割。あと5年から10年で戦争の実相を語るのは人からモノへ移っていく。戦争遺跡は今後一層、大きな役目を果たす」

知覧特攻平和会館も15年2月、収蔵する資料を国連教育科学文化機関(ユネスコ)の「記憶遺産」に登録申請した。だが国内候補を選ぶ審査に漏れた。指摘されたのは「多様な視点」の欠如だった。

７・記憶遺産落選
「世界の知覧」へ高い壁

「一死をもって祖国に殉じ」。死を定められた特攻隊員の文字は生々しかった。戦後60年たってから、遠縁に当たる安部正也少尉(出撃時)の遺書や手紙、日記を預けられた福島昂《たかし》さん(79)＝東京・品川＝は衝撃を受けた。

「青年をそんな心境にまで駆り立てた特攻があった事実を風化させてはいけない」

２０１１年、福岡県田川市などが所有する山本作兵衛の炭坑記録画が国連教育科学文化機関(ユネスコ)の「記憶遺産」に登録されるニュースが度々流れた。重要な歴史文書や絵画の保存が目的の事業だ。福島さんは「これだ」と直感する。

特攻の事実を伝える確かな証拠が、隊員の遺書や最後の手紙ではないか。安部少尉が最後に土を踏んだ知覧飛行場の跡地に立つ知覧特攻平和会館(南九州市)の資料が登録されれば、特攻を永久に歴史に残すことができる。

特攻遺書を記憶遺産に―。福島さんの提案は、会館を運営する市にとっても願ってもなかった。

遺書類の展示ケースには、隊員たちに贈られたマスコットも並ぶ
＝2014年12月３日、南九州市知覧の知覧特攻平和会館

特攻基地があった土地の責務として、「戦争の悲惨さ」「平和の大切さ」「命の尊さ」を世界に発信しようと動きだした。

12年度、福島さんも含めた外部アドバイザーや市職員で構成するチームをつくり、準備に着手。13年度には初めて市職員の専任学芸員１人を置いた。資料のデジタル化や複写作成も本格化させた。

そして収蔵する約１万４千点の中から、隊員自身のサインや日付が記され、直筆と特定できる３３３点を選定。「知覧からの手紙　知覧特攻遺書」と題して２０１５年２月、登録申請した。

だが、４カ月後、日本ユネスコ国内委員会が発表した15年登録への推薦候補から漏れた。落選理由に「日本からの視点のみが説明されている」とある。

　文部科学省に置かれた国内委員会事務局は、「特攻に対するいろいろな国の多様な視点も交えて重要性を説明することが不可欠だ」と指摘する。例えば特攻が「相手」にした米国や、記憶遺産申請を「軍国主義の賛美」と批判した韓国や中国からの視点だ。そういった価値も交えないと、世界の人々が共有する記憶遺産とはいえない、という。

　審査は2年に1度。市は17年登録に再びチャレンジしようとしている。だが日本国内でさえ、特攻に対して「英霊」や「犬死に」など多様な評価がある。「世界の知覧」になるためのハードルは決して低くない。

　平和会館職員の桑代睦雄さん(55)は、次に向けて「遺書の歴史的重要性をどうやって伝えるか。客観的事実からの新たなアプローチを模索していかねばならない」と話す。

8・次世代へ
特殊な時代どう伝える

展示ケースの遺書に目を走らせながら鼻水をすする人。「こんなことやっちゃいけない」とうなずきあい、「昔の人は若いのに達筆だね」と感心する観光客。関係者なのか、特定の隊員の手紙を探して「ここだ、ここ」と声を掛けあう数人の男性たち。知覧特攻平和会館（南九州市知覧）を訪れる人たちは、さまざまだ。

知覧飛行場関係者に取材した自著を手にするモーデカイ・シェフタル教授＝2014年10月22日、浜松市の静岡大学

隊員たちの慰霊の場になったり、当時の軍部体制に批判の目を向けたりする場になる。若者が自分の生き方を見つめ直す教育の場に、と思う大人たちもいる。

多様な解釈がある中で平和会館は、戦争を、そして特攻をどう伝えていくか問われている。国連科学教育文化機関（ユネスコ）の記憶遺産への挑戦で、海外の目線も意識せざるをえなくなった。

カミカゼタクシーにカミカゼスケートボード。「海外から見れば、カミカゼとは狂気でしかない。アメリカ人にとっては命知らずのクレイジー（狂気）を表す形容詞」。そう話すのは、静岡大情報学部のモーデカイ・シェフタル教授（52）＝近現代日本史＝だ。攻撃を受けた米国が、原爆投下を正当化する理由の一つともされている。

２００１年の米中枢同時テロのとき、英米のリポーターは「カミカゼ」を連発した。米ニューヨークで育ち、来日30年近くのシェフタル教授は「アメリカ人のカミカゼと日本人にとっての特攻は明らかに違う」とあらためて気づく。日本の特攻について本格的な研究を始めた。

知覧飛行場から出撃した隊員の生き残りや遺族、知覧高女時代に勤労奉仕した生徒など、約１００人にインタビューし、まとめた本を05年に米国で出版した（邦訳なし）。

「本では、狂気のロボット、という先入観を崩し人間性を掘り起こそうとした。隊員も人間で、ただ、あの時代、あの文化空間の中に生まれ育ったことだけが違うんだ、と伝えようとした」

シェフタル教授は、記憶遺産の登録を目指す南九州市の外部アドバイザーでもある。

遺書の歴史的な重要性について海外からの理解を得るには、客観的事実から冷静に「特殊な時代」を伝える試みが必要、とする考えだ。

例えば「終戦間際のほんのわずかな期間に知覧の町に現れた人類史上前例のない『特攻文化』。その当時、戦闘員も民間人も総力挙げての戦争を経験した」というようなアプローチだ。

「私たちは重い責任感を背負って慎重に進まなければならない」。シェフタル教授がそう語るのは、隊員たちの「終の便り」に世界的価値を見いだすからに他ならない。

記憶遺産を認定するユネスコの憲章前文は「人の心の中に平和のとりでを築かなければならない」とうたっている。

第1部「終の便り」余話

勤労動員で掩体壕測量

元薩南工業・峯元兼味さん（87）鹿児島市

峯元兼味さん

「手元にある当時のたった1枚の写真です」。峯元兼味さん（87）＝鹿児島市＝は大事そうに、黄色くあせた写真を取り出した。

そこには薩南工業学校（現薩南工業高校）＝南九州市知覧＝の土木科3年生の同級生と並ぶ17歳の峯元さんがいる。１９４４（昭和19）年当時、学徒勤労動員で、知覧飛行場内の掩体壕《えんたいごう》（飛行機を爆風などから守るための土塁）の測量に駆り出された。その現場で写したものだという。

三脚の上に図面を載せる平板測量用の道具を据え、手には巻き尺やポールを持ち、巻き脚半を着けた若者たちがカメラに向かってポーズを取る。「土木科の実習で、測量技術を学んでいたから、先生はつかずに生徒だけで10人一組になり、山手の方を回って作業していた」

飛行場が特攻基地として本格的に使われるようになるのは、45年4月だ。3月末から知覧の町には特攻隊員たちが集まり始めた。「夕方にもなれば、飛行服姿で右手に軍刀を持っ

知覧飛行場の掩体壕の測量設計に当たる薩南工業学校土木科の生徒たち（右から３人目が峯元兼味さん）＝1944年撮影、峯元さん提供

た隊員が富屋食堂に入っていくのをたびたび見たものだ」

3月に学校を卒業した峯元さんは、関東軍経理部に軍属（軍人以外で軍に所属する者の総称）として就職した。すぐ、ソ連国境に近い満州・牡丹江に配属され、食料貯蔵の地下壕造りの監督を任された。終戦後はシベリアで抑留生活を強いられた。「自殺、事故、栄養失調。戦争が終わってもまだ死が身近にあった。何の希望もなく、生きているか死んでいるかわからなかった」。帰国は49年7月。戦後は県庁職員として土木畑を歩いた。

妻政子さん（87）は戦時中、加世田高等女学校の女学生だった。知覧飛行場の補助として頴娃に建設が進められた青戸飛行場（完成前に終戦）の近くに、イモの苗を植える勤労動員に従事した。戦時中の思い出を胸に、夫婦で知覧特攻基地戦没者慰霊祭に出席していた時期もある。

特攻隊員の陰で〝特攻の町〟を支えた無数の住民がいた。

なでしこ隊、心の慰めに

元知覧高女・桑代チノさん（85）、前田要子さん（84）南九州市

「終の便り」3回目では、1945（昭和20）年3月27日から4月18日までの23日間、知覧飛行場で勤労奉仕をした知覧高等女学校の「なでしこ隊」を取り上げた。

記事で紹介した永崎笙子さん（85）＝さいたま市＝とともに、なでしこ隊に加わっていた桑代チノさん（85）、前田要子さん（84）は今も南九州市知覧で暮らし、女学生時代と変わらない仲のいいつきあいを続けている。

今回、2人そろって取材に応じてもらったところ、ある写真のことが話題に上った。45年4月12日の第2次航空総攻撃の日、飛行場を飛び立つ特攻機を見送るなでしこ隊の写真だ。生徒たちは手にした桜の枝を振っているように見える。

「見送る生徒がみんな下向いてるがね。隊員の人たちがかわいそうで、私たちはしっかり見切らんかったの」

学徒出陣組は20代でお兄さんのようだったが、少年飛行兵は自分たちとあまり年が変らなかった。そんな隊員が飛び立つ。「これに乗ったら帰れないんだがなあと思うと…」

なでしこ隊で奉仕活動に通った思い出を話す桑代チノさん（右）と前田要子さん＝2014年10月2日、南九州市

1945年4月12日、知覧飛行場を飛び立つ特攻機を見送る知覧高女のなでしこ隊（毎日新聞社提供）

機の不時着で生き残った隊員の中には、基地で自分の担当をしてくれた永崎さんと前田さんの名前をとって、戦後生まれた娘に「しょうこ」「ようこ」とつけた人もいたという。彼女たちの存在が、いかに隊員の心を慰めたかの証しではな

いか。

忘れられぬ元参謀の涙

元鹿児島市谷山支所長・宮崎一馬さん（83）鹿児島市

九州の特攻作戦を管轄した陸軍第六航空軍の参謀だった故・川元浩さんは、戦後、農協組合長を経て旧谷山市の助役になり、1962（昭和37）年、谷山市長選に初当選すると2期務めた。市長就任後に、特攻平和観音堂前の参道に石灯ろうを献灯した。

市長時代の部下の一人だった宮崎一馬さん（83）＝鹿児島市＝は、献灯のとき一緒に知覧に出向き、そのとき写した写真を大切に保管している。

宮崎一馬さん

特攻隊員の母として慕われた富屋食堂の故・鳥濱トメさんの両肩に、そっと手をかける川元さん。帰りぎわ、自分たちに背中を向け、飛行場の滑走路だった道に立って泣いていた姿が、宮崎さんは忘れられない。

「若い青年たちを死にに行かせた参謀としての責任を重く感じていたのではないか。特

知覧特攻平和観音堂前で鳥濱トメさんを囲む川元浩さん（左から2人目）、宮崎一馬さん（左端）＝1962年ごろ撮影、宮崎さん提供

攻については秘密のこともあったろう。余計なことは言わない人だった」

おたよりから

田植え中の日本機墜落劇＝床並弘美さん(77)

１９４５(昭和20)年、僕が7歳、小学1年生だった時の記憶だ。7月上旬の昼ごろ、学校から帰る途中だった。村(南九州市川辺町神殿)では、みんなで田植えをしていた。

その時、上空から真っ黒な煙をはいて落ちてくる機体が目に入った。米軍機かと思い、そこにいたみんなが手をたたいたのを覚えている。しかしよく見ると、機体に日の丸が見えた。日本軍の飛行機だったのだ。

もう田植えどころではなくなった。落ちたところまで走って行った。飛行機は茶園ケ丘に突っ込み、真っ黒焦げになって死んでいる操縦士が見えた。

どの部隊に所属した飛行兵かは分からない。これが私が見た終戦間近の一コマだ。

(南九州市)

司令官の身勝手さに怒り＝中村満雄さん（68）

叔父は先の大戦で戦死した。特攻を指揮した日本軍幹部の身勝手さに怒りを禁じ得ない。戦死者数すらはっきりせず、一説には日本人戦没者は３１０万人、その中で軍人、軍属の戦没者は２３０万人とされ、その6割が餓死したといわれる。

そうした一般の人を盾に生きながらえた幹部軍人に怒りを覚える。「終の便り」４回目に、〝陸軍特攻作戦の責任者〟だった菅原道大（みちおお）・元第六航空軍司令官が戦後、特攻隊員の家族を弔問し「なぜご主人は特攻に行ったのでしょう」と尋ねたとある。特攻は上からの命令だったと思っていた遺族が、元司令官の言葉にどれほど傷ついたことか。事情を知らない読者は、理解できないと思う。

日本が先の大戦と同じ道を歩こうとしているのではないか、そのことを憂えている。

（霧島市）

戦犯追及を恐れ墓石削る＝踊和夫さん（87）

旧制伊集院中学校の同級生にT君がいた。彼は太平洋戦争勃発の翌１９４２（昭和17）年、中学3年の時、海軍飛行予科練習生（予科練）を志願していった。44年に予科練を卒業すると上飛曹となり、特攻隊の一員として沖縄に飛んで戦死した。

　終戦後の48年、私は教員としてT君の出身校である上伊集院小学校に赴任し、彼の弟を担任した。ご両親とも交流があったが、なぜかT君のことをあまり話したがらなかった記憶がある。

　機会あってT君の墓に出合ったとき、墓石の一部が妙に傷つけられていることに気づいた。その箇所を入念にたどってみると、沖縄特攻での武勲をたたえ、２階級特進の栄誉にあずかり、海軍少尉に任ぜられたことが書いてあった。

　終戦直後、米軍の進駐と同時に、米軍による戦犯探しや武器狩りが始まり、墓石の碑文が戦犯追及につながることを恐れ、削り取られたと聞いた。T君には気の毒な思いをしながら「特攻この地より」第１部の連載を読んだ。（日置市）

負い目を強いられ生きる＝山下一成さん（90）
　特攻を取り上げた記事は、戦争を経験した者として目が離せない。当時を思い、胸が詰まる。
　私は１９２４（大正13）年生まれ。戦争続きの時代に、軍国少年の教育を受けた。

15歳で受験した海軍志願兵は、身長不足で不合格。鹿児島師範学校へ進んだ。43（昭和18）年、師範学校本科2年3学期に、勤労動員で東市来の河川工事を命じられた。その時に体調を崩し急性胸膜炎を発病し休学した。43年秋に学徒出陣が始まるが、医者の勧めで入営を延期。情勢は日ごとに切迫し、友や先輩が戦死、兄もレイテ沖海戦で戦死した。

国のために何もできないもどかしさを抱えながら45年復学、8月終戦、9月に卒業式。以後、戦争の是非とは関係なく、自分の情けなさに責められる日が続いた。長い間、同窓会出席も控え、人に語ることもなかった。

先の大戦は多くの命を奪うとともに、生き残った人もそれぞれの負い目を強いられた。私もその一人だった。（鹿児島市）

よく話す優しいトメさん＝大迫達郎さん（87）

1966（昭和41）年のころだったと思う。当時、知覧町立二松中学校に在職していた。毎年5月ごろ通知表の印刷をするために知覧印刷に行っていた。店主は取違さんという方で、近くには鳥濱トメさんの富屋食堂があった。

印刷所を訪ねるたび、取違さんがトメさんに「お茶を飲みませんか」と声を掛け、3人で黒砂糖をお茶請けにしておしゃべりするものだった。トメさんは教育に関心があり、優しいおばさんで、よく話をなさる方だった。

思えば、知覧飛行場から沖縄に行くだけの燃料で飛び立った若い青年たちは、私と同じぐらいの年齢だ。送り出した彼らと私を重ねたのかもしれない。

しかし当時、戦争の話は話題になく、新聞に掲載されたようなトメさんと特攻とのつながりを知ったのは、何年もたってからだ。

鹿児島師範学校の同級生（卒業時）には、知覧から飛び立ち、エンジントラブルで種子島沖の漁船の近くに不時着した西村周二さん（故人）もいた。

（南さつま市）

流されぬ気骨ある指揮官＝田川治美さん（75）

太平洋戦争末期、特攻作戦を拒否し、岩川海軍航空基地から沖縄方面に夜間攻撃を展開した芙蓉《ふよう》部隊…。2014年11月の本紙記事に目が留まった。

他の本では、零式艦上戦闘機（零戦）の特攻隊員が、次のような証言をしていた。「岡嶋（清熊）隊長は『爆弾抱いて突っ込むなどという作戦は邪道だ』という信念の持ち主でした。最後まで、戦闘機を本来の目的通り維持しようとしたのは、この岡嶋隊長と芙蓉部隊の（指揮官だった）美濃部（正）少佐の2人くらいではなかったですか」

この証言は、特攻作戦の本質を物語るものではなかろうか。「終の便り」4回目で取り上げられた伍井《いつい》芳夫大尉の諦めの心境や、特攻命令者への妻の不信と怒りは、この作戦の非情と、軍部体制の醜悪を告訴していた。

救われるのは、あんな特殊な時代にも岡嶋隊長や美濃部少佐のような気骨ある指揮官がいたことだ。空気に流されぬ確固たる自我。そういう視点からの特攻の検証がもっとあっていい。（出水市）

第2部　砂上の基地

太平洋戦争中、現在の南さつま市にあった急造の飛行場、陸軍万世飛行場からは短期養成された若い特攻隊員の多くが旧式機で死地へと向かった。同飛行場の成り立ちや隊員の苦闘を紹介する。

1・戦後69年目の映像

無数の弾浴び米艦へ、兄の悲壮実感

米軍戦闘機から無数の機銃弾を浴びつつ、海面すれすれを米軍艦へ突進していく日本軍の特攻機。外れた銃弾が、海面に大きな水柱を上げる――。

1945(昭和20)年4月6日午後5時半ごろ、米戦闘機の機銃発射に連動した「ガンカメラ」により撮影された日本軍機の沖縄航空特攻の映像だ。18秒間のビデオ映像には、高速航行中の米軍艦や沖縄の島も映り込む。

映像は、大分県宇佐市の市民団体「豊の国宇佐市塾」が、米国立公文書館から入手。映像解析のうえで2014年4月、マスコミに公表した。

宇佐市塾の織田祐輔さん(28)＝仙台市＝は、特攻機を1945年4月6日午後3時ごろ、日置郡田布施村(現南さつま市)の万世飛行場を飛び立った陸軍航空特攻第六二振武隊(4機)、第七三振武隊(12機)いずれかの九九式襲撃機であると断定した。特攻機が車輪を出したままの固定脚、翼下に爆弾を積む陸軍機、南九州の基地から沖縄までの飛行時間が約2時間余――などの状況が決め手になった。

米軍戦闘機のガンカメラにとらえられた特攻機。白く見えるのは機銃弾＝1945年４月６日、沖縄北西海上（豊の国宇佐市塾提供）

織田さんは日米の記録を突き合わせ、攻撃地点を沖縄・伊平屋島近く、特攻機が狙った米軍艦が駆逐艦「コルホーン」であることも突き止めた。４機の体当たりを受けたコルホーンは乗組員55人が死傷。動けなくなり、僚艦の砲撃で沈められた。

織田さんは「特攻隊員一人ひとりがどのような〝最期〟を迎えたのか、ほとんど分かっていない。米国に残る資料を掘り起こすことで、なるべく多くの最期を明らかにしたい」と語る。

「こんな猛烈に撃たれながら抵抗手段もなく突っ込んでいったのか。戦後69年目にして、兄の悲壮さが実感できた」。鹿児島市日之出町に住む加覧《がらん》忠男さん(79)は２０１４年4月、地元テレビ局の取材で、初めて宇佐市塾の発掘映像を見た。10歳上の兄、加覧幸男伍長は第七三振武隊員。19歳で戦死した。

加覧幸男さん

武道が得意なスポーツマンだった幸男さんは鹿児島市立中学校(現鹿児島玉龍高校)在学中、母の反対を押し切って陸軍少年飛行兵を志願。日本の統治下にあった朝鮮・平壌の第二三錬成飛行隊に在隊していた1945年3月30日、第七三振武隊員に指名された。編成から出撃まで、わずか1週間しかなかった。

謹啓　其の後御元気にてお暮しの事と察します。私も今度〇〇へ出発する事になり、知覧を通過するかも知れません。其の時通知します故、御承知下さい。暇《いとま》有りましたならば御会ひし度《た》い考へです。来ますならば成る武《だけ》早く来て下さい。お知らせします。(〇〇は伏せ字)

万世飛行場跡にある万世特攻平和祈念館に、加覧幸男さんの遺筆となった速達はがきが展示されている。

父の藤吉さん宛てのはがきの差し出し地は、福岡県朝倉郡甘木町(現朝倉市)の錦成旅館。

陸軍の航空拠点があった大刀洗飛行場の所在地だ。第七三振武隊が平壌から万世に進出する間に、唯一立ち寄った場所だった。

「しっかり者の兄だったが、やはり19歳。わずかな時間で死ぬための心の準備は難しかったのだと思う。知覧の地名を出したり、『成る武早く来て下さい』というくだりに、一目、親に会いたいという思いが出ている」と忠男さん。

はがきの記述もあって、加覧さん家族は戦後30年近く、幸男さんが知覧から出撃したと思い込んでいた。72年から独自に慰霊祭を始めた万世から案内がくるまで、「万世に特攻基地があったなんて全く知らなかった」。

「映像を見て特攻隊員の兄が置かれたつらさが実感できた」と話す加覧忠男さん＝2015年１月、鹿児島市日之出町

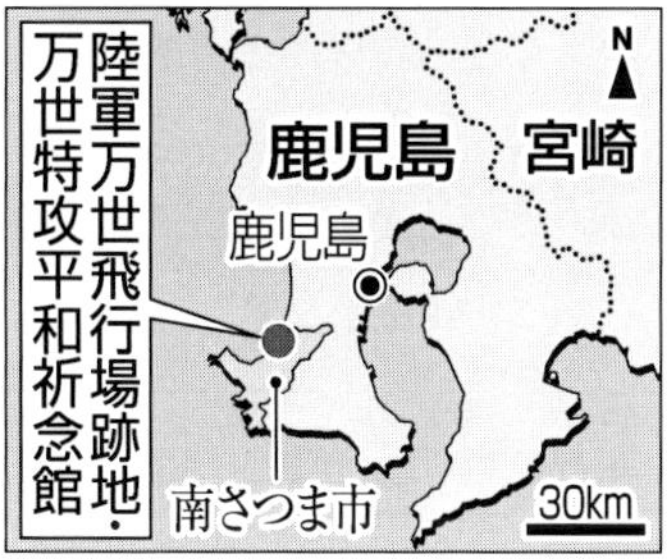

■［ズーム］振武隊

太平洋戦争末期、西日本を所管した陸軍航空部隊・第六航空軍の指揮下に置かれた特攻隊の総称。これに対し、台湾にあった第八飛行師団指揮下の特攻隊は「誠飛行隊」と呼ばれた。

２・急造飛行場
「悪夢」となった誘致話

１９４５（昭和20）年7月に米軍偵察機が撮影した陸軍万世飛行場の写真がある。43年夏から1年という短期間で、吹上浜の松林を切り倒し造成された飛行場は、荒々しい砂地が目立ち、滑走路の位置さえよく分からない。雨水による表土の流出など、急造ならではの状態の悪さが読み取れる。

郷土史は、「（42年に）軍部及び九州帝国大学の専門家による調査の結果、一帯は起伏の多い砂丘地で飛行場建設には不適当と判断された」と書く。既に15キロしか離れていない知覧には41年冬、飛行場が誕生し、大刀洗陸軍飛行学校の分教所が置かれていた。

にもかかわらず、軍が異例ともいえる新飛行場建設に踏み切ったのは、地元有力者の熱心な誘致話があったからだ。

かつて川辺郡万世町だった南さつま市加世田唐仁原で、江戸時代の廻船問屋をルーツに持つ商家、「丁子屋《ちょうじ》」を営む吉峯幸一さん（89）は振り返る。42年春、万世町長だった父の喜八郎さんは地元出身の小泉純也衆院議員と陸軍航空参謀３人を迎えた。「父は小泉さんの助

万世特攻平和祈念館内に展示されている戦時中の陸軍万世飛行場の空撮写真＝南さつま市加世田高橋

力を得て、吹上浜に飛行学校を誘致しようとしていた」

予定地を視察した参謀は建設の難しさを指摘したが、喜八郎さんは「軍は食糧増産を叫びながら、民間から貴重な農地を接収して飛行場を造っている。ここならそんな無駄は生じない」と反論。地域挙げての協力も約束して参謀たちを説得したという。

実際は土地を奪われる住民はいたし、そもそも予定地は万世町でなく日置郡田布施村だった。郷土史家の鮫島格《いたる》さん(75)は「戦争協力が最優先された大政翼賛体制下だからこそ、越権行為も許された」と指摘する。

実は喜八郎さんには思惑があった。「知覧の予備的な飛行場だったら、戦争に勝った後、民間移管される可能性が高い。その時、アジア交易の航空拠点として使えばいい、というのが父の描いたビジョンだった」と幸一さん。

海運で栄えてきた万世だが、船舶の大型化に万之瀬川河口の遠浅の港は対応できず、衰退していた。喜八郎さんは海商の末えいらしく、開戦間もない時点で、戦後の町の姿を見据えていたのだ。

難工事の末、万世飛行場は44年夏、誕生した。軍の全軍特攻化方針の下、45年3月末から4カ月間、実戦基地になった。軟弱な地盤でも飛べる固定脚の旧式機が主に使われ、特攻を含む陸軍航空隊員１９９人の戦死者を出した。

戦後、公職追放された喜八郎さんは、結果的に特攻基地を造ってしまった責任にさいなまれた。90年に90歳で亡くなるまで「すまんかった」が口癖だったという。

3・少年飛行兵

沖縄戦を前に急ぎ養成

1945年(昭和20)年5月26日、日置郡田布施村(現南さつま市)の万世飛行場で撮影された陸軍航空特攻隊を代表する有名な写真がある。翌27日の沖縄出撃を前に、子犬をいとおしむ第七二振武隊の少年飛行兵たち。あどけない表情が印象的だ。

第七二振武隊は同年3月30日、米軍による沖縄上陸作戦が開始されたのとほぼ同時に、日本の統治下にあった朝鮮・平壌の第二三錬成飛行隊で編成された。

4月6日に万世から出撃した第七三振武隊、5月24日に台湾から出撃した誠七一飛行隊とは、第二三錬成飛行隊から、同じ日に編成された〝きょうだい〟部隊になる。

これらの特攻隊は、いずれも12人編成。隊長と小隊長の3人を教官が務め、残りをその教え子である17歳から20歳の第15期少年飛行兵で固めた、「師弟特攻隊」と呼べる隊だった。

日本軍は44年末のフィリピン戦までに開戦以来の優秀なパイロットや大量の航空機を失った。そこで、首相や陸海相で構成する最高戦争指導会議は45年1月、フィリピン戦で目立った戦果を上げた特攻を主要戦術にする「全軍特攻化」方針を打ち出した。

陸軍は、間近に迫った沖縄を含む南西諸島方面での特攻作戦に備え、各地の練習飛行隊の訓練を短縮。特攻に必要な訓練をもっぱら積む錬成航空隊に再編して、なりふり構わず特攻隊員の確保を急いだ。

45年1月ごろ、第二三錬成飛行隊でも特攻隊の志願受け付けが始まった。

「特攻は1回限りだぞ。それでも希望するんだな」「希望します」

第15期少年飛行兵の安藤治《ただす》さん(87)＝福島市＝は、教育区隊長の佐藤睦男中尉の問い掛けに即答した。

安藤さんによると、隊員募集は書面で事前に希望を聴いた上で、100人程度いた少年飛行兵の一人一人を区隊長が面談して、意思を確認した。

上野辰熊さん(86)＝埼玉県新座市＝も特攻隊員を熱望した。「自分たちが訓練を積んだのは、超低空飛行や急降下爆撃が得意な九九式襲撃機。特攻に適した機種だけに、当然、真っ先にいくものと考えていた。同期で志願しなかった者はいなかったはず」と振り返る。

特攻隊員募集とともに第二三錬成飛行隊は、黄海に浮かぶ岩礁を目標にした艦船攻撃の訓練や、海の上を目的地へ向かう航法の訓練にいそしんだ。また、保有する九九式襲撃機の全機を数度に分けて、軍の航空工場がある岐阜・各務原飛行場に運び、特攻用大型爆弾を搭載できるよう改造、特攻作戦への準備を整えた。

万世特攻平和祈念館に展示されている第七二振武隊「子犬を抱いた少年兵」の写真＝南さつま市加世田高橋

少年飛行兵の中には、派遣先の各務原飛行場で、特攻隊員への指名を知らされた者もいた。

4・出撃まで

心揺れた移動の2カ月

1945(昭和20)年3月末に朝鮮・平壌の陸軍第二三錬成飛行隊の教官と教え子の第15期少年飛行兵で編成された三つの「師弟特攻隊」。その一つ、「子犬を抱いた少年兵」の写真で有名な第七二振武隊の隊長に就いたのは、錬成飛行隊の教育区隊長、佐藤睦男中尉だった。

訓練期間が短く、未熟な少年飛行兵を、初陣で「必死」の特攻に投入することには、飛行隊内でも異論があったらしい。

第15期少年飛行兵の安藤治《ただす》さん(87)＝福島市＝は特攻隊編成直後、佐藤中尉の同僚の整備士官から「お前んとこの区隊長(佐藤中尉)、壮行会の席で軍刀を抜くなど相当荒れとったぞ」と聞き、「温厚な隊長が」と驚いた。

「(同僚士官は)佐藤さんが、本音では特攻に不本意なんだぞ、とそれとなく私たちに伝えてくれたのだと思う」と安藤さん。「軍隊だから命令は絶対。佐藤さんは、教え子を無駄死にさせたくない、との強い思いで隊長を引き受けたのではないか」と考えている。

第七二振武隊が使用した九九式襲撃機。写真は千葉・下志津飛行場における第六二振武隊の出陣式（万世特攻平和祈念館提供）

それでは、錬成飛行隊に100人程度いた少年飛行兵の中から特攻隊員はどう選ばれたのか。「経験が足りない少年兵を戦場まで引っ張っていくのはそれだけで困難。隊長は戦果を確実に挙げられる人選を考えたはず」と証言するのは、犬童《いんどう》国信さん(92)＝小林市。犬童さんは、写真で子犬を抱く荒木幸雄伍長ら七二振武隊員の教官を務めた。

犬童さんは「荒木君は報告一つとってもしっかりしていた。飛行技術はもちろんのこと、普段の態度から見える精神的な落ち着きが選考面で重要視されたと思う」と指摘した。

第七二振武隊は当初、「誠七二飛行隊」として台湾から出撃予定だったが、平壌を出て中国大陸を移動中、九州への転進命令が出た。そのため、5月27日に万世から出撃するまで

２カ月もの時間を要している。中国移動中には米戦闘機に襲われて編隊12機中２機を失い、少年飛行兵１人が戦死した。

重傷を負い第七二振武隊を離脱した小隊長の西川信義さん＝故人＝は、戦後手記を残している。

移動中、各地で隊員が「生き神様」とあがめられ、毎晩のように歓迎の宴が開かれたこと。その一方で、夜、家族を思い出して泣く少年たちを「(自分も)一緒に死ぬのだから」となだめて寝かせたこと―などの証言がある。精神面を見込まれて選抜された少年兵たちも、残された生のうちに、激しい感情の起伏に悩んでいたことがうかがえる。

安藤さんは「子犬を抱いた少年兵」の写真に写る懐かしい旧友たちの表情を見つめながら、「この穏やかな表情に到達するまでに、隊長も隊員もさまざまな心の葛藤を乗り越えてきている。写真を見る時には、その点にも思いを致してほしい」と話した。

5・経験不足

厳しかった洋上600キロ行

元陸軍特攻第一四四振武隊員、松浦喜一さん(91)＝東京都世田谷区＝は1945(昭和20)年6月19日、日置郡田布施村(現南さつま市)の万世飛行場を出撃したが、悪天候で引き返し生還した。その回想記「昭和は遠く――生き残った特攻隊員の遺言」(径《こみち》書房)を読むと、戦争末期に速成された陸軍特攻隊員にとって、沖縄までの約600キロの行程が、いかに厳しかったかが分かる。

慶応大学の学生から陸軍特別操縦見習士官(特操)になった松浦さんは、静岡・富士飛行場で一式戦闘機「隼《はやぶさ》」のパイロット訓練中の45年5月、特攻隊員に選ばれた。

訓練といっても、この頃は飛行場上空を短時間飛ぶことしか許されなかった。日本は44年末以降、南方から石油などの資源を運ぶルートを断ち切られ、訓練に必要な航空燃料に事欠いていた。

万世飛行場までの進出が、松浦さんにとっての初の長距離飛行だった。「初級操縦者」ばかりの第一四四振武隊を無事、万世まで送り届けるために、中継地の熊本・菊池まで教官

住民の励ましを受ける陸軍第一四四振武隊員。前列左から3人目が松浦喜一少尉（万世特攻平和祈念館提供）

が誘導してくれたという。

経験不足に加え、陸軍航空隊には、目的地まで正しく飛行する「航法」にも難点があった。山や海岸など地形を目印にする「地文航法」しか知らず、海軍のように、天体の位置や時速、風速などから自らの位置を割り出し、目印のない洋上を飛ぶノウハウがなかった。

「沖縄戦初頭は、島伝いに沖縄まで飛べ、徳之島に中継基地もあった。だが米軍戦闘機に待ち伏せされるようになり、洋上を飛ぶ必要に迫られた」。万世を拠点に爆撃や誘導などの通常作戦を担当した部隊である第六六戦隊のパイロット、高橋増雄さん（91）＝広島県福山市＝はこう振り返る。

フィリピン戦で船団護衛を重ね、洋上航法

を独自に学んだという高橋さんは、沖縄戦で特攻隊の誘導役を務めたことも。「パイロットは飛行経験を積んではじめて成長できる。初出撃で厳しい洋上飛行を強いられた若い特攻隊員たちはかわいそうだった」と同情する。

3機からなる第一四四振武隊は悪天候の中、高度20メートルで沖縄に向かった。だが、羅針盤を使った航法を担当していた僚機が海面に接触して墜落。松浦さんら2機は引き返すことになる。

万世から沖縄への特攻出撃はその日を最後に終わった。

復員後、家業の和菓子屋を継いだ松浦さんは、特攻経験については長く家族にも語らなかった。息子の和史さん(64)は、「1994年に回想記を出すまで、父がどんな体験をしてきたのか全く知らなかった」と話した。

厳しい特攻体験。松浦さんが語る勇気を持つには、戦後50年近い歳月が必要だった。

6・おんぼろ機

若き隊長、整備に苦闘

「完全ナル飛行機ニテ出撃致《イタ》シ度《タ》イ」

第六六振武隊長、後藤光春少尉は、家族にそんな遺言を残し、1945(昭和20)年5月25日、日置郡田布施村(現南さつま市)の陸軍万世飛行場を出撃した。22歳だった。

同年4月1日に三重・明野飛行場で編成された第六六振武隊は隊員12人全員が少尉で、唯一の陸軍士官学校出身者だった後藤少尉が最年少ながら、隊長を任された。

だが、出撃までの2カ月間弱、若い隊長は、飛行機の故障に悩まされ続けた。出撃までつづられた後藤少尉の日誌には、機体整備に苦闘するさまが浮かび上がる。

第六六振武隊は4月7日に早くも、山口・防府から知覧飛行場への進出を命じられるが、4機が故障で離陸できなかった。

佐賀・目達原に12機全機がそろったのは同30日。5月3日に翌4日に始まる第6次航空総攻撃に間に合わせようと万世に向かおうとしたが、またも4機が飛べず。

4日の出撃も、8機のうち後藤少尉ら5機はエンジン故障などで発進不能や引き返しを余儀なくされ、出撃したのは3機だった。

　その後、残る9機が再び万世にそろったのは20日。だが25日、最終的に沖縄の米艦船群に突入したのは、後藤少尉機ら2機にすぎなかった。

　後藤少尉の弟、慶生《よしうみ》さん(90)=愛知県豊橋市=が、三重県の実家にあった1歳上の兄の日誌に初めて目を通したのは、50年忌を控えた94年のことだった。

「読んで本当に驚いた。兄貴が出撃までこんなに苦労していたことを知らなかったから」

と振り返る。

「自分の機体だけでなく隊員たちの機体も心配しなければならない。上層部から出撃準備が整わないことを責められたこともあったろう。心労が募ったと思う」

　第六六振武隊に与えられた飛行機は九七式戦闘機(九七式戦)。37年に正式採用された軽戦闘機だが、太平洋戦争末期には、通常戦闘にも使えないほど旧式化していた。

　崎山時義さん(95)=鹿屋市高須町=は中国大陸で活動していた陸軍飛行第二五戦隊で同

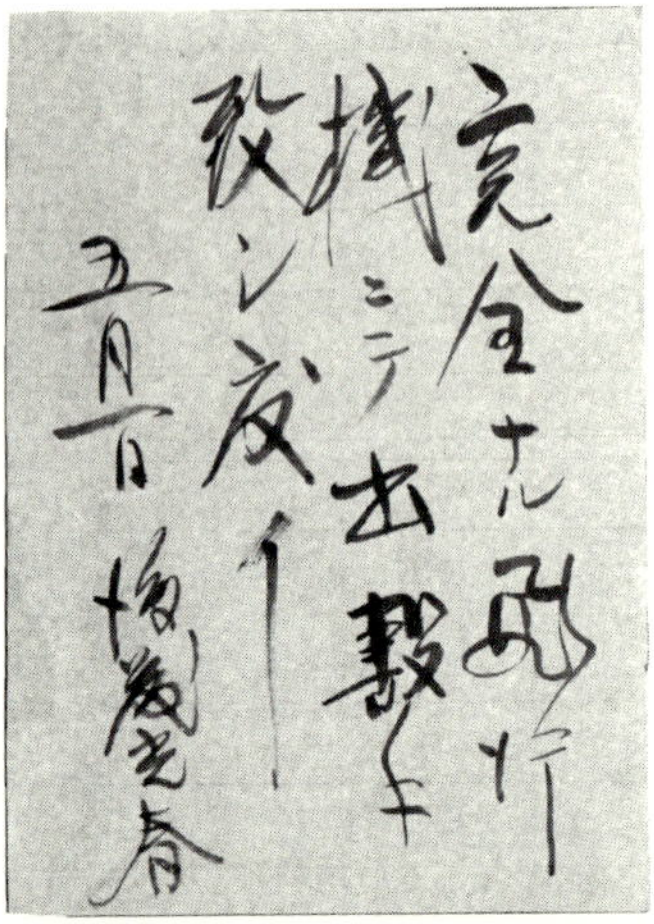

後藤光春少尉の将校行李から見つかった「完全ナル飛行機ニテ出撃致シ度イ」と書かれた遺筆(南九州市の知覧特攻平和会館提供)

じ機体を整備していた。終戦間際には特攻機となった九七式戦4機とともに朝鮮半島南部の泗川に進出した。

崎山さんは「特攻は1回の攻撃で機体を失うとあって、どこの部隊も、おんぼろの機体しか出したがらなかった」と指摘する。

後藤少尉の日誌には、不平不満など私情をうかがわせるものは一行もない。一方、「完全ナル――」の一文は、実家に送り返されてきた将校行李《こうり》(今のトランク)の底に潜ませてあった。慶生さんは、「日誌には、職業軍人としての兄の矜持《きょうじ》を感じる。それでも、家族だけには悔しい思いを知ってもらいたかったのでは」と話した。

7・写真の〝遺言〟

聞けなかった思いの丈

「マスコットありがとう。このマスコットと共に必沈の意気、益々旺盛なり。母上様によろしく」

川口アヤ子さん(85)＝南さつま市加世田益山＝は1945(昭和20)年5月4日、出撃前の陸軍飛行第六六戦隊員、賀美《かみ》正一軍曹から1枚の写真を手渡された。写真裏に書かれた言葉が、賀美さんの〝遺言〟になった。

六六戦隊は特攻隊とは異なり、通常爆撃や偵察を担っていたが、万世飛行場から沖縄へ向かった賀美さんは戻らなかった。20歳だった。

川口さんは「賀美さんは特攻を命じられたのだろう」と考えている。それだけ出撃前夜の様子はいつもとは違っていた。

当時、川口さんは、母の田中キクエさん(107)と2人暮らしだった。

飛行場に近い集落の家々は自宅を休憩所に開放するなど、軍関係者を温かく迎えた。賀美さんが来るときはいつも1人。「温和な人でね。幼いころ、お母さんを亡くしたということで、私の母を慕ってきていたのかもしれない」

だが5月3日夜、訪ねてきた賀美さんの表情は硬かった。通された座敷では、あぐらをかき、天井の一点をじっと見詰めたまま。川口さんは、手作りのお守り人形を贈るのが精いっぱいだった。

出撃当日の4日朝、賀美さんは再びやってきて、川口さんに撮ったばかりの真新しい写真を手渡すと、機密のはずの出撃時間を伝えた。川口さんは飛行場横の高台から出撃を見送った。

賀美正一さんの写真を持つ川口アヤ子さん。直接もらった写真はもうない＝2015年1月、南さつま市加世田益山

この日、六六戦隊にどのような命令が出されていたかは分からない。だが、同じく通常攻撃部隊で、知覧飛行場に居た六五戦隊長の吉田穆《あつし》少佐＝故人＝が戦後、興味深い証言を残している。

六五戦隊は5月3日に飛行団司令部から、4日の攻撃に特攻隊員7人を出すよう命令を受けた。吉田戦隊長が、飛行団長の所に行くと、「六六戦隊は既に7人出している」と言われたのだという。

吉田戦隊長は正規の特攻隊である振武隊員がまだ多くいることなどを理由に、六五戦隊への特攻命令を撤回させた。その際、飛行団長は「君のところをやめるのだから六六戦隊もやめような」と言ったとされる。

今となっては真相を知る由もないが、4日の攻撃では、六六戦隊は18人、六五戦隊は8人と、沖縄航空作戦中、1日としては最多の戦死者を出している。賀美さんの戦死を聞き、川口さん親子は一晩泣き明かした。

賀美さんからもらった写真は今、川口さんの手元にはない。貸し出した先で、行方不明になってしまったのだ。

「あの晩、何を考え、何を語りたかったんだろう」。今も川口さんは考える。「若い男女が話すことがはばかられた時代とはいえ、死地に赴く人から、思いの丈を聞いてあげられなかったことが悔やまれる」

8・消えた学校
歴史、地域から再評価を

陸軍万世飛行場の歴史は、地域の歴史と切り離せない。

１９４４（昭和19）年3月、日置郡田布施村（現南さつま市加世田）高橋では、前年７月始まった飛行場建設が急ピッチで進む一方、児童１３７人がいた新川国民学校が52年の歴史に幕を閉じた。

校区の新川、網揚《あみあげ》両集落が建設区域に含まれたためだ。特に網揚は全85戸が強制移住対象となった。鹿児島県内で、軍施設の建設に伴い廃校になった学校は、他にない。

飛行場建設に対する校区民の受け止め方について、郷土史の記述は「網揚の人たちは不満であったが、当時は軍事が優先し軍の計画に反対できる時代ではなかった」（加世田市史）など、ごくわずかだ。かつて学校があった新川集落に住む髙木敏行さん（82）は「降って湧いた飛行場建設に住民は大きな負担を強いられた」と証言する。

「新川は網揚のように家屋移転までは求められなかったが、母と2人、せかされながら掘り揚げた墓の移転作業は、本当にきつかった」

2010年以降、万世飛行場に関する掘り起こしを続ける「万世陸軍飛行場勉強会」の一員、鮫島格《いたる》さん(75)＝南さつま市加世田小湊＝は、網揚住民の移住先を追跡した。国が代替地に用意した田布施村牟《む》田城《たんじょう》のほか、同村塩屋堀、万世町荒田、相星など、複数戸数の移住地を確認できたという。

「牟田城は官林(国有林)で、移住者は松の伐採、根の掘り出しなど整地に苦しんだ。さらに与えられた土地は宅地分だけで、農地はなく、移住者は以前より苦しい生活を強いられた」と話す。

やはり勉強会に名を連ねる髙木さんは2015年、70年ぶりに会った同級生から、新川国民学校の児童を持つ網揚の人々が、飛行場工事が本格化した1943年7月から閉校までの8カ月間、網揚公民館で共同生活を営んでいたことを初めて聞いた。

戦後、存在を忘れられていた万世飛行場に再び光を当てたのは、同飛行場を拠点とした飛行第六六戦隊の元陸軍パイロットで、2012年に91歳で死去した苗村七郎さんの功績が大きい。

1960年に万世を再訪した苗村さんは、飛行場の風化を防ごうと、万世特攻慰霊碑や特攻平和祈念館の実現に奔走。特攻などで亡くなった航空隊員の遺書や写真を収集し、著書などで幅広く紹介した。

新川国民学校跡地で意見交換する髙木敏行さん（写真右端）、鮫島格さん（同左端）ら＝2015年1月、南さつま市加世田高橋

だが、鮫島さんや髙木さんは「苗村さんの発掘が軍中心になった分、地域と飛行場のかかわりなど、見逃されてきた面も多い」と実感している。

鮫島さんは2015年、住民視点で万世飛行場の歴史をまとめた「萬世陸軍飛行場と太平洋戦争」を自費出版した。「地域が主体的に万世飛行場の歴史を継承する機運につながってほしい」と願う。

第2部「砂上の基地」余話

兄の死後1年で亡くなった母

第一四四振武隊・中島秀彦隊長の妹、白川栄子さん（83）大阪市

「砂上の基地」6回目で取り上げた後藤慶生《よしうみ》さん（90）＝愛知県豊橋市＝のように、特攻隊員の遺族には、短かった隊員の生涯を書物にまとめる人が多い。

白川栄子さん（83）＝大阪市住之江区＝もその一人。1945（昭和20）年6月8日、第一四四振武隊隊長として陸軍万世飛行場を飛び立ち、22歳で戦死した長兄、中島秀彦大尉の家族あての手紙など約100通をもとに、2002年、「沙羅の花―『特攻』沖縄の海に散る―中島秀彦の記録」（文芸社）をまとめた。

白川栄子さん

「親やきょうだいにとても細やかな心遣いをする人で、一家の大黒柱的存在だった」と思い出を語る白川さん。「若くして逝った特攻隊員は家族をつくれなかった。書き残さないと、大切な人がすぐに忘れられてしまうとの懸念があるのでは」と遺族の思いを代弁する。

大きな存在だった兄の死と、間もなく訪れた敗戦は、遺族に大きなショックを与えた。

中島秀彦大尉

白川さんは敗戦を知った時の母・かた子さんの表情が忘れられない。「真っ青というより真っ白だった」

気落ちが大きかったのか、かた子さんは1946年春、風邪がもとで寝たきりになり、同年6月7日、41歳で亡くなった。中島大尉の死からちょうど1年後のことだった。

白川さんは「特攻隊員に限らず、この当時の日本には同じような思いをした家族がたくさんいた。そのことを忘れてはいけないと思う」と話した。

飛行場造成は人力頼み

元陸軍航空本部技師・原田忠雄さん（88）長崎県南島原市

陸軍万世飛行場の建設に伴い、1944（昭和19）年3月末に閉校を余儀なくされた田布施村高橋（現南さつま市加世田高橋）の村立新川国民学校。閉校後間もなく、校舎玄関前で撮影された1枚の写真がある。

1944年春、「陸軍航空本部経理部萬世工事本部」の看板が掛かった旧新川国民学校校舎(原田忠雄さん提供)

玄関柱には、「陸軍航空本部経理部萬世工事本部」の看板、工事本部の職員が写っている。閉校後の校舎を事務所に、主に鉄道工業や藤原組が請け負った飛行場建設工事の施工管理を担った。

左から3人目が、写真を所有していた原田忠雄さん(88)＝長崎県南島原市。同年3月に長崎工業学校(現長崎工業高校)土木科を卒業し、土木技師として陸軍航空本部に採用された。

九州内の工業学校から同様に採用された仲間たちと福岡・大刀洗で短期間の研修後、沖縄・石垣島の飛行場建設地に向かう予定だったが、「戦況悪化で鹿児島港から船が出ず、万世に行くよう命じられた」。44年4月から12月まで、同飛行場で勤務した。

153万平方メートルもの広大な砂丘地を飛行場に欠かせない平地にするのに、ブルドーザーやトラック、蒸気機関車、ガソリンカーなどが投入されたが、原田さんによると故障が多く、もっこなどを使う人力作業が頼りだった。

軍隊に青壮年男子の多くが取られる中、労働力の中核を担ったのは、朝鮮人労働者や日置・川辺郡一円から集められた女性や高齢者の勤労奉仕隊だった。それだけでは足りず、八路(中国共産党)軍の捕虜ら中国人も動員された。

「朝鮮人や中国人は憲兵隊の監視下に置かれた。真夏の炎天下など劣悪な作業下で、病気になる人も多かった」と原田さん。「最も警戒したのは、彼らに暴動を起こされることだった」。年末、慰労のために豚２頭を届けたこともあったという。

原田さんの印象に最も残っていることは、きつい作業も朗らかにこなす女性たちの姿だった。「薩摩おごじょのたくましさに救われた」と、70年以上前を振り返った。

直前までいた壕に爆弾

阿多地区勤労奉仕隊員だった上堂薗ふさ子さん（87）南さつま市

南さつま市加世田高橋の万世特攻平和祈念館に、１９４５(昭和20)年３月29日、陸軍万世飛行場を狙った米軍機の空襲で爆死した国防婦人部阿多地区勤労奉仕隊の女性隊員13人の慰霊碑がある。逃げ込んだ先の新川集落の防空壕《ごう》が爆弾に直撃され、所有者の家族６人

「空襲のせい惨な光景は忘れられない」と語る上堂薗ふさ子さん＝2015年2月、南さつま市金峰町白川

とともに亡くなった。

「私も、同じ集落の2人といったん、あの壕に入った。満員だったので、3人で隣の壕に移って命拾いした」と話すのは、同市金峰町白川の上堂薗ふさ子さん(87)。

すさまじいごう音の後、外に出ると、直前までいた壕は跡形もなくなり、地面には、すり鉢状の巨大な穴ができていた。「松の枝にちぎれた手足や内臓が引っ掛かっていて、むごいありさま。あの光景は今も時々夢に出る」。犠牲者には飛行場まで10キロの道のりを一緒に歩いた白川地区の女性2人も含まれていた。

実は上堂薗さん、隣の集落で葬式が出たために、代理で奉仕隊に参加した。飛行場に到着する直前に空襲に遭ったため、どんな作業をする予定だったのか、今も分からないという。

加世田市史によると、万世飛行場は44年8月に「ほぼ竣工《しゅんこう》した」とある。45年3月26日には通常部隊の飛行第六六戦隊が初進出してきて、実戦基地としての活動が始まった。

稼働したにもかかわらず、まだ多くの労働者による奉仕作業が必要だったところに、急造された飛行場の不具合ぶりがうかがえる。

消えた学校をCGで再現

新川国民学校OB・髙木敏行さん（82）南さつま市

髙木敏行さんが描いた見取り図をもとに
再現された新川国民学校の立体図

「運動会の時には、校庭の中央に立つ松の木から、万国旗を八方に飾ったものです」

陸軍万世飛行場建設の影で閉校となった田布施村立新川国民学校。学校があった南さつま市加世田高橋の新川集落に住む同校OBの髙木敏行さん(82)は、自らの記憶を頼りに、学校の見取り図を描いた。当時の在学生を訪ね歩き、校舎や奉安殿だけでなく、松や桜の木の配置まで、忠実に再現した。

見取り図は、万世特攻慰霊碑奉賛会の竹添純治事務局長(64)＝2015年2月当時＝が知人に頼み、コンピューターグラフィクス（CG）で立体図に仕立ててくれた。71年前に消えた母校の姿がよみがえった。

戦後、飛行場は農地に戻ったが、学校は戻ってくることはなかった。地域からも学校の記憶は薄れつつある。髙木さんは「閉校式の写真などとともに公民館などに展示して、後世の人たちにも知ってもらうようにしたい」と話した。

おたよりから

飛燕の胴体着陸を目撃＝山口勝久さん(82)

　1945(昭和20)年4月末、私は旧制川辺中学校の1年生だった。上級生と相星海岸に貝掘りに行った時のこと、万世飛行場から陸軍機7、8機が飛び立った。

　うち1機が引き返してきて、波打ち際に胴体着陸した。飛行機は三式戦闘機「飛燕《ひえん》」だった。駆け寄って航空隊員を見ると、日の丸の鉢巻きを締めた頭を操縦かんに伏せていた。

　そのうち隊員は顔を上げ、操縦席のバンドを解いて天蓋《がい》を開けた。鉢巻きには血がにじんでいた。

　整備兵が飛行場の方から必死の形相で駆けつけてくると、「すみません、すみません」と何度も謝った。隊員は「ガソリンがエンジンに回らず出力が出ないので、引き返してきたのだ」と説明していた。

　まだ20代前半の若武者だった。あの後、生き残れたのだろうかと思う。

(鹿児島市)

寒さこらえ芝張り作業＝井上賢一さん（82）

１９４４（昭和19）年３月、11歳だった私たち加世田国民学校５年生も、陸軍万世飛行場建設の勤労奉仕に駆り出された。

任されたのは、各家庭が田んぼや畑のあぜから切り出して供出した30～40センチ角の野芝を敷地に植える作業。砂丘を切り開いた飛行場だけに、砂が飛ぶのを防ぐ狙いがあったのだろう。小湊、万世、益山などの国民学校児童も同様に動員されたようだった。

学校から往復10キロを歩くのにも、児童の履き物の大半はわら草履。弁当も芋と麦混じりのご飯に、つくだ煮、漬け物などわずかなおかずが付くだけだった。

海から吹き上げる寒風でかじかむ手に息を吹きかけながら、懸命に芝を植えつけた。同窓会では「寒かったなあ」「ひもじかったなあ」とつらかった作業が語りぐさになっている。

（南さつま市）

奉仕作業中に機銃掃射＝中尾俊子さん（83）

川辺高等女学校１年生だった１９４５（昭和20）年８月、中学生や国民学校５、６年生と、陸軍知覧飛行場に奉仕活動に赴いた。

飛行場に人影はなく、滑走路は爆弾で穴だらけ。引率のおじさんから「もっこで土を運び、穴を埋めろ」と指示があり、２人１組でせっせと土運びするが、穴はなかなか埋まらない。疲れ切っていると、けたたましく空襲警報が鳴った。

慌てて山に逃げた。爆音をたてて飛んできた米軍機が一斉射撃した。私は目と耳を指で押さえ、地面に突っ伏してぶるぶる震えていた。女の子が「ワッ」と泣き出したが、誰かがすぐに口をふさいだ。

飛行場に戻ると、せっかく埋め戻した所に、また穴が開いていた。近くの茶工場の壁は穴だらけで、射撃のすさまじさを見せつけていた。70年過ぎた今も恐怖がよみがえる。

（いちき串木野市）

抜歯を要望した航空兵＝福島承玄さん（71）

１９６８（昭和43）年に78歳で亡くなった父の福島喜代志は、長く旧万世町で歯科医院を営み、太平洋戦争中には、出征兵士に留守家族の近況を伝えたりしていたらしい。

45年春、陸軍万世飛行場が実戦基地となり、航空部隊が進出してくると、航空隊員の歯の治療にも当たった。

そんな父が晩年、「治療の必要のない健康な歯を抜いてくれと頼んできた航空隊員がいた」と話してくれたことがある。

父いわく、歯を抜くと、発熱することがある。熱が出ると、飛行機の搭乗が取りやめになるからだということだった。

今となっては、確かめるすべはないが、特攻、通常攻撃にかかわらず、沖縄へ出撃すると生還は極めて難しかったようだ。生に執着し、出撃を延ばせないかと考えた隊員もいたのかもしれない。

（長野市）

第3部　軍都鹿屋

現在、海上自衛隊の基地になっている鹿屋市の海軍鹿屋航空基地は太平洋戦争末期、特攻作戦を指揮した第五航空艦隊司令部が置かれ、最も多い特攻戦死者を出した日本最大の特攻基地だった。鹿屋基地出撃の特攻隊のほとんどを占めた神雷部隊や特攻作戦を支えた市民の姿などを紹介する。

1・人間爆弾部隊
初陣で160人全滅

1945（昭和20）年3月21日午前11時半ごろ、旧制鹿屋中学校3年生だった江口主計《かずえ》さん（87）＝肝付町北方＝は、鹿屋市北田町の食堂で弟と2人、実家の内之浦へ向かうバスを待っていた。

江口主計さん

突然、海軍鹿屋航空基地からごう音が響いた。外に飛び出すと、道行く人が皆、快晴の空を見上げている。双発エンジンの一式陸上攻撃機（一式陸攻）の編隊が、基地から続々と飛び上がってきた。

一式陸攻の腹部には空色の小さな翼が付いた飛行機が抱かれているのが見え、なぜか悲壮感のようなものが感じられた。編隊は基地上空を何度か旋回すると、志布志湾方面に飛び去った。

鹿屋は3日前の18日に米機動部隊の初空襲を受け、緊迫していた。「あれが、うわさになっていた人間爆弾か」。江口さんは気分が重くなった。周囲の人々も同様に感じたのか、粛

航空自衛隊入間基地の修武台記念館に日本国内で唯一残る本物の「桜花」。翼の部分は木製だった＝埼玉県狭山市

然と編隊を見送っていたと記憶している。

出撃風景は、航空特攻専門部隊「第七二一海軍航空隊」（司令・岡村基春大佐）、通称「神雷《じんらい》部隊」の初陣だった。江口さんが直感した通り、小型飛行機は、1人乗りの特攻専用機「桜花」だった。

桜花は、通常の攻撃機の1・5倍、1・2トンもの大型弾頭を装備した「一撃必沈」の特攻兵器として、海軍が開発。推進装置に火薬ロケットを採用して、高性能の米戦闘機を振り切るスピードを実現した一方、航続距離は60キロとごく短かった。そのため戦場までは「親機」の一式陸攻が運び、敵艦間近で切り離された後、桜花隊員が操縦して、自分の体もろとも体当たりすることになっていた。

切り離し後、一式陸攻は基地に戻り、再び桜花を積んで出撃する。だが、機体に機銃弾に対する防御力がほとんどないため、桜花攻撃時には敵戦闘機を寄せ付けないだけの十分な数の掩護《えんご》戦闘機が必要とされていた。

しかし、本土に迫った米航空母艦を攻撃目標にした桜花の初陣は、軍の想定通りとはいかなかった。本来は18日に神雷部隊の別部隊が宇佐航空基地（大分県）から出撃する予定だったが、直前に米軍の奇襲を受け中止に。一式陸攻の掩護用に用意していた戦闘機も米戦闘機の迎撃に駆り出され、多くが失われてしまった。

それでも、神雷部隊を指揮する第五航空艦隊（長官・宇垣纏《まとめ》中将）は21日、前日までの反撃で、米機動部隊にも大きな損害が出ていると判断。掩護戦闘機を十分確保しないまま、鹿屋からの出撃にゴーサインを出した。

見込みは甘かった。指揮官機3機を除く15機が桜花を装備した18機の一式陸攻隊は、太平洋上で多数の米戦闘機隊の待ち伏せに遭い全滅。一式陸攻1機には桜花隊員を含む8人が乗り組んでおり、神雷部隊は掩護機の搭乗員も入れて、一挙に160人もの戦死者を出した。

この時、米戦闘機の機銃発射に連動したカメラで撮影された一式陸攻隊のカラー映像がある。映像投稿サイト「ユーチューブ」でも公開されている。

30機ほどいた掩護の零式艦上戦闘機（零戦）の姿は映像内にはなく、陸攻隊は一方的に撃ち落とされていった。

海軍省が神雷部隊の存在を公表したのは、初出撃から2カ月以上が経過した5月28日。翌5月29日付の新聞で4月14日までの戦死者３３２人が大きく報じられた。だが戦死者の半数を占める初陣の悲劇については全く触れられていない。

江口さんが悲壮感を漂わせながら出撃していった編隊の無惨な最期の実相を知ったのは、戦後のことだ。

威力敵陣を震撼
航空部隊も殺到

神雷部隊の存在を初めて伝えた1945年５月29日付の鹿児島日報（現在の南日本新聞）

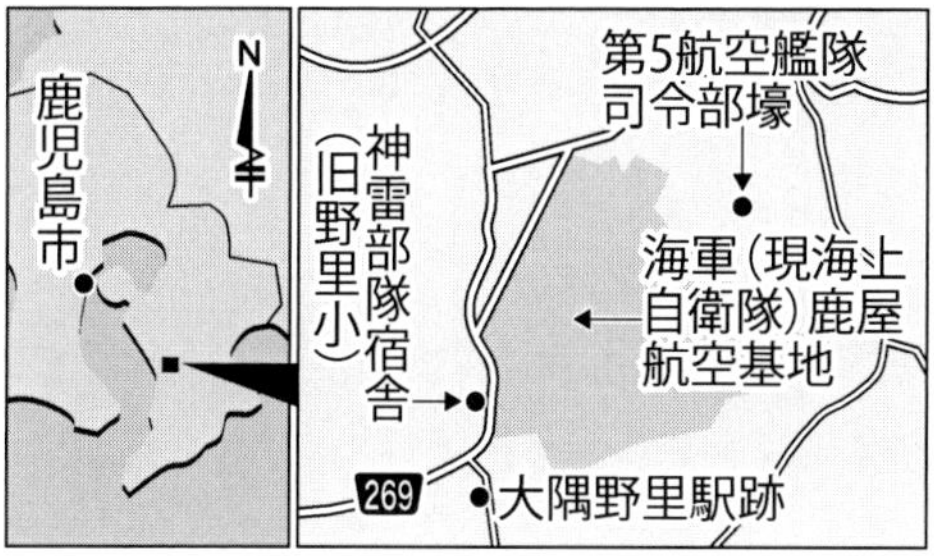

2・開発期間2カ月
県出身者、命懸けの試験

長野乃一さん

航空機搭乗員が自らの生命もろとも敵艦船にぶつかっていく航空特攻は、1944(昭和19)年10月下旬のフィリピン沖海戦で、海軍第一航空艦隊司令長官の大西瀧治郎中将が始めた。敗戦直後の45年8月16日、特攻隊員に感謝する遺書を残し自決した同中将は、「特攻生みの親」とも呼ばれる。

だが、特攻専用機「桜花」を運用する専門部隊「神雷《じんらい》部隊」(第七二一海軍航空隊)が開隊したのは、初特攻より前の44年10月1日。桜花の開発開始は、同年8月までさかのぼる。桜花は当初、フィリピン戦線に投入される予定で、2カ月余という猛スピードで開発された。

特攻作戦は1人の人間が「生み出した」のではなく、軍が組織ぐるみで構築したことは、神雷部隊の成り立ちひとつ見ても明らかだ。

事故が即、死に結びつく航空機の開発には通常、きめ細かな試験が要求されるが、急ピッチの開発が求められた桜花では最小限に抑えられた。そんな中、ぶっつけ本番の危険な飛行試験を数多くこなし、実用化に大きな役割を果たしたのが、米ノ津町下鯖淵（現出水市境町）出身のテストパイロット、長野一敏少尉だ。

急ごしらえの結果、飛行距離が極端に短いなど運用面に課題が多くみられた桜花は、実戦投入後も改良が続けられた。

長野少尉は45年6月26日、推進機関を火薬ロケットからジェットエンジンに替えた改良型の試験中、突然のエンジン点火で機外に放り出され、落下傘が十分に開かず墜落、死亡した。26歳だった。

神雷部隊のテストパイロットとして特攻兵器「桜花」開発に大きな役割を果たした長野一敏少尉

当時、直属の上司の大尉だった平野晃さん＝鹿屋市出身、２００９年死去＝は戦後、長野少尉について、「一歩誤れば、直《じか》に死を意味し、不成功は直に神雷部隊の根底を揺るがすような各種テストに、気負わず、（中略）驕《おご》らず、淡々として従事した」と回想。命懸けの飛行試験に粘り強く挑み続けた精神力と、卓越した技量をたたえている。

平野さんは、長野少尉の死亡に伴い

テストパイロットを引き継いだ。同少尉の遺骨と小さな位牌《いはい》を入れた袋を胸に、終戦まで死と隣り合わせの改良試験に臨んだという。

機密兵器の開発に携わっていたためか、長野少尉の死は、米ノ津町の実家には、「殉職」とだけしか伝えられなかった。

同少尉のおい、長野乃一さん(76)によると、戦後、航空自衛隊トップの航空幕僚長も務めた平野さんが、退官後の1978年に訪ねてきてくれた時に、詳しい死の状況を初めて知ることができたという。

乃一さんは「わずかな思い出しかない叔父が、責任感ある人で、大変な仕事に取り組んでいたことがようやく理解できた」と振り返り、「生きていたら、きっと地域の発展に貢献してくれていたと思う」と惜しんだ。

３・投下訓練

使い難い槍、見えた現実

浅野昭典さん

長浜敏行さん

茨城県の東端に位置する鹿嶋市と神栖《かみす》市。現在は重化学コンビナートが連なる場所に、海軍神ノ池《こうのいけ》航空基地があった。１９４４（昭和19）年11月から、特攻専門部隊「神雷《じんらい》部隊」の訓練拠点が置かれ、沖縄向け航空特攻の最前線だった鹿屋航空基地に特攻要員を送り続けた。

隊員の多くは、軍が１機で大型艦を沈められるとうたった特攻専用機「桜花」を、神ノ池基地で初めて見た。「小さく、プロペラも脚もない異形に驚いた」。元隊員の内藤徳治さん（91）＝横浜市都筑区＝の感想は、多くの元隊員に共通する。簡素なつくりに「これで突っ込むのか」と、失望の声も出たという。

自力では60キロ程度しか飛べない桜花は、親機の「一式陸上攻撃機」（一式陸攻）につり下げられて戦場に運ばれ、投下後に火薬ロケットで加速、滑空して攻撃目標に達する。その流れを確認するための投下訓練は、危険性の高さから、隊員1人につき1回とされ、無事訓練を終えると、あらゆる状況下で作戦可能な「練度A」と認められた。

訓練に使用したオレンジ色をした桜花練習機は、爆弾とロケットを取り外した代わりに、着陸用のそりが付いており、重量2トンの本番機に比べ軽量だった。

元隊員の浅野昭典さん(86)＝横浜市神奈川区＝は45年5月、「死んだ時も恥ずかしくないよう」と、新しい下着を着て投下訓練に臨んだ。

高度3千メートルで一式陸攻から桜花練習機に乗り移る際は、吹き込む風の強さに足がすくんだ。

親機から切り離されると、練習機は300メートルほど自然落下した。「体が浮いて頭が風防にぶつかり、操縦席の床からはほこりが猛烈な勢いでたちのぼった」。面食らったが、

海軍神ノ池航空基地跡地に設置された神雷部隊の訓練地であったことを示す碑＝茨城県鹿嶋市

滑空が始まると、機体は操縦かんの動きに素直に反応した。「操作性の良さに感銘を受けた。親機にいい場所で落としてもらえれば、何とかなると思った」と浅野さんは語る。

一方、運ぶ側は運ばれる側ほど楽観的でいられなかった。

一式陸攻の副操縦員だった長浜敏行さん(87)＝延岡市＝は、練習機を積んで初めて飛んだ時のことが忘れられない。「練習機の重さに負けて上昇力がなく、スピードも出ない。さらに重い本番機を積んだ場合、ちゃんと飛べるのかと不安になった」と話す。

陸攻隊長の一人、野中五郎少佐も訓練を重ねるたびに桜花攻撃の困難さを実感していたようだ。「この槍《やり》使い難《がた》し」と語った言葉が伝わる。

野中少佐の指揮で45年3月21日、鹿屋基地を出撃した桜花攻撃の第1陣は、一式陸攻18機全機が目標に到達する前に米戦闘機に撃ち落とされた。長浜さんはその報を聞き、「出撃したらまず生きては戻れない」。腹をくくった。

4・桜花の初戦果

戦術を転換、唯一の撃沈

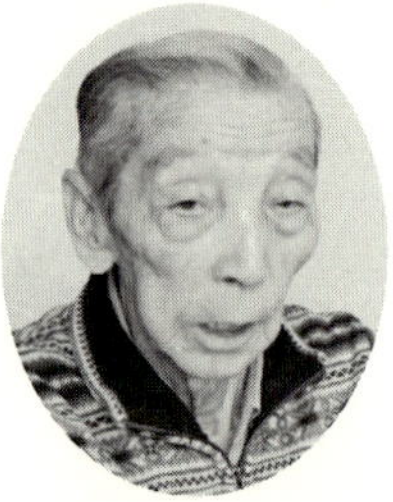

菅野善次郎さん

1945(昭和20)年4月12日正午すぎ、海軍神雷《じんらい》部隊の一式陸上攻撃機(一式陸攻)電信員、菅野善次郎さん(88)＝福島市＝は、第3次桜花特攻隊の一員として鹿屋航空基地を飛び立った。人間爆弾の「桜花」を抱えた一式陸攻は9機。編隊は組まず、各機別ルートで沖縄へ向かった。菅野さんや桜花搭乗員の土肥三郎中尉ら7人の命を預かる機長・三浦北太郎少尉が選んだのは、いったん東シナ海を西に進み途中で90度変針する迂回《うかい》ルートだった。

神雷部隊は3月21日の第1次桜花特攻で、一式陸攻18機、隊員160人を一挙に失い、米軍に制空権を握られた中での編隊攻撃の無謀さを思い知った。そこで桜花攻撃を単機奇襲に切り替えるとともに、零式艦上戦闘機(零戦)に500キロ爆弾を抱かせた「爆戦特攻」の併用も決めた。

だが、戦術転換後、4月1日の第2次攻撃でも桜花の戦果は上がらず、一式陸攻の未

「桜花」を抱えて鹿屋航空基地を出撃する神雷部隊第３次桜花特攻隊の一式陸上攻撃機＝1945年４月12日（鹿屋航空基地史料館提供）

帰還も相次いだ。そんな状況下で、18歳の菅野さんも「死ぬ番がきた」と覚悟を決めた。「生還を期しがたい」状況を、陸攻隊員皆が理解していた。

「ワレ敵戦闘機ト交戦中」「ワレ只今《タダイマ》ヨリ自爆ス」。鹿屋を出て１時間余、別行動する僚機から悲痛な無電が相次ぎ入った。菅野さんは「敵機に食いつかれたら逃げ切れない。見つからないでくれ」と祈った。

一隻の米艦が海上に停止しているのが見えた。三浦少尉は桜花攻撃を決断。菅野さんは土肥中尉を手伝い、桜花に移乗させた。

高度を下げる一式陸攻は、敵艦の対空砲火に激しく揺れた。発進ブザーが鳴り響いたが、電動装置の故障か、桜花を切り離せない。土肥中尉は操縦かんを握り、じっと前方を見詰めていた。

菅野さんは、手動投下索に駆け寄り、目を閉じて索を引いた。目を開けた時、桜花の姿はなかった。敵艦のいたあたりに、大きな黒煙と重油の輪ができているのを確認し、鹿屋の第五航空艦隊司令部に「敵戦艦1隻轟沈《ごうちん》」の暗号電を打った。

数十発もの対空砲弾を被弾した機体で何とか鹿屋基地に帰りついた菅野さんらを待っていたのは、戦果を疑う第五航空艦隊参謀の詰問だった。「本当に轟沈したのか」「間違いなく戦艦か」。追及は厳しかった。

菅野さんは「不完全な兵器を与えて死地をくぐらせた者に対し、あんな言いぐさはない。それなら参謀自らあの修羅場を見てきてみろと思ったものです」。現場の苦労を想像もしない上層部への怒りは今も消えない。

米軍資料によると、この日、土肥中尉が沈めたのは駆逐艦「マンナート・L・エーブル」。大戦中、桜花が沈めた唯一の船となった。

5・最前線の空気

厳しさと解放感が同居

海軍鹿屋航空基地を拠点に1945(昭和20)年3月21日から始まった「神雷《じんらい》部隊」による特攻。同26日から沖縄戦が本格的に始まると、専用兵器の「桜花」に加え、500キロ爆弾を付けた零式艦上戦闘機(零戦)を使う「建武《けんむ》隊」も編成された。

さらに戦闘機搭乗員を養成する練習航空隊で編成された零戦特攻隊も神雷部隊傘下に加わり、それぞれ、「筑波隊」(筑波航空隊)、「七生《しちせい》隊」(元山《げんざん》航空隊)、「神剣隊」(大村航空隊)、「昭和隊」(谷田部航空隊)と命名された。

これら神雷部隊関係の特攻戦死者は終戦までに715人を数え、鹿屋基地全体の特攻戦死者の8割を占める。

内藤徳治さん

神雷部隊桜花隊の中尉だった内藤徳治さん(91)=横浜市都筑区=が、戦死した隊員の補充のために、訓練基地である茨城・神ノ池航空基地から鹿屋に進出してきたのは、45年4月14日のことだ。

隊員43人を乗せた輸送機2機が鹿屋基地に到着すると、第六建武隊や第四次桜花特攻隊がちょうど出撃するところだった。「総員見送りの位置につけ」。全員で滑走路横に並び、もう帰ることのない仲間を見送った。

「エンジンのごう音の中、特攻機に乗る隊員が何を言っているかは分からないが、にこやかに手を振りながら出ていった。『よし俺も後からいくぞ』と気持ちが高まった」と内藤さん。だがその直後、「命令があり次第出撃」を意味する「即時待機」の指示が出て、進出隊員は皆動揺した。「出撃まで多少の時間があると勝手に思い込んでいた。最前線の現実を突きつけられた瞬間だった」。鹿屋で約2カ月間待機したという内藤さんだが、出撃の機会はついに訪れなかった。

神雷部隊員が出撃までの時間を過ごす宿舎は、鹿屋基地の西側、滑走路近くの崖下にある野里国民学校の木造校舎が充てられた。司令の岡村基春大佐の「任務さえきちんと果たしてくれればいい」という方針の下、厳しさとは無縁。衛兵も置かれず、解放感があった。出撃隊員の指名がある朝礼にさえ出ていれば、隊員たちに日課はほとんどなく、思い思いに過ごせた。

そのためか、出征で男手のいない農家の麦刈りを手伝った、地元の子どもと魚捕りに興じた、慰問に訪れた女子青年団員とバレーボール大会をした—など、他の特攻隊と比べて

野里宿舎近くで児童とともに農作業をする特攻隊員
（鹿屋航空基地史料館提供）

市民との交流話が数多く残る。
近くに住んでいた浅井キリさん（89）＝鹿屋市上野町＝も、直接宿舎を訪問して、隊員に武運を祈るマスコット人形を贈った。「若い異性同士気軽に話せない時代ということもあり、自分はただ人形を手渡しただけだったけど、弟はよく宿舎に遊びに行き、神雷部隊に仲のいい友人もできていた」と話した。

6・幻の建武隊

発進直前、取りやめに

左の者、特別攻撃をもって敵艦隊を殲滅《せんめつ》すべし—。

1945(昭和20)年4月18日朝の鹿屋市野里。18歳の神雷《じんらい》部隊一飛曹、保田基一さん(88)=愛媛県宇和島市=は、部隊宿舎に檄文《げきぶん》とともに張り出された名簿に自分の名前を見つけた。500キロ爆弾を抱いた零式艦上戦闘機(「爆戦」と呼ぶ)で敵艦に突っ込む「建武《けんむ》隊」隊員への指名だった。

1945年4月18日、出撃直前の保田基一さん。遺影として撮影された(保田さん提供)

集合までの時間はわずか30分。その間、前もって準備していた遺書、髪の毛、つめを担当の係に提出し、下着を新品に替えた。

出撃隊員20人で司令部壕《ごう》前に整列すると、上官の訓示が始まった。話が長いのに閉口した。「きょうは山本(五十六)元帥の命日である。諸子の活躍でかたきを討ってくれ」と言われ、「命日が元帥と同じなのは、いいな」と思った。

鹿屋航空基地へ向かうトラックに乗る時、「保田さん、征《い》くんか」と声が掛かった。振り返ると、同郷で一つ上の木村茂一飛曹だった。12日に一式陸上攻撃機の主操縦員として第3次桜花特攻に出撃。ロケット推進の特攻機「桜花」を投下後、無事生還していた。

「何か家族に言い残すことはないか」「遺書は出してきたが、もし会うことがあったら、元気で征ったと伝えてや」。保田さんの返事に木村一飛曹はうなずき、敬礼したまま、基地への坂道を上るトラックをずっと見送ってくれた。

待機所では、爆戦が既にプロペラを回していた。「二度と地面を踏むことはないのだな」。保田さんは二度、三度と、地面を思い切り踏みしめ、その感触を頭に刻むと、操縦席に乗り込んだ。

ところが、突然のろしが上がった。伝令が走ってきて「発進中止。機体を掩体《えんたい》壕に収容せよ」と叫ぶ。保田さんは、整備兵を爆戦の翼の上に乗せたまま、掩体壕まで退避した。攻撃目標上空に敵戦闘機が多数いるという情報が入り、中止になったと後から聞いた。

保田基一さん

「第九建武隊」となるはずだった保田さんたちだったが、その隊名は4月29日に出撃した別の隊員たちのものになった。それより前の20日、保田さんは命令で富高基地(日向市)に後退していたからだ。桜花の投下訓練を受けていたため、開発中の新型桜花の搭乗員として温存されたとみられる。

その後、出撃の機会はなく、終戦を迎えた。伝言を預けた木村一飛曹は、沖縄戦がほぼ終結していた6月22日、桜花最後の出撃となった第10次桜花特攻に出て、今度は帰ってこなかった。

「ちょっとした運に恵まれた」とあの日を振り返った保田さん。「もらった命をいかに無駄なく使うか。その後の人生、それだけを考えて生きてきた」

7・兄の矜持

戦闘機乗りの思い強く

吉永逸雄さん

1945(昭和20)年4月12日、肝属郡高山町(現肝付町)前田にあった吉永逸雄さん(85)=姶良市東餅田=の実家上空を、1機の零式艦上戦闘機(零戦)がゆっくりと旋回した。吉永さんは「(兄の)光《みっ》ちゃんが戻ってきた」と直感した。

光雄さんは19歳。予科練を出た後、念願の戦闘機搭乗員になり、戦闘機の操縦訓練隊である茨城・谷田部《やたべ》航空隊に所属していた。

「どうしたんだろう」と思っていると、その晩、飛行服姿の光雄さんが戻ってきた。父・清治さんと母・スキさんに、鹿屋航空基地を拠点とする神雷《じんらい》部隊傘下の特攻隊「昭和隊」の一員に選ばれたこと、間をおかず出撃することを伝え、父母と別れの水杯を交わした。

驚いたことに、光雄さんはそれから連日、夕方になると国鉄古江線(後の大隅線、廃線)で帰ってきて、終列車で鹿屋市野里の宿舎に戻った。15日には同僚1人を伴い1泊した。

実家は、憧れの搭乗員を見たいと、訪問客がひっきりなしで、家族だんらんの時間はな

宿舎となった野里国民学校前の昭和隊員。左端が吉永光雄さん
＝1945年４月25日（吉永逸雄さん提供）

かった。

そこで、18日の日中、父母と吉永さんの3人が野里に出向き、宿舎近くの知人の家で面会することにした。だが、光雄さんは、宿舎を出てすぐ、上官と思われる士官とすれ違うと、小さな声で「しもた」とつぶやいた。「行けんごなった」と突然面会の中止を告げ、宿舎に戻ってしまった。

気分を害した清治さんを、スキさんが「隊員の皆さんの中には、わが家に戻れない人もいる。顔を見られただけでも満足せんと」となだめた。

吉永さんは「兄は大の負けず嫌いだったから、周囲から家族と恋々と会っているとみられるのが嫌だったのでは」と振り返るが、実は光雄さんは、16日に第四昭和隊として鹿屋基地を出撃寸前、米戦闘機の奇襲を受けて乗機を失う目に遭っていた。

その後、光雄さんからの連絡は途絶えた。29日夕、鹿屋基地内の航空廠《しょう》に働きに出ていた近くの人が、整備兵の言づてを届けてくれた。新たな搭乗機を与えられた光雄さんは、同日午後、第五昭和隊の一員として出撃していた。敵艦への突入電も確認されたとあった。

吉永さんが光雄さんと交わしたわずかな会話の中で、印象深いのは谷田部航空隊時代、迎撃戦に参加した時の話だった。「零戦で敵機に食らい付いて、撃とうとしたら機銃の故障で弾が出ない。後は逆襲してきた敵から逃げるのに必死だったよ」。一度限りの体験を生き生きと語る姿に、戦闘機乗りとしての矜持《きょうじ》を感じた。

吉永さんは「若い隊員には当時、とても言えることではなかったろうが、兄は本音では戦闘機乗りとして戦い抜きたいと思っていたと思う」と話した。

8・掩体壕群
作戦継続に大きく貢献

神雷《じんらい》部隊をはじめとする特攻隊が、鹿屋航空基地から出撃した期間は1945(昭和20)年3月11日から6月26日までの3カ月余。その間、基地は間断ない米軍の空襲にさらされた。

それでも、軍が特攻作戦を継続できたのは、特攻機を退避させるコの字形の土塁、「無蓋《むがい》掩体壕《えんたいごう》」を基地内外に大量に構築し、爆撃による機体の損害を減らす手だてを前もって講じていたからだ。

92年、鹿屋市郷之原町の住民有志が出版した「郷之原郷土史」に原田盛雄さん(90)手書きの終戦直後の同町周辺図が掲載されている。枝分かれしながら基地から同町まで延びる誘導路沿いに掩体壕40基が確認でき、滑走路まで最も遠い所で3キロ以上ある。誘導路は基地の南側にも延びており、一帯の掩体壕総数は260基に上ったといわれる。

「軍都鹿屋」を象徴する掩体壕群だが、構築時期については、正確な記録がない。

郷之原町の前之原辰雄さん(86)は旧制鹿屋中学校4年途中の44年6月に愛媛・松山航空

太平洋戦争終結後間もない時期に撮影された。農地を貫く鹿屋航空基地誘導路とコの字形をした無蓋掩体壕群（豊の国宇佐市塾提供）

基地の予科練に入隊した。「入隊前の44年4、5月に、鹿屋基地内に掩体壕を造った。その年の10月、母の見舞いに帰郷した時、郷之原にも掩体壕がたくさんできているのに驚いた」と証言する。

多くの関係者の話を総合すると、掩体壕構築は、44年春から猛スピードで進められたようだ。造られた場所ほとんどが農地だったが、地主には何の説明もなし。西原国民学校4年生だった奥村輝雄さん(78)は、「基地の方からすごい勢いで誘導路ができてきて『麦を刈り終わるまで少し待って』という願いも許されなかった」と語った。

掩体壕づくりは、もっことスコップ頼みの人海戦術だった。中核となったのは朝鮮人労働者だが、国民学校や中学校の児童生徒も駆り出され、1校当たり最低1基造るよう求められた。それでも人手が足りず、熊本県からも中学生約2千人が動員された。

旧制熊本中学校（現熊本高校）4年生だった牧野徳夫《のりお》さん（86）＝熊本県山鹿市＝は44年6月から1カ月間、掩体壕づくりに従事。「鹿児島に行けると喜んでやってきたが、土方作業はきつく、食事も粗末。皆早く熊本に帰りたがった」と話す。

鹿屋高等女学校4年で遠来の中学生の食事作りを担当した田中然子《ねんこ》さん（86）＝熊本市北区＝は、当番の生徒が食事を持ち帰る途中、空腹に耐えかねて全員の分を食べてしまったこともあったといい、「遠くまで来てかわいそうと、同情した」と振り返る。

市民に大きな犠牲を強いた掩体壕群は特攻作戦の継続には貢献したが、敗戦後は無用の長物に。なまじ頑丈であるがゆえに、農地に戻す際も再び市民を苦しめた。

9・学徒動員
空廠の工員不足埋める

海軍鹿屋航空基地には海軍直営の軍需工場、「第二二航空廠《しょう》」(空廠)が併設されていた。基地敷地の半分を占めた広大な工場では約1万人が軍用機の部品製造や修理に当たり、神雷《じんらい》部隊が使用した特攻兵器「桜花」の組み立てや、桜花を運ぶ一式陸上攻撃機の改造も手掛けている。

「空廠の出退勤時に行き交う人の多さは、大都会のラッシュアワー並みだった」と振り返るのは、旧制鹿屋中学校生徒だった江口主計《かずえ》さん(86)＝肝付町北方。1937(昭和12)年4月に、佐世保海軍工廠鹿屋分工場として産声を上げた空廠は、その後わずかな間に、大隅半島一円の労働者を集める、「軍都鹿屋」の基幹産業へと成長を遂げていた。

その空廠は44年のうちに、郡部の学校施設などへの工場の分散移転に着手している。同年春に始まった鹿屋基地周辺への掩体壕《えんたいごう》増設の動きなども考え合わせると、軍は、鹿屋に戦火が及ぶかなり前から本土空襲を予測していたことがうかがえる。

戦局悪化に伴い、空廠では若手工員が続々徴兵された。工員不足を補ったのが、旧制中

終戦後の1945年９月、米軍が撮影した海軍第二二航空廠の工場。同年３月中旬の空襲で破壊されている（豊の国宇佐市塾提供）

学や高等女学校の生徒だった。

江口さんら鹿屋中4年生が、空廠に動員されたのは45年4月。生徒たちは細かく班分けされ、班が異なると、その後、終戦まで顔を合わせることもなかった。

江口さんが配属されたのは、零式艦上戦闘機（零戦）などの小型戦闘機の整備班だった。「整備は、下谷町（現新生町）の横穴壕から、飛行機が格納されている掩体壕まで出向いてやっていた。工員に工具を手渡したり、部品の洗浄や後始末など、雑用が主だったが、飛行機に肝心なとき、問題が起きないよう、整備の時はいつも真剣だった」と話す。

吉永逸雄さん（85）＝姶良市東餅田＝は、特攻機の爆弾投下装置の点検班。電気で作動する投下装置の点検を鹿屋中の1年先輩が仕切っているのに驚いた。「正規の整備教育を受けていないのか、整備兵の中には電気系はさっぱり分からんという人も多かった」

立元良三さん

立元良三さん(85)＝鹿屋市高須町＝が配属された解体班は、不時着などで壊れた零戦から、まだ使える部品を取り外して再利用に回す仕事だった。

中でも重要だったのは、折り畳み式になっている脚の回収だったという。「零戦は脚折れ事故が多かったから、予備の脚が求められていたのだろう」と立元さん。回収場所は、鹿屋や笠ノ原基地など近場から、次第に志布志や国分へと広がり、ついには長崎・大村航空基地まで「脚」探しに出向いたこともあった。

「今から考えると、物資がそれだけひっ迫し、敗戦が見えていたことの証明だが、当時はそんなことは考えもしなかった」と話した。

10・女子挺身隊
使命感持ち司令部勤務

松下貞子さん

田中然子さん

「ワレ敵機ト交戦中」「ワレ只今《タダイマ》突入ス」―。

海軍鹿屋航空基地から沖縄への航空特攻作戦が本格化した1945（昭和20）年4月、特攻機から鹿屋市下谷町（現新生町）の第五航空艦隊司令部壕《ごう》に届く電文は、悲痛だった。内容をいち早く参謀に届ける。それが松下貞子さん（86）＝鹿屋市寿2丁目＝ら女子挺身《ていしん》隊員の仕事だった。

同基地が司令部付の女子挺身隊員を採用したのは44年9月。重要情報を扱うため、鹿屋、高山、志布志、末吉の4高等女学校の4年生から25人ずつが選抜された。松下さんは鹿屋高女だった。

配置されたのは、通信参謀直属の通信隊。24時間3交代勤務で、作戦電話や暗号電文の取り次ぎ、空襲の被害情報入手などが担当だった。

第五航空艦隊司令部壕に詰めた鹿屋高等女学校の女子挺身隊（松下貞子さん提供）

隊員は個別の番号で呼ばれた。松下さんは17番。電話が鳴ると、「鹿屋17番です」と応じる。情報を正しく伝達することが勝利への道につながると懸命だった。機密保持から休みは月に1日。それでも、「選ばれた者として頑張るのは当然」と強い使命感で頑張った。

同じく鹿屋高女の挺身隊員、田中然子《ねんこ》さん(86)＝熊本市北区＝は、使命感ゆえに危うく死にかけた。吾平町(現鹿屋市)の伯母宅に戻っていた休日、空襲警報が鳴った。「すぐ戻らんと」。制止する伯母を振り切って外に飛び出すと、米軍機の機銃掃射に遭った。とっさに道路脇のあぜに伏せ、直撃を免れた。

どうしたものか、空襲で死んだというう

わさが広がった。担任が安否確認に訪れ、「足はちゃんとあるね」。見せると、「幽霊じゃなくてよかった」と喜んでくれた。

司令部で接する情報から、松下さんも田中さんも「戦争は長くは続かない」と思っていたという。ただ、いざ敗戦を迎えると、衝撃は大きかった。

地下壕での激務で気管支炎を患い、45年8月に入って隼人町（現霧島市）の実家に戻っていた田中さんには、15日前後の記憶がない。終戦を境に、人の心が百八十度変わってしまったことに驚いた。「特攻隊員をはじめとする戦死者やその家族へ向けられる視線が冷ややかになっていった。それがつらかった」と話す。

最後まで下谷町の壕で働いた松下さんは15日以降、あれだけたくさんいた軍人がクモの子を散らすように消えたことに呆然とした。戦後、教員を選んだ松下さん。「一つの視点しか持たないことの怖さを戦争で思い知った。子どもたちには異なる視点を持つ大切さを伝えてきたつもり」と語った。

11・航空燃料「血の一滴」、大事故も

奥山春義さん

静岡の沼津海軍工作学校で、木炭やアルコール燃料で走る車の研究に携わっていた奥山春義さん(91)＝熊本市南区＝が、鹿屋航空基地に赴任を命じられたのは、同基地からの航空特攻が始まる1カ月前の1945(昭和20)年2月のことだ。

日本は当時、南方からの資源輸送ルートを断ち切られ、各地の練習航空隊では特攻要員を除く隊員の飛行訓練が中止されるなど、燃料不足が深刻化していた。奥山さんの任務は、特攻の最前線になる鹿屋で、貴重な航空燃料を確実に保管する手段を整えることにあった。

2カ所しかなかった保管場所を格段に増やし、少量ずつ山中の壕《ごう》などに分散。空襲を受けても被害が最小限にとどまるようにした。奥山さんは「『血の一滴』とも呼ばれた貴重な燃料を守るために、松山航空基地(愛媛)に移るまでの約1カ月間、風呂にも入らず作業にまい進した」と振り返った。

「鹿屋大空襲を聞く会」で、事実を語り伝える大切さを説く立元良三さん（右）＝2015年３月、鹿屋市の高須地区学習センター

鹿屋基地が米軍の初空襲を受けたのは45年3月18日。翌19日には、基地への引き込み線や留置線があった国鉄古江線（後の大隅線、現在廃線）の大隅野里駅で、空襲後に航空燃料への引火が原因とみられる爆発事故が起きている。駅員や朝鮮人労働者ら多くの死傷者が出る大惨事だった。

高須国民学校高等科2年だった山下清さん（82）＝鹿屋市高須町＝は、同駅に勤務していた19歳の姉、キサエさんを亡くした。「父と2人、捜しに行くと、駅舎は跡形もなくなり、遺体は皆真っ黒焦げだった。女性職員が着用していたブリキのバンドでやっと姉の遺体を確認できた」と、爆発の威力のすさまじさを語る。非番で難を逃れた駅の助役は、「貨車に積んでいた航空燃料に引火して爆発した」と言っていた。

大隅野里駅の惨事は、鹿屋市史には「戦災」の項に、「午後3時、空襲警報が出て、午後10時に解除、野里駅など破壊され、死傷者約80人」と短く記されるのみだ。

だが、山下さんが現場で目撃した遺体は100体以上はあった。

事故について、大隅史談会の立元良三さん(85)＝鹿屋市高須町＝は、山下さんら複数の関係者に当時の状況を聞き取り、2005年の同史談会誌「大隅」で発表した。「駅には神雷《じんらい》部隊が使った特攻兵器「桜花」など軍需物資も豊富にあったはず。詳しい記録が残ってないのは、機密を漏らしたくない軍が秘密裏に処理したからではないか」と立元さんはみている。

「特攻基地を抱え、市民が常に危険と隣り合わせだった当時の鹿屋市を象徴する事故。今からでも具体的事実を明らかにし、後世に伝えていってもらいたい」と願った。

12・こだわりの遺品
写真帳６冊、生きた証し

村岡哲明さん

村岡宏章さん

父母上様
此《こ》のアルバムは出撃に際していそいで編集せり。思いでとなれば幸甚《こうじん》

特攻隊員としての日々の暮らしを記録した写真アルバム6冊を父母に残し、逝った隊員がいる。

神雷《じんらい》部隊第六建武《けんむ》隊の隊長を務めた中根久喜《ひさよし》中尉。１９４５(昭和20)年4月14日、５００キロ爆弾を抱いた零式艦上戦闘機で鹿屋航空基地を出撃。徳之島沖の米機動部隊攻撃に向かい戦死した。23歳だった。

アルバム6冊に収められた約３００枚の写真は、その多くを中根中尉が個人用カメラで撮影したものだ。分隊で巻きずしを味わう昼食、訓練中に居眠りする仲間、雪合戦や野球に興じたり、犬をかわいがる姿―など、気心が知れた仲だけに撮影できた、隊員たちのやわらかな表情が印象的だ。

中根中尉は毛筆で説明書きも付けている。写真の整理を任された村岡宏章さん(55)＝始良市＝は、「出撃直前まで説明を書き込んだり、写真の配置を入れ替えたりと、編集にこだわりが見える。過酷な運命が待つ中でも、懸命に生きた証しを残したいという強い意志を感じる」と話す。

これらのアルバムは、茨城県の中根中尉の実家にひっそりと眠っていた。

それが日の目を見ることになったのは、中根中尉のめいと結婚した村岡宏章さんのいとこ、村岡哲明さん(63)＝神奈川県大和市＝が2007年に鹿屋市の鹿屋航空基地史料館を訪ねたのがきっかけだ。

父母に6冊のアルバムを残し戦死した中根久喜中尉

史料館には当時、中根中尉の遺影がなかった。「掲示には遺族の了承が必要」といわれ、哲明さんが実家に相談に赴いたところ、中尉の両親が遺品の保管に使っていた木箱が存在することが分かった。

中には、友人が寄せ書きした日の丸、両親や妹に宛てたはがき・手紙、子どものころ描いた絵にいたるまで、中根中尉ゆかりの物が大切にしまわれていた。哲明さんは「中身を見て、一人息子を亡くした両親の深い悲しみが伝わってきた」と語る。

遺品の取り扱いを中根中尉の実家から頼まれた村岡哲明さんと宏章さん。鹿屋航空基地史料館など複数の寄贈先を検討したが、2020年度に新たな形の戦争史料館「平和ミュージアム」(仮称)の開設を予定する大分県宇佐市への寄贈を決めた。中根中尉は戦時中、同市にあった宇佐航空基地に一時滞在していた。

「戦争の生き証人がいなくなる時代の、新たな展示の在り方を模索すると聞いている。分量がある遺品を体系的に展示してもらい、戦争の不条理さを伝えてもらいたい」。2人の共通した思いだ。

第3部「軍都鹿屋」余話

納得と迷い、23歳の青春

写真300枚を残した第六建武隊長・中根久喜中尉

「軍都鹿屋」12回目で紹介した神雷部隊第六建武《けんむ》隊長の中根久喜中尉は1944年10月の同部隊配属から45年4月14日に23歳で戦死するまでの半年間、個人カメラで隊内生活を記録し続けた。

その数約300枚。アルバム6冊にして、一人息子を失う両親に残した。

写真は隊員たちの日常を鮮やかに切り取っている。初の航空特攻専門部隊として創設された神雷部隊だが、写真に写る20歳前後の隊員たちに「十死零生」の悲壮感は感じられない。中根中尉は短くとも充実した軍隊生活や自分を囲む仲間の表情を紹介することで、両親に自分の死を納得してもらおうとしたのかもしれない。

一方で、心の迷いを示すかのような自分の影や鳥のわなを写した写真もある。アルバムの添え書きには「戦陣に於《お》いて明日は死ぬぞと決めても、仲々《なかなか》機がない時がある。そんな時は非常に辛《つら》い」と特攻隊員として長期間、気持ちを維持することの難しさも吐露されていた。

アルバムは2015年4月までに、中根中尉が一時滞在した大分県宇佐市に全冊が寄贈された。

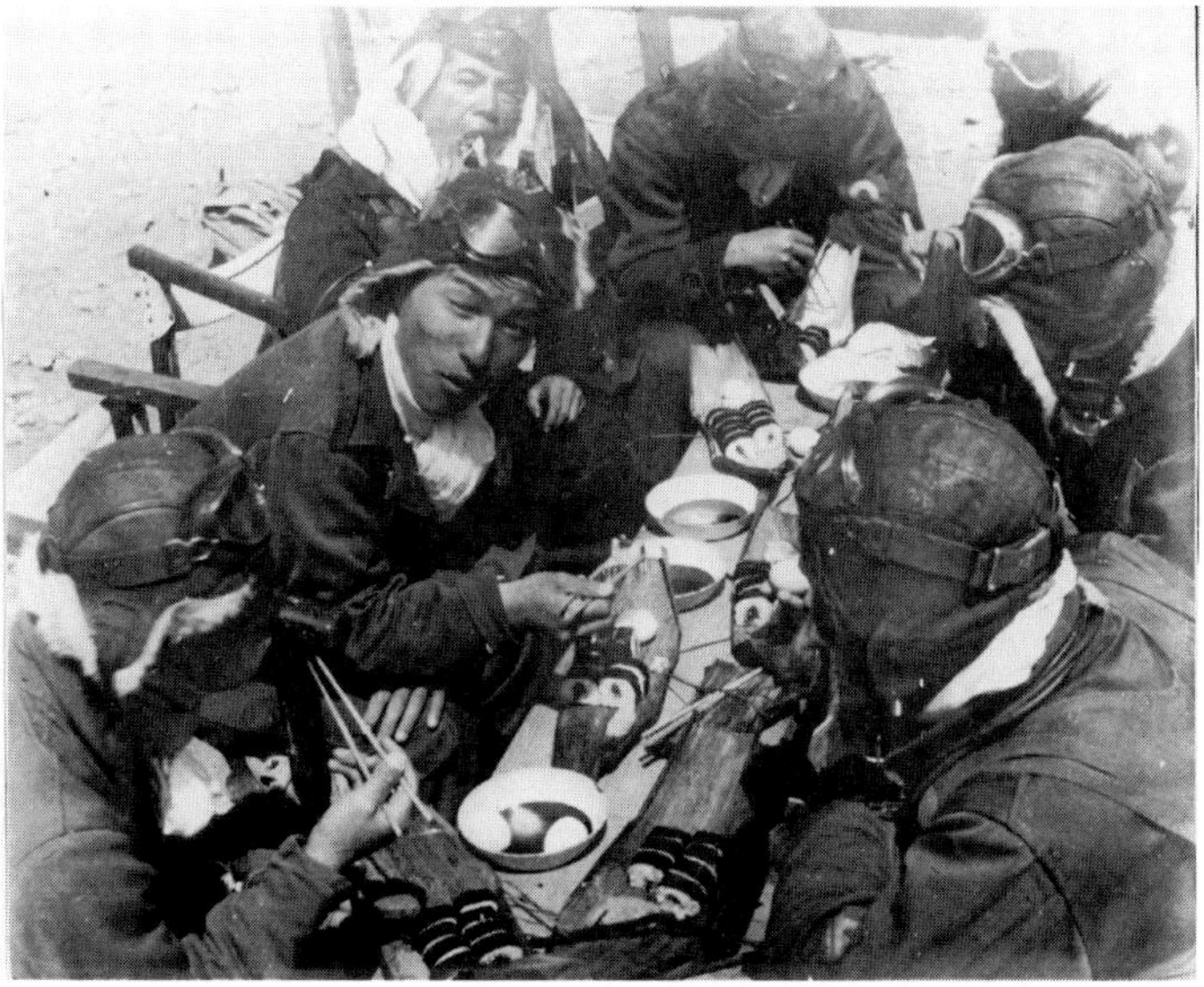

弁当を囲む　訓練中に巻き寿司の弁当を食べる神雷部隊員。左から2人目が第3分隊長の湯野川守正大尉。その右隣が中根中尉。実家に送られてきた写真の裏には「(湯野川大尉には) 私が死ぬ時までかわいがっていただきました」と書かれていた

親友と　台湾勤務以来の親友、横尾佐資郎中尉（左）と中根中尉。横尾中尉は1945年４月11日、神雷部隊第五建武隊の一員として鹿屋を出撃、戦死

ふざけあい　訓練の合間にふざけあい、笑う神雷部隊員。右端が中根中尉

雪合戦　大雪の日、子どものように雪合戦に興じる神雷部隊員たち

スズメのわな　山野を散策中に見つけたらしい。自ら書いた写真説明には「人生にはわながある」

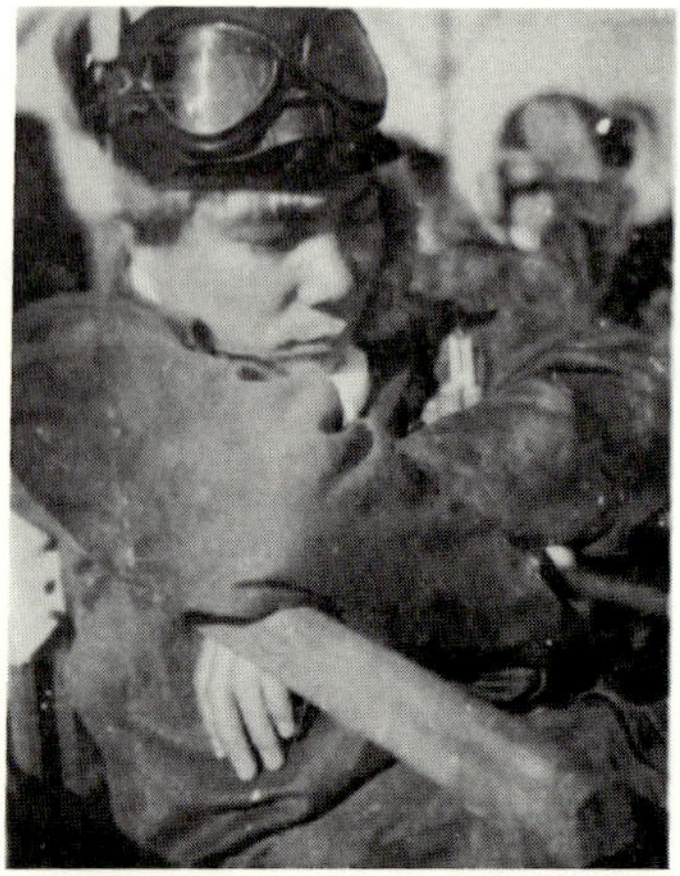

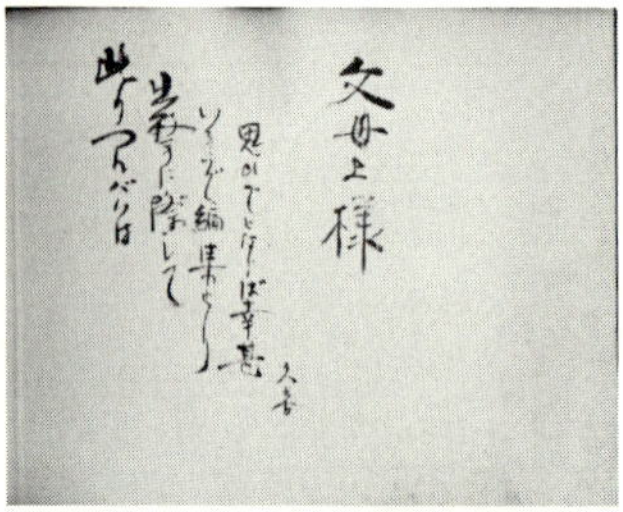

父母へ 写真集の裏表紙に書かれた言葉。一人息子を失う両親への思いが込められている

茶目っ気 写真集の中には上官の居眠りを撮った写真が結構ある。厳しい訓練の合間を楽しむ感性がうかがえる

犬と一緒に 写真説明には「森さんは犬が好きでした」。森忠司中尉は1945年４月６日、神雷部隊第三建武隊の一員として鹿屋を出撃、戦死（写真はすべて村岡哲明さん提供）

子どもに優しかった中根中尉

神之池基地時代に交流した池田功さん（83）茨城県神栖市

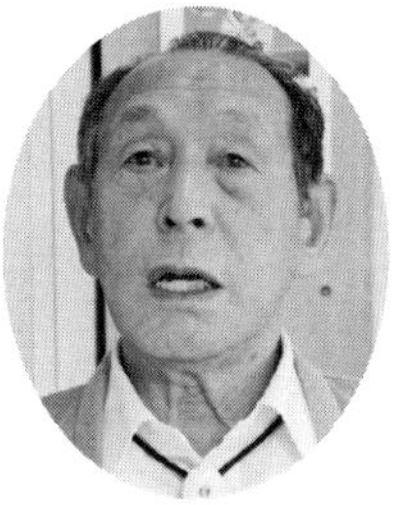

池田功さん

1944年11月に海軍神雷部隊の訓練基地となった茨城県の神之池航空基地。国民学校6年生で、基地近くに住んでいた池田功さん（83）＝神栖市＝はそのころ、池田さんの友人宅で休日を過ごしていた中根久喜中尉と出会った。

「航空隊員がもらえるキャラメルやチョコレートを、一帯の子どもたちに分け隔てなくくれる優しい人だった」と、その人となりを振り返る。

「訓練の様子を見せてやる」といわれ、指定された畑で待っていると、零式艦上戦闘機（零戦）2機が超低空で電線をくぐり度肝を抜かれた。急降下から機体を急激に引き起こす訓練も見せてもらった。「急降下し過ぎると、機体が折れることもある」。中根中尉の説明に、「そこまで無理しないといけないんだ」と驚いたことを覚えている。

池田さんはラジオ放送で中根中尉の戦死を知った。「あんな立派な人間をなぜ1回限りの作戦に使ったのか」。子どもながらに抱いた疑問は今も変わらない。

終戦2日前、神雷部隊最後の出撃

長官命令で喜界島に2カ月待機

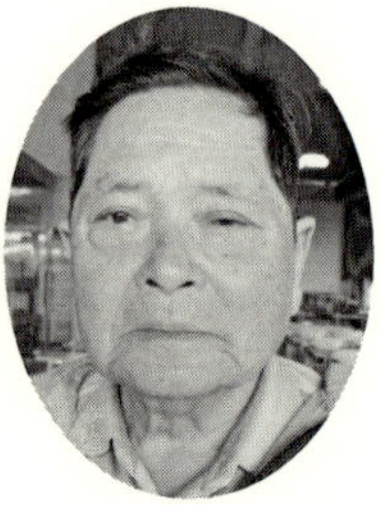

英啓太郎さん

大倉忠夫さん

1945年3月21日以降、沖縄戦がほぼ終結した6月22日まで海軍鹿屋航空基地から出撃を続けた特攻専門部隊「神雷部隊」。だが、同部隊最後の出撃は約2カ月後の8月13日、鹿屋と沖縄の中間にある喜界島からだった。

神雷最後の特攻隊は「第二神雷爆戦隊」という。500キロ爆弾を抱いた零式艦上戦闘機、通称「爆戦」6機で編成されたが、1機は喜界島到着後の空襲で喪失。残る5機で13日午後6時、同島航空基地から沖縄海域へ出撃した。

隊長の岡本鼎《かなえ》中尉＝1995年死去＝ら3機は故障で引き返し、岡嶋四郎中尉と星野實・一飛曹の2機が沖縄本島沖で米揚陸艦ラグランジに突入、乗組員120人を死傷させた。

英《はなぶさ》啓太郎さん（84）＝喜界町坂嶺＝は同隊の出撃の目撃者だ。田のあぜに座って海を眺

第二神雷爆戦隊の１機が２カ月間隠されていたコンクリート製掩体壕＝喜界町中里

栄ヤエさん

めていると、４キロ離れた同町中里にあった喜界島基地から５機が飛び上がった。

すぐに編隊を組み、南へと飛び去ったが、しばらくして３機が戻ってきて、爆弾を海に捨て、喜界島基地へと着陸した。「沖縄戦終結以来、特攻隊を見ることはなくなっていたから、あの飛行機は何だったんだろうと不思議だった」と振り返る。

弁護士の大倉忠夫さん(83)＝横須賀市＝は、基地への激しい空襲により１４０戸が焼失した同町中里の出身。基地の歴史を調べる過程で、終戦のわずか２日前に出撃した特攻隊に興味を抱いた。

大倉さんは１９９４年、まだ健在だった岡本中尉から第二神雷爆戦隊が神雷部隊司令の指揮下を離れ、宇垣纏《まとめ》第五航空艦隊司令長官直属の特攻隊だったことを聞き、驚いた。「45年6月10日の喜界島進出以来、燃料を抜いた機体を掩体壕に隠し、ひたすら長官からの出撃命令を待っていた。まさに〝隠密特攻隊〟だった」

星野實・一飛曹

　同町川嶺に住む栄ヤエさん(90)宅には、戦死した星野一飛曹が、稲刈りの手伝いなどに来ていたが、最後まで自分の名を明かそうとはしなかった。栄さんが名前を知ったのは、手作りの杖に名前が書いてあったからだ。隊員5人に出撃前の最後の食事を供した時、1人の隊員が「志願しなきゃよかった」とつぶやいたのを覚えている。

　宇垣長官の日記「戦藻録《せんそうろく》」を読んだ大倉さんは「第二神雷爆戦隊に出撃命令を出した8月11日時点で、第五航空艦隊司令部は日本が無条件降伏を受け入れるポツダム宣言を受諾していたことを把握していた。にもかかわらず、何も知らない隊員に出撃命令を出すとは罪なことをしたのだと思う」と語った。

陸攻隊員、家族のような存在

鹿屋の実家が下宿をしていた原口キクエさん（87）霧島市

　「軍都鹿屋」4回目では神雷部隊の特攻専用機「桜花」が米艦を唯一沈めた1945年4月12日の出撃を取り上げた。原口キクエさん(87)＝霧島市隼人＝の鹿屋市の実家は、この

「桜花」を運んだ一式陸攻隊員。三浦北太郎機長（前列左から２人目）、菅野善次郎二飛曹（後列右端）は原口キクエさんの実家が下宿先だった

原口キクエさん

日、桜花を戦場に運んだ一式陸上攻撃機（1式陸攻）の機長、三浦北太郎少尉や菅野善次郎二飛曹ら陸攻隊員の「下宿」になっていた。下宿は海軍の士官や兵士が、民家を間借りして、基地外で休日をゆっくり過ごすものだった。

同市下谷町（現新生町）で瓦工場を経営していたキクエさんの父、野間八千代さんが陸攻隊員を受け入れたのは、44年春。酔っていた八千代さんを陸攻隊員2人が家まで送り届けてくれたことがきっかけだった。

この頃、戦況悪化に伴い、防御力に欠ける一式陸攻の帰還率は急速に悪化していた。鹿屋高等女学校から海軍鹿屋航空基地内の第二二航空廠に動員されていたキクエさんは、銃弾で穴だらけになった一式陸攻の姿を何度も見ている。八千代さんが隊員の寝顔を見ながら「こんな子らも、いつまで生きてられるかなあ」と嘆く姿も覚えている。

「『厳しい戦いに向かうのだから、せめてこの家では自分の家のようにくつろいでもらおう』と100羽以上の鶏を飼い、つぶして振る舞ったり、タクシーを2台借り切って垂水・海潟温泉に出掛けたり。7人いる実の子ども以上の〝子ども〟でした」と、キクエさん。下宿代は取らず、遠方から面会に来た隊員の父母も宿泊させていた。

八千代さんの面倒見の良さからか、隊員が戦死しても、すぐに新しい下宿人が現れた。野間家が世話した陸攻隊員は十数人に及ぶが、終戦まで生き残れたのは現在も福島市で健在な菅野さんら数人にすぎない。

キクエさんは「身近にいた人が亡くなっても、『そうなんだ』と自然に受け止めていた。今の人には分からない感覚でしょうね」と死があまりに身近だった時代を振り返った。

掩体壕造り、私たちも

旧制鹿児島二中生・海江田順三郎さん（87）鹿児島市
伊集院中生・踊和夫さん（87）日置市

海軍鹿屋航空基地の航空機を空襲から守るため、1944年春頃から旧制中学生らを大量動員して200基以上が急造された掩体壕《えんたいごう》群を取り上げた「軍都鹿屋」8回目。80代後半を迎える県内の元中学生からは「自分も参加した」と複数の反響が寄せられた。
踊和夫さん（87）＝日置市＝は、「伊集院中（現伊集院高）5年生だった44年5月から2カ月間、3年から5年生まで250人近くで従事した」と話す。宿舎の鹿屋農学校に着くと、当時の永田良吉鹿屋市長が激励のあいさつをした。期待されていると感じた。

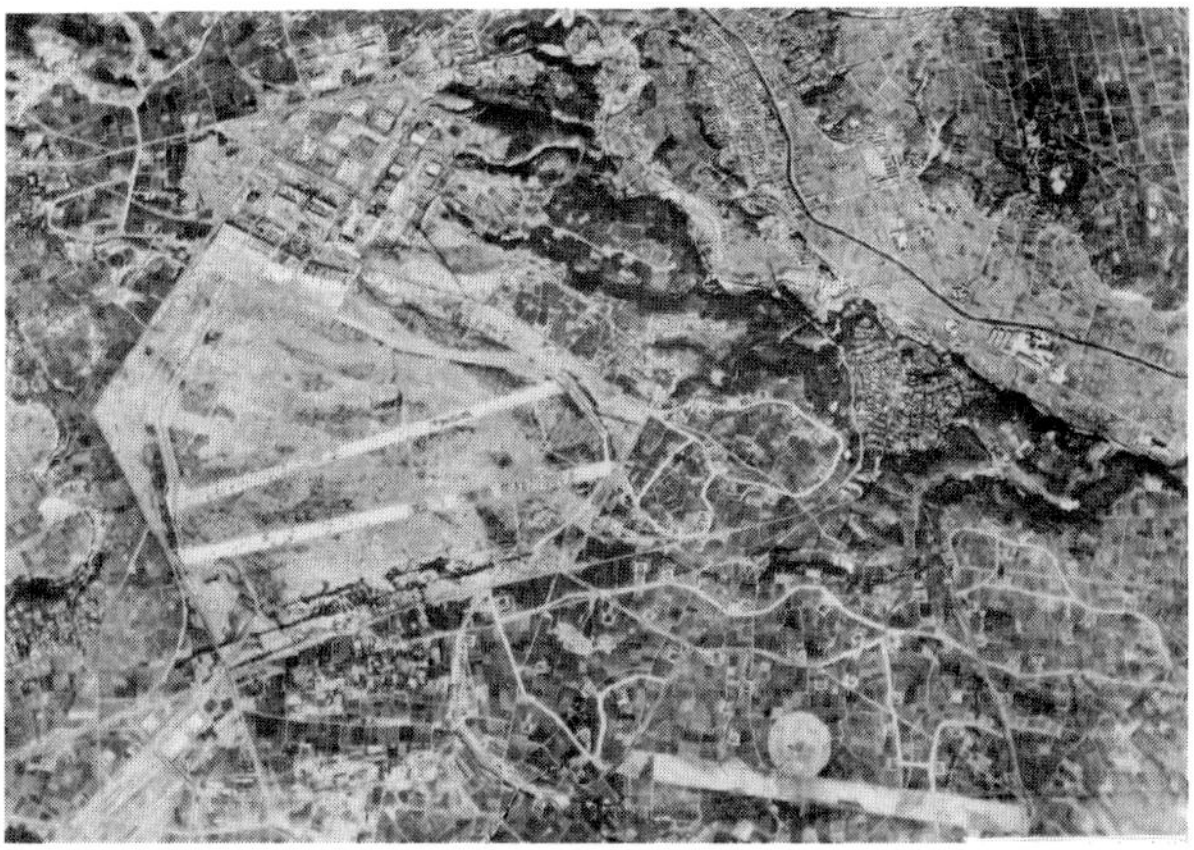

終戦直後の鹿屋航空基地。基地周辺に点在するコの字状の構造物が無蓋掩体壕群（鹿屋航空基地史料館提供）

掩体壕は、コの字形に約5メートルの土堤を積み上げていく。暑い中、スコップで土を掘り、モッコに入れ、運び、担ぎ…と重労働。その割に食事はわずかでいつも空腹だった。「一つ造ったら帰れる、といわれ懸命に頑張ったが、完成したらもう一つといわれた。だまされたと思った」と苦笑する。

鹿児島二中（現甲南高）3年生だった海江田順三郎さん（87）＝鹿児島市＝は同級生で、青色発光ダイオード（LED）開発でノーベル物理学賞を受賞した名城大の赤﨑勇終身教授らと一緒に参加した。同時期、鹿児島一中(現鶴丸高)の生徒たちも動員されていたことを覚えている。

「戦局が緊迫し、『早く早く』という感じ。種をまいたばかりの農地もひっくり返し壕を造った。有無を言わさず、軍が接収したのだと思う」

やはり、「とにかく腹が減っていた」「炎天下で暑かった」記憶が強い。そんな日常の中、海軍の下士官に受けた理不尽な行為も忘れられないという。「時間通り集まらないなど、難癖を付けては、連帯責任で全員が殴られた」。家族の差し入れが見つかると、没収されることもあった。「実に不条理な社会だった」と海江田さんは振り返った。

踊和夫さん

海江田順三郎さん

零戦の劣勢、現場で実感

笠ノ原航空基地の元第二〇三航空隊整備兵、福永虎治さん（89）鹿児島市

鹿屋航空基地から東に約5キロ、鹿屋市笠之原町に海軍笠ノ原航空基地があった。特攻

福永虎治さん

を軸とした沖縄航空作戦中、同基地には零式艦上戦闘機（零戦）の部隊が駐留、特攻機の援護や九州に来襲する米軍機の迎撃に当たった。

福永虎治さん(89)＝鹿児島市＝は、零戦隊の一つ、第二〇三航空隊三一一飛行隊の整備兵だった。整備兵6〜7人で構成する整備班1班で、零戦3機の整備を担当していた。

「整備する零戦は五二型、六二型などの最新型だったが、敵の機銃弾で大きな穴を開けられ、『よく帰還できたなあ』と思う機体も多かった」と話す。太平洋戦争緒戦に圧倒的な高性能を誇った零戦も、米軍が新型機を続々と繰り出したこの頃は、劣勢だった。

空襲が激しいため、整備は飛行機を隠した掩体壕を回って行うほかなかった。「担当する機体しか見ないから、飛行隊全体にどれだけ機体があるのかも分からなかった」という。

「沖縄戦も後半になると、本土決戦への機体温存のため、戦闘機も戦わせずに、退避させることが多くなった。口には出さなかったが、戦争の先行きは厳しいという共通認識が整備現場にはあった」と語った。

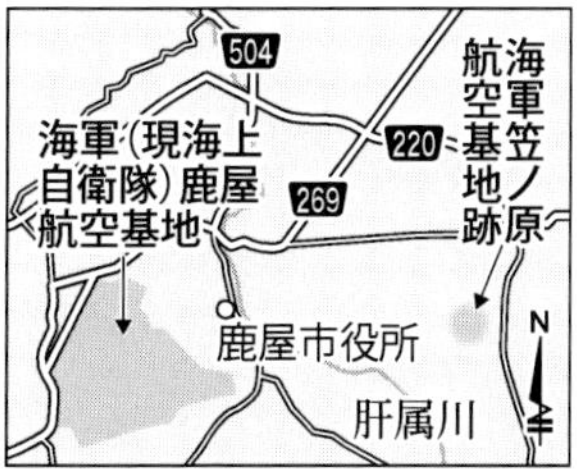

おたよりから

愛児の死淡々と語る＝三輪昭園さん（88）

「軍都鹿屋」の7回目を繰り返し読んだ。19歳で特攻死した高山町（現肝付町）出身の吉永光雄さんの思い出を弟の逸雄さんが語っていた。

私は隣の鹿屋市吾平町にある光明寺の前住職だが、戦争末期は18歳で法務の手伝いをしていた。光雄さんの死後間もない1945年5月初め、父親の清治さんがお参りに来た。庫裏の障子の骨が折れ、紙がはがれているのを見ると、あり合わせの木片を使い修理してくださった。

作業の間に、光雄さんが特攻死されたこと、零戦が翼を振って家の上空を飛び去ったことを淡々と話された。愛児の死をこのように冷静に話ができるものか、と私は厳粛な中にも不思議な思いをしたことを覚えている。

今思うとひたすら悲しみに耐えておられたのだろう。悲しむことさえ思うようにならなかった、戦時中の出来事だ。

（鹿屋市）

背筋が凍った「桜花」＝鶴田幸男さん（83）

１９４５年４月、旧制出水中学校の２年生だった。前年秋から海軍出水航空基地で、掩体壕や誘導路、高射砲台造りなどに従事していた。

作業の休み時間に一人、以前造ったコンクリート製の掩体壕を見に行ったところ、奥の暗がりに魚雷のようなものが置いてある。近づくと操縦席や小さな翼、先端には爆弾の信管もついている。背筋がぞっとした。

すぐに作業に戻ったが、異様な機体のことは「人には絶対話しちゃいかん」と思い、仲間には黙っていた。

戦後、阿川弘之さんの小説「雲の墓標」を読んで、機体が「人間爆弾」と呼ばれた「桜花」だったこと、桜花と桜花を戦場まで運ぶ一式陸攻は、出撃するとほとんど帰ってこれなかったことを知った。

あの時、ぞっとしたのは桜花がまとう死の雰囲気を感じたからだと思っている。

（出水市）

「雲の墓標」に苦悩知る＝原野輝雄さん（73）

私が生まれて半年後に戦争が始まった。大阪から母の故郷、鹿児島に疎開。終戦後、6歳の時に名山桟橋から眺めたまだ焼け野原のままの鹿児島市街地の姿は忘れられない。

かつて出水市に「雲の墓標」の碑を見に行った。この地から飛び立った特攻隊員は、雲の上に頭を出した開聞岳を墓標代わりに一路、死出の旅に向かった。

あれから三十有余年―、碑の由来となった小説「雲の墓標」(阿川弘之著)を手にした。太平洋戦争末期に特攻隊員に選ばれた学徒出身の予備士官、吉野次郎を通し、生への執着と死の恐怖に身もだえする若者たちの姿を描いた作品だ。わずか半年の操縦訓練で死ぬことを刷り込まれ、苦悩する姿は、今の若者に理解できるだろうか。

戦後私たちが生かしていただいた平和日本は右傾化しつつあるようにみえる。警鐘を鳴らしたい。

(鹿児島市)

第4部　細る戦力

　沖縄をめぐる特攻作戦が始まって1カ月が経過した1945年5月、日本海軍は早くも特攻に使用する飛行機に事欠きつつあった。「沖縄の失陥やむなし」の見方が広がる中、本土決戦までの「つなぎ」として駆り出されたのが、特攻には不向きな水上機や機上作業練習機だった。鹿児島県内の指宿、鹿屋、串良などの基地から飛び立ったこれら特攻を取り上げる。

1・天草二座水偵隊
初陣の2機、岩礁に突入

1945（昭和20）年5月24日夜、鹿児島湾の南に位置する指宿市の沖合は、ほどなく満月を迎える月明の下、波が高かった。午後11時、その海を天草海軍航空隊（天草空）で編成された神風特別攻撃隊「第十二航空戦隊二座水偵隊」の零式観測機（零観）4機が飛び立った。

水上機は、下部に「フロート」と呼ばれる巨大な浮舟が付くことから、「下駄履き機」とも呼ばれた。特攻用の零観は中心線にあるフロートを避けて通常の3倍、310キロもの爆弾を搭載したため、機体のバランスは悪かった。4機の操縦員は、重く扱いづらい機体を操り、荒れた海を沖縄へ向け離水していった。

沖縄航空戦を指揮する鹿屋市の第五航空艦隊司令部から熊本県佐伊津村（現天草市）にあった天草空に出撃命令が出たのは同日午後。同水偵隊1、2区隊の零観8機は夕方、中継基地の指宿海軍航空基地に進出。爆弾を装着すると、慌ただしく沖縄に向かうこととなった。ただ、2区隊に故障機が出たため、1区隊4機だけの初陣となった。

通常、操縦員と、進路を定める航法を担当する偵察員の2人が乗り組む零観だが、この日は1、3番機しか偵察員は乗っていなかった。2、4番機は月明頼りの飛行で迷子にならぬよう、懸命に僚機の後を追っていった。

だが、奄美大島付近で1、2番機は離脱し瀬戸内町古仁屋に不時着。江代昭雄・二飛曹、檜和田直成少尉搭乗の3番機、山口昇・二飛曹搭乗の4番機だけが沖縄への進撃を続けた。

天草海軍航空基地における「第十二航空戦隊二座水偵隊」の隊員。後列左端が檜和田直成少尉、前列右端が江代昭雄・二飛曹、同中央が山口昇・二飛曹（中山武さん提供）

「兵舎内は声を出してはいけないような雰囲気で、夜が更けていっても誰一人ベッドに入ろうとはしなかった」。天草空初の特攻隊を送り出した後の隊内の様子を、中山武さん(89)＝東京都府中市＝はそう振り返る。操縦員だった江代、山口両二飛曹とは、鹿児島航空隊の第13期甲種飛行予科練習生(甲種予科練)、天草での第39期飛行術練習生(飛練)を通じ、同期生。特攻隊員への指名も一緒だった。

突入予定時刻が迫ると、中山さんらは居ても立ってもいられず、電信室に向かった。ほとんどの航空隊員が詰めかけていた。雑音の多い電信機に耳をすましていると、「ワレ突入ス」を意味する「タタタタタ」という特攻機からの電信音がかすかに聞こえた。間もなく音は「ツー」という長符に変わり、パタッと途絶えた。5月25日午前2時52分、仲間の命が消えた瞬間だった。『本当に死んでしまった』と思い周囲を見回すと、皆、一点を凝視したまま顔から血の気が引いていた」

3人はどのように亡くなったのか。戦後40年が過ぎた1985(昭和60)年、天草空の元隊員や遺族でつくる「天空会」の事務局を務めていた中山さんに、沖縄・伊平屋島を訪ねた会員から驚くべき情報がもたらされた。

同島在住の男性が45年5月25日未明、沖合約3キロにある具志川島周辺に点在する岩礁の一つに、特攻機が相次いで突入・爆発したのを目撃。さらに岩礁で「檜和田」「山口」などと書かれた飛行靴を回収したと語ったという。状況から、天草空の2機の零観が岩礁を敵艦と誤認して突入したことが明らかになった。

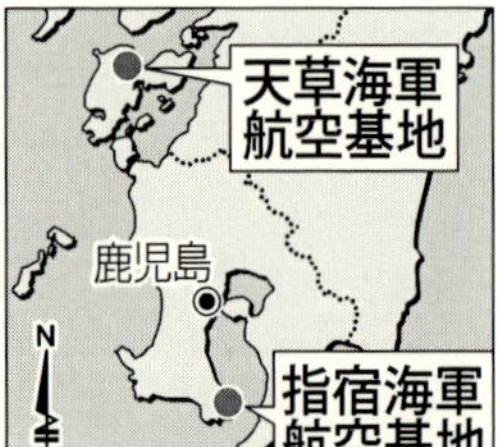

どうして見誤ったのか、元隊員間でも疑問が相次いだが、中山さんは現場を見に行って合点がいった。「航空母艦のような平らな形の岩礁がいくつもある。悪条件の中、敵のレーダー網や夜間戦闘機を避けて低空を飛び続けてきた隊員は、敵艦と信じて突っ込んだんだろう。無理もない」

（上）天草海軍航空隊で編成された特攻隊が使用した零式観測機（下）特攻機２機が突入した沖縄県伊平屋島と伊是名島の間にある岩礁（中山武さん提供）

■［ズーム］水上機特攻
海軍の水上機搭乗員を養成していた詫間（香川）、北浦、鹿島（茨城）、福山（広島）、天草（熊本）の5航空隊で編成された。１９４５年4月29日から7月3日まで、指宿航空基地を中継しての沖縄航空特攻作戦に投入され、82人が戦死した。

2・怖かった満月

古い機体故、生き延びる

水面を滑走する浮舟(フロート)を持つ水上機は、空気抵抗が大きく、速度が遅い。天草海軍航空隊(天草空)で編成された神風特別攻撃隊「第十二航空戦隊二座水偵隊」の主力だった零式観測機(零観)、九五式水上偵察機(九五式水偵)の最高速度は、それぞれ時速370キロ、同290キロ。過重な爆弾を積むと、速度はますます低下した。

中山武さん

「昼間飛べば、時速600キロを超える高速の米戦闘機に簡単に撃ち落とされる。そのため原則、月明かりを頼りに夜間、沖縄を目指すことになっていた」と、元二座水偵隊員の中山武さん(89)=東京都府中市。「だから、出撃日は満月の前後。毎月、月が丸くなっていくのが怖かった」

天草空の特攻機二十数機中、中山さんに割り当てられたのは九五式水偵。日米開戦の6年も前の1935(昭和10)年の採用。全金属製の零観に比べ、木材を多く使い、翼も羽布張りで、この頃は旧式化していた。しかも天草空の機体は、実戦部隊で長く使われた後のお下がりが多かった。

中山武さんが乗った九五式水上偵察機。太平洋戦争末期には旧式化していた

古い機体故に中山さんは、高度3千メートルから降下角30度で突っ込む訓練中、恐ろしい思いをしたことがある。「機体が激しく揺れるので、翼を見ると、固定翼がまるで鳥が羽ばたきするように暴れていた」。すぐエンジンの回転を絞って、事なきを得たが、後で調べると、両翼内の木製の構造材二十数本が折れていた。

45年4月3日には、第39期飛行術練習生（飛練）の同期生2人が、同じ機種での訓練中に空中分解事故を起こし亡くなった。「果たしてこんなおんぼろで戦場まで到達できるのか」。懸念は募った。

だが、このおんぼろ機体が、中山さんを生

き延びさせることとなった。

天草空では、5月24日、6月21日の1、2次沖縄特攻に、機体の新しい零観を優先して出撃させた。零観がなくなった7月、中山さんは「いよいよ出番だ」と覚悟を決めたが、悪天候続きで出撃は取りやめに。全機出撃を予定していた8月18日を前に戦争は終わった。

天草空の特攻戦死者は16人で、全員が零観による出撃者だ。うち5人を中山さんの第39期飛練の同期が占める。

「ちょっとした巡り合わせや運の差で、彼らは死に、自分は生き延びた」。第39期飛練の期長だったこともあって、中山さんは戦後、生を拾ったことへの「申し訳なさ」に苦しめられた。

「自分は最後まで死への恐怖を克服できなかった。だからこそ、想像を絶する苦しみを克服して、征《い》った仲間を忘れることがあってはならない」。その強い思いが戦争が終わってから四半世紀後、元隊員や遺族の交流団体「天空会」の設立や、天草空跡の慰霊碑建立へとつながった。

3・天空会

元隊員と遺族をつなぐ

蔦慶子さん

太平洋戦争末期、熊本県佐伊津村（現天草市）にあった天草海軍航空隊（天草空）の元隊員や戦死・殉職者遺族の交流団体「天空会」ができたのは、1972（昭和47）年のことだ。

設立を呼び掛け、事務局も引き受けた元隊員の中山武さん（89）＝東京都府中市＝は、会の運営に当たり、元隊員同士が親睦を深める戦友会的な要素にとどまらず、遺族への情報提供も重視することにした。「肉親を失った悲しみに長年耐え続けなければならない遺族に、故人に関する情報をなるべく多く伝えたい」と考えたからだ。

その工夫の一つが機関誌「天空」。中山さんは会計事務所を営む傍ら、天空会設立準備段階の71年から97年にかけ、20冊を一人で編集、刊行した。元隊員や遺族の回想などを、幅広く紹介した内容は、戦史に取り上げられることの少ない小規模航空隊の実情を知る貴重な資料ともなっている。

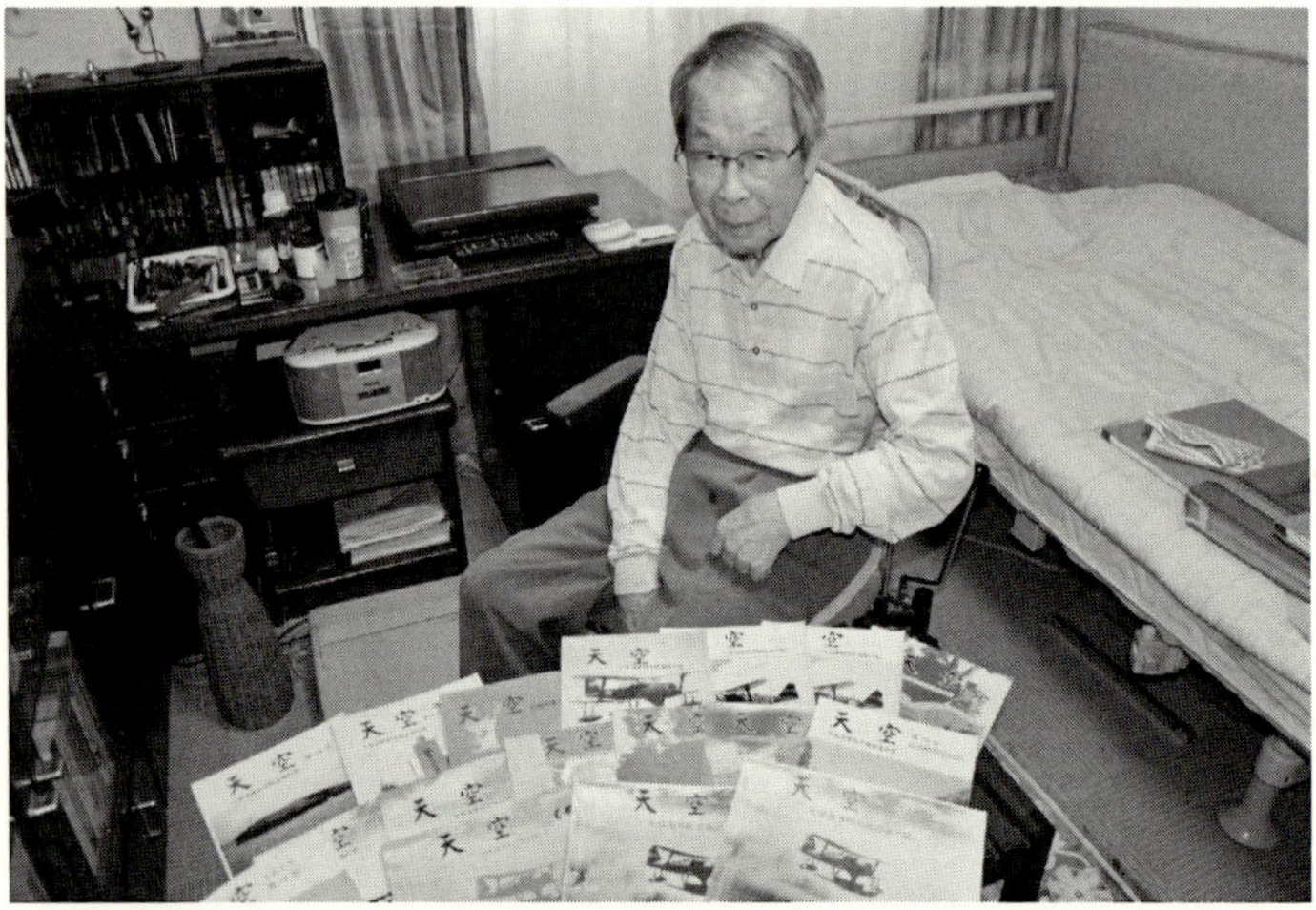

天草海軍航空隊の元隊員や戦死者遺族の情報交換の場になった「天空」と編集した中山武さん＝2015年６月、東京都府中市

天草空で編成された第十二航空戦隊二座水偵隊員として、45年5月25日未明、沖縄・伊平屋島沖の岩礁に突入死した山口昇・二飛曹＝広島市出身＝の妹、蔦慶子さん(78)＝広島県三原市＝は当時8歳。年齢が一回り違う兄についての思い出は、「自室で熱心に勉強に励む後ろ姿」ぐらいしかない。

しかも、山口二飛曹の特攻死に前後して、父・虎市さんは病で、母・コマさんは、広島市の原爆投下に遭い死亡。蔦さんは鹿児島に疎開していて難を逃れたが、わずかな間に家族全てを失い、三原市の叔母夫婦に引き取られた。「天空会で、戦友の方々から話を聞くまで、私は兄が特攻に志願したものだと思い込んでいた。ほぼ強制だったという話を聞いてびっくりした」

蔦さんは90年7月、天空会の沖縄慰霊団の一員として、兄が突入した岩礁に上陸。零式観測機の破片を自ら回収した。「破片を手にして、長年の胸のつかえが下りた。兄に対する記憶を補ってくれた天空会や中山さんには感謝の思いしかない」と語った。

異色の〝戦友会〟をつくりあげた中山さんだが、97年夏、天草であった慰霊祭から戻ってすぐ、脳梗塞に倒れ、以来、長いリハビリの日々を送る。

中山さんには忘れられない光景がある。山口二飛曹ら特攻第一陣を指宿海軍航空基地に送り出す時、主計科の中年の兵曹が、涙を流しながら、飛び去っていく飛行機をいつまでも見詰めていた。

「兵曹には、特攻兵と同じ年頃の子どもがいたのだろう。軍人のくせに泣く奴があるかと当時は思ったが、自分たちの方の感覚がおかしかった。戦争は他者に対する想像力や思いやりを損なわせる」

4・つなぎ役
本土決戦へ一線機温存

佐藤孝一さん

連載第3部「軍都鹿屋」で取り上げた肝属郡高山町（現肝付町）出身の神風特別攻撃隊第五昭和隊員、吉永光雄・二飛曹。1945（昭和20）年4月29日に爆装した零式艦上戦闘機（零戦）で鹿屋海軍航空基地を出撃、戦死したが、当時、旧制鹿屋中学校4年生だった弟の吉永逸雄さん（86）＝姶良市東餅田＝には、昭和隊に関する印象深い後日譚《たん》がある。

兄が戦死して間もない5月ごろだったろうか、吉永さんが動員されていた第二二航空廠《しょう》の詰め所があった鹿屋市下谷町（現新生町）の横穴壕《ごう》に、「吉永二飛曹の弟はいるか」と、問い合わせが来た。相手を聞くと、兄と同じ、茨城・谷田部《やたべ》航空隊で編成された昭和隊の同僚という。

隊員の待機場所も近くの壕だというので、兄の思い出話を聞こうと出向いたところ、驚いた。「壕内は照明が煌々《こうこう》として、食料もたばこも豊富。別世界のようだった」

ただ、隊員たちは手持ちぶさたの様子だった。「『兄さんたちは出撃しないの』と聞いたら、『飛ぶ飛行機がもうないんだよ』と言っていた。あの人たちはその後どうなったのだろう。ずっと気になっていた」

神風特別攻撃隊昭和隊員当時の佐藤孝一さんと零戦五二型。零戦は特攻用として翼の20ミリ機銃が外されている（佐藤さん提供）

宮城県白石市の佐藤孝一さん(92)は、その時の昭和隊員の一人だ。45年4月末、谷田部から進出してきて以来、終戦まで、鹿屋基地での「待機」を続けた。

中継地の宮崎・富高基地では、新品の零戦五二型の鹿屋空輸を命じられた。「こんないい飛行機で出撃できるのかと喜んだ」が、その後、出撃の機会は訪れなかった。

「やることがないから毎晩飲みに出て憂さを晴らしていたが、特攻で先に逝った仲間が夢に出てきて、うなされて目覚めることも多かった」。長すぎる待機は、知らず知らず心をむしばんでいた。

海軍は連合国軍の沖縄進攻阻止のために、同年4月6日から「菊水作戦」と名付けた大規模な航空特攻作戦を展開。17日終了した菊水三号作戦までに、500機近い第一線機を一度限りの特攻で喪失した。これは、この時点での海軍機の月間生産600機に迫る数だ。

だが、死に物狂いの抵抗にもかかわらず、連合軍の沖縄本島上陸は阻止できず、軍上層部では「占領は時間の問題」との見方が有力となった。これを受けて、連合艦隊は4月中旬、菊水作戦に参加していた第十航空艦隊を作戦から外すなど、来るべき本土決戦に備えた一線機の温存を始めた。

方針転換の中、沖縄への特攻をどうするか。「つなぎ役」として白羽の矢を立てられ、4月21日開始の菊水四号作戦から投入されたのが、本来特攻には不向きな水上機だった。

5・ある特命
上層部の「適当さ」象徴

山田斂さん

山田斂《おさむ》さん(92)＝名古屋市瑞穂区＝は、広島県大津野村(現福山市)にあった福山海軍航空隊(福山空)の教官をしていた1945(昭和20)年4月1日、神風特別攻撃隊「琴平水偵隊」の隊員に指名された。

福山空は、熊本・天草海軍航空隊(天草空)同様、もともと2人乗り水上機の操縦員を養成する教育航空隊。特攻使用機も、同じ零式観測機(零観)、九五式水上偵察機(九五式水偵)だった。

同年5月5日、琴平水偵隊は、第五航空艦隊第十二航空戦隊に編入され、零観12機を1～3区隊、九五式水偵8機を4、5区隊とする編成も決まった。「先任将校だったから、1区隊長で真っ先に敵艦に突っ込むと思っていた」、山田さんは、「古くて操縦の難しい九五式水偵を任せる」と言われ、5区隊長となった。

5月20日に移動した天草航空基地で山田さんは、ある「特命」を受ける。それは九五式水

熊本・天草海軍航空基地進出を前にした琴平水偵隊員。後列左から３人目が山田斂中尉＝1945年５月20日、福山海軍航空基地（山田さん提供）

偵を沖縄に到達させるために必要な中継基地の候補地を見つけることだった。

天草～沖縄間の距離は730キロ。零観は、重い爆弾を積んでも、ぎりぎり飛行可能だが、九五式水偵では到達が難しく途中に燃料補給のための中継基地が必要とみられていた。従来の中継基地は、奄美大島・古仁屋があったが、この頃は米軍の絶え間ない空襲下にあった。

山田さんは、実際に九五式水偵で南西諸島上空を飛び、候補地を探した。すぐ米軍のグラマンF6F戦闘機の三機編隊に追われ、口永良部島の山影に逃げ込んで難を逃れた。「低速の水上機が沖縄に行き着くことの困難を実感した」という。

結局、適切な中継地は見つけられなかっ

た。それが理由か分からないが、九五式水偵は沖縄航空特攻作戦「菊水作戦」の期間中、１機も特攻に使われることはなく、山田さんも生き残った。琴平水偵隊は、沖縄で地上戦が終結した後の45年6月25日から28日にかけて、１、２区隊の零観７機が、米艦船群に突入し、９人が戦死している。

特攻隊を編成した後から飛行機の中継地を探させたり、沖縄戦の帰趨《きすう》が定まった後に出撃を命じたり…。山田さんは一連の軍上層部の姿勢に、「特攻の数さえ出しておけばいい」という「適当さ」や「思い上がり」を感じる。「自分は決して死なない立場の人たちが、やけくそのように命じた作戦の悲惨さを少しでも伝えたい」。戦後70年の２０１５年にまとめた自分史「雲流るるままに」（私家版）には、そんな思いを込めた。

6・反発

指揮官先頭の伝統消え

井ノ久保武義さん

宮崎市熊野に住む元海軍航空隊員、井ノ久保武義さん（93）は、愛知・小松島海軍航空隊知多分遣隊時代、三座水上偵察機の実用機操縦訓練にともに励んだ飛行術練習生（飛練）同期生と撮った写真を持っている。

下宿先の家族の子どもを膝に乗せた井ノ久保さんの後ろに立つのが、仲が良かった飯塚英次上飛曹。飯塚上飛曹は、茨城・北浦海軍航空隊（北浦空）で編成された神風特別攻撃隊「第一魁《さきがけ》隊」の先任下士官として1945（昭和20）年5月4日、指宿海軍航空基地から出撃、戦死した。

井ノ久保さんは戦後、飯塚上飛曹が、学徒出身の予備士官や予科練出身の少年兵だけを特攻に出す隊の幹部に激しく反発していたことを知った。

同年4月、第一魁隊が訓練基地の香川・詫間《たくま》航空隊（詫間空）に進出する直前、北浦空の幹部は、指揮官に決まっていた海軍兵学校出の大尉を転出させた。

小松島海軍航空隊知多分遣隊時代の飯塚英次上飛曹（後列右から２人目）と井ノ久保武義さん（前列右から２人目）

海軍には、部下に命令を下す際、指揮官が先頭に立ち、率先して模範を示す「指揮官先頭、率先垂範」の伝統があったが、それを覆すような形になった。「低速の水上機による特攻の成算は低い。だから海兵出の士官を出すまでもない。そんな都合のいい考えに、飯塚君は怒ったのだろう」と、井ノ久保さんは話す。

詫間基地から最終出撃地の指宿基地に移動する5月3日、飯塚上飛曹が操縦する零式水上偵察機（零式水偵）は、離水するとすぐに、隊幹部が詰める指揮所すれすれに特攻と見まがう急降下を仕掛け、見送りの人々を驚かせたという。

第一魁隊と詫間航空隊編成の「琴平水心隊」の零式水偵5機、九四式水上偵察機（九四式水偵）23機は翌4日早朝、指宿を飛び立ち、18機、40人が亡くなっている。飯塚上飛曹機は、奄美大島沖を進撃中、米コルセア戦闘機の待ち伏せを受け、撃墜された。

そんな中、米軍の報告書には、厳しい迎撃網をかいくぐった二枚翼の老朽機、九四式水偵2機が、沖縄本島北方でレーダー哨戒を担当した駆逐艦「モリソン」に突入、沈没させたとある。中でも1機は、米戦闘機にいったんは撃ち落とされたとみえたが、浮舟(フロート)を使って海面から再浮揚し、後部主砲に激突。弾火薬庫の誘爆を引き起こし、同艦に致命傷を与えた。

北浦空が報告した戦闘詳報には「3月初旬、特攻訓練開始以来、全員志(士)気極めて旺盛に訓練に従事し、好機の到来を待ちつつありたり。一度出撃の命を承《う》くるや全員の決意更《さら》に新なるものあり。老朽機材を以《もっ》て能《よ》く十二分の技倆《ぎりょう》を発揮し只《ただ》敵の撃滅と皇国護持の忠魂に燃え一途に突進せり」と、美辞麗句だけが並ぶ。

7・偵察員養成機
戦闘に向かない機体動員

田尻正人さん

「白菊」という、かれんな名の海軍機があった。2人乗り以上の軍用機に操縦員と乗り組む偵察員を養成する「機上作業練習機」だ。

偵察員は、航法や通信、観測など、操縦以外の多彩な仕事をこなす。白菊は、それらを練習生が効率良く学べるよう、飛行や離着陸の安定性を重視し、固定脚でゆったりと造られた。

一方、最高速度は米戦闘機の半分もない時速200キロ余。アクロバット飛行も無理。名は体を表すというが、戦闘には全く不向きな機体といえた。

だが、1945(昭和20)年3月始まった沖縄をめぐる航空戦で、一線機の損耗が激しいとみるや、海軍は白菊にも500キロ爆弾を抱かせて特攻に使う方針を決め、同機を所有する高知、徳島、鈴鹿(三重)、大井(静岡)の4航空隊に特攻隊の編成を命じた。

このうち第五航空艦隊(五航艦)指揮下に入った高知空の「菊水部隊白菊隊」と徳島空の

偵察員養成のために造られた機上作業練習機「白菊」。安定性がある一方、低速で運動性は皆無だった（田尻正人さん提供）

「徳島白菊隊」が5月24日から約1カ月間、それぞれ鹿屋、串良航空基地から沖縄海域への出撃を続け、高知空が52人、徳島空が56人の戦死者を出した。

「本日からわが隊を神風特別攻撃隊徳島白菊隊とする」。45年4月上旬、徳島空の川元徳次郎司令から特攻隊編成の命令を受けた時、田尻正人さん(92)＝徳島市丈六町＝は「こんな飛行機で沖縄に特攻しろというのか」とあぜんとした。

田尻さんは現在の日置市東市来町湯田出身。大阪外国語大学3年の時に第13期飛行予備学生を志願して海軍に入り、この時少尉。同年3月末に中国・上海の第二五六航空隊から徳島に転勤してきたばかりだった。

上海では零式艦上戦闘機(零戦)の訓練を重ねていた田尻さん。「白菊より圧倒的に性能のいい零戦でも、米軍機に苦戦していた。他の飛行機の搭乗経験のある操縦員は皆、白菊で沖縄に行き着くのは厳しい、と思ったはず」と話す。

だが、誰もその懸念を口にしなかった。「与えられた機材で全力を尽くす」。それが軍の「常識」だった。

隊員たちの懸念は、軍上層部も十分認識していた。五航艦司令長官だった宇垣纏《まとめ》中将の日記「戦藻録《せんそうろく》」には、高知、徳島の白菊隊第1陣を送り出した翌日の5月25日、「(白菊は)数はあれ共《ども》、之《これ》に大いなる期待はかけ難し」と率直な感想がつづられている。

さらに、宇垣中将は、軍用機としては低速の時速150キロ前後で飛ぶ白菊を駆逐艦が追跡しているという、ジョーク交じりの米軍無電を五航艦無電室が傍受したことにも触れ、「幕僚の中には(中略)笑ふものあり」と書いた。

無謀な戦法を押しつけた側が、懸命に応えた側を笑う構図。「上層部は人の気持ちに欠けていた」。田尻さんは憤る。

8・出撃中止2度
わずかな差で命永らえる

上岡貞義さん

機上作業練習機から特攻機にされた「白菊」は、両翼下に250キロ爆弾2発を積むと、時速150キロ程度でしか飛べず、南九州の基地から沖縄まで飛ぶのに、5時間近くを要した。動きも鈍いため、日中は敵戦闘機の格好の標的になってしまう。そのため、白菊特攻は月明かりの下の単機夜間飛行が基本とされた。

上岡貞義さん(89)＝愛媛県伊予市中山町＝は1945(昭和20)年3月、飛行機の航法を担う偵察員を養成する高知海軍航空隊(高知空)の飛行術練習生(飛練)課程を終え、そのまま神風特別攻撃隊「菊水部隊白菊隊」の一員に選ばれた。

「夜間の長距離飛行を正しく誘導する役割を任されたことに、偵察員の卵として誇りとやりがいを感じた。少しでも航法の精度を高めねばと努力を重ねた」と、上岡さんは振り返る。

「菊水部隊白菊隊」の隊員たち。この中の19人が戦死した。２列目左から５人目が上岡貞義さん（上岡さん提供）

しかし、上岡さんに努力の成果を発揮する機会はなかった。鹿屋航空基地からの2度の出撃機会は、どちらも発進直前に中止となったからだ。

1度目は5月25日。同日午前2時、白菊20機で午前6～8時の沖縄突入を命じられ、鹿屋基地で出発準備をしていた時、「敵機動部隊接近のため爆装を解け。搭乗員はそのまま待機」との指示が来た。1時間後、再出撃を命じられたが、爆弾の再装着に手間取ったため、上岡さんの搭乗機を含むほとんどの機体が、指定された午前5時までに飛び立つことができなかった。

その後、いったん高知に戻り、6月17日に鹿屋に再進出すると、2度目の出撃は、沖縄戦の組織抵抗が終結した後の同25日にやってきた。上岡さんによると、白菊十数機が午後7時20分から10分おきに、1機ずつ飛び立った。

「自分たちの離陸順は5、6番目。滑走路に出るのを待っていたら、エンジン不良で引き返してきた白菊が応急修理を終えた後、前に割り込み、離陸していった」

後に続こうとすると、滑走路に飛び出してきた兵士が、「本日はここで打ち切り」と告げた。

割り込んだ機体の搭乗員は春木茂・一飛曹と岩下武・二飛曹。2人は高知、徳島の両航空隊が投入した白菊特攻最後の戦死者となった。

上岡さんは「あれがなければ、死んでいたのは自分だった」と話す。「ほんのわずかな差で人の命はどう転ぶか分からない。そのことをあの体験から学んだ。だからその後の人生で何かに取り組むときは、悔いの残らぬよう、常に全力を尽くしてきた」

9・幻の昼間攻撃(上)

志願の意思なく隊員に

1945(昭和20)年3月末、中国・上海の第二五六航空隊から徳島海軍航空隊(徳島空)に転勤してきた東市来町湯田(現日置市)出身の田尻正人さん(92)=徳島市丈八町=は、「志願することなく」、徳島空で編成された機上作業練習機「白菊」を使う神風特別攻撃隊「徳島白菊隊」に組み込まれた。

宮﨑亘さん

田尻さんより少し前に大分・佐伯の第九三一航空隊からやって来た宮﨑亘さん(90)=神戸市長田区=も、志願の意思を問われた記憶は「全くない」。だが、新任地に着くとすぐ「何かある」と感じた。「自分たち艦上攻撃機だけでなく、戦闘機、爆撃機、水上機など、あらゆる部隊から操縦員がかき集められていた。特攻要員かなと思った」

ぴんときた通り、4月上旬には、徳島空全隊が特攻隊となった。「特攻は志願による」という作戦実施上の前提はこのころ、なし崩しにされていた。

田尻さんや宮﨑さんら新顔の操縦員は、従来からの「第1分隊」「第11分隊」「第21分隊」と

全国各地から集められた操縦員でつくられた徳島海軍航空隊の第31分隊（田尻正人さん提供）

は別に、新設の「第31分隊」に入れられた。求められたのは、早急に白菊の操縦に慣れることだった。

「白菊には操縦員と航法を担当する偵察員の2人がペアで乗り組むが、まずは操縦員だけ複数で乗り組み、交代で操縦かんを握って、飛行機の癖をつかむことから始めた」と田尻さん。

当初は、「何で白菊」と不満だった宮﨑さんも、素直な操縦性にはすぐ魅了された。「不思議なもので、毎日乗っていると『こいつで行くんだ』との愛着も深くなった」と心境の変化を振り返る。

白菊はスピードが遅く、運動性も悪いため、南九州から沖縄海域までの約600キロを夜間、単独行するのが基本とされていた。

当然、操縦員と偵察員のペアの呼吸が重要だが、31分隊は他の分隊と比べ、偵察員がなかなか固定化されなかった。

ペアが決まったのは、出撃基地の串良航空基地に進出した5月23日の直前だった。だから田尻さんも宮崎さんも、呼吸を合わせるどころか、ペアとなった偵察員の記憶さえもあまりない。

2人が配属されたのは白菊の能力を考えれば異例ともいえる昼間攻撃隊だった。午前5時ごろ、串良基地を出て、沖縄到着は陽光の下になる。「全く無謀というべき話だが、思い返してみると31分隊は、当初から昼間攻撃に使えさえすればいいと割り切って急造された隊だった」と、田尻さんは言う。

10・幻の昼間攻撃(下)

突然の中止、記録もなし

1945(昭和20)年5月23日、「徳島白菊隊」の白菊60機は徳島県松茂村(現松茂町)の徳島海軍航空基地をたち、出撃地である串良基地へ向かった。

特攻に出ることは極秘で、家族にも伝えられない。隊員の宮崎亘さん(90)=神戸市長田区=は、給油に立ち寄った福岡・築城《ついき》基地の整備員に、同基地に勤務する兄へ、特攻を意味する日の丸の鉢巻きを渡してもらうよう頼んだ。

編隊の先頭を飛ぶことになった田尻正人さん(92)=徳島市丈八町=は、串良への針路を少し変え、東市来町湯田(現日置市)の実家上空を飛んで、古里に別れを告げた。

徳島白菊隊は24日深夜に1次隊が、田尻さんや宮崎さんは、昼間攻撃を掛ける2次隊として25日早朝、出撃することになった。田尻さんは2次隊の出撃日を26日と記憶するが、出撃時間が午前5時だったことは2人ともに一致する。

時速150キロで飛ぶと、沖縄到着は午前10時ごろ。白昼、米軍の強力な迎撃網を、鈍足の白菊が突破できる見込みは限りなく低かった。

1945年5月、特攻出撃を控えた徳島白菊隊（田尻正人さん提供）

「それでも、やるからには必ず体当たりする、と集中していた」と田尻さん。「夜、一人になると不安な気持ちにさいなまれた」という宮崎さんも、姫路航空隊時代に慕った飛行隊長が4月6日、同じ串良から特攻出撃していたことを知り、「自分も隊長のように与えられた任務を全うする」と腹をくくっていた。

だが、空が白み始めた滑走路で一斉にプロペラを回す白菊に、なかなか離陸の許可は出なかった。そのうち、整備員が走ってきて、腕でバツ印をつくると、「出撃中止、中止」と叫んだ。

中止理由は、「戦機を逸した」。「状況がよくのみ込めなかったが、取りあえず『今日一日は生きられる』と思った」。その時の心境を、宮崎さんはそう振り返る。

昼間攻撃組はその日のうちに、徳島に戻

るよう命じられた。田尻さんや宮﨑さんはその後、徳島で夜間飛行訓練などを重ねたが、次の出撃機会を得ないまま終戦を迎えた。

昼間攻撃はなぜ中止になったのか？　天候悪化や24日夜、沖縄本島の米占領飛行場に空挺隊員を乗せた飛行機で強襲を掛けた陸軍の「義号作戦」の結果を受けての判断、など諸説あるが、真相ははっきりしない。

徳島白菊隊は5月24日〜6月25日、5次にわたって串良からの夜間出撃を続け、計56人が戦死した。一方、昼間攻撃隊については戦闘詳報一つさえ残されていない。「自分たちの存在はそれだけ軽かった」。田尻さんや宮﨑さんの苦い記憶だ。

11・電信機なし
戦果伝えるすべ持たず

「電信機を有せず連絡なき為《ため》成果不明」

沖縄戦末期の１９４５(昭和20)年5月24日から約１カ月間、串良海軍航空基地から5次にわたる特攻出撃を続けた「徳島白菊隊」。本隊の徳島海軍航空隊が、作戦状況を報告した「戦闘詳報」には、こんな表現が数多く出てくる。特攻に使用された機上作業練習機「白菊」に、電信機を持たない機体があったことを示すものだ。

戦闘詳報からその数を拾うと、61機中35機にもなる。「白菊は偵察員養成を目的に造られた飛行機だから、もともと全機に電信機は付いていた。それをどういう理由か、わざわざ取り外したんです」。元徳島白菊隊員の宮﨑亘さん(90)＝神戸市長田区＝は証言する。

通常、特攻機搭乗員は、電信機で攻撃目標への突入を伝え、軍はそれを戦果判定の重要な要件と位置付けていた。白菊隊員の半数は、自らの命と引き換えに得た戦果を伝えるすべさえ奪われていたことになる。

電信機の取り外しは、さらなる悲劇も生んだ。45年5月28日の第3次隊で出撃した宮﨑

串良進出に当たって徳島航空基地で撮影された徳島白菊隊。後列右から２人目、子犬を抱くのが平島榮・一飛曹（平島秋義さん提供）

さんの予科練同期生、北光圓《きたこうえん》・一飛曹は、串良基地出撃後、天候悪化のため作戦が中止になったが、引き返しを促す基地からの無電を受信する電信機を持っていなかった。

「電信機のある機体はちゃんと引き返してきたのに、北君は何も知らずそのまま飛んで行ってしまった。死ななくてもよかったのに」と宮﨑さんは嘆く。

沖縄航空特攻作戦を指揮した第五航空艦隊司令部が、白菊隊の戦果判定に頼ったのが、特攻を受けた米艦船の無電を傍受することだった。3次隊の戦闘詳報には「艦種不詳（の船）は直撃を受け〇一三五（29日午前1時35分）、浸水甚《はなは》だしく救援を求め曳航《えいこう》中。（中略）相当の被害ありと認む」「更に艦種不詳二隻を追加」などの傍受結果が残る。

米軍資料にはこの日の特攻で輸送船1隻が損傷したと記録されている。

都城市乙房町の農業平島秋義さん(84)の兄、平島榮・一飛曹は45年5月24日、徳島白菊隊1次隊で出撃、戦死した。平島一飛曹の乗機からも電信機は取り外されていた。

平島秋義さん

戦後、秋義さんは兄の予科練同期生から、白菊が串良基地を離れる時、兄が偵察席から、「さらば」「さらば」「さらば」と3回、仲の良かった同僚に信号灯で発光信号を送り、飛び去ったと聞いた。

「沖縄まで約5時間、口も耳も奪われた状態で飛んでいく前に、兄は何か意思表示をしたかったのだ」と思う。そして、それを許さなかった白菊特攻の残酷さを感じる。

12・続く投入 本土決戦へ向け主力に

「白菊特攻隊の出撃が『白菊でさえも』と実用機航空隊の士気を鼓舞すること多大なるものありたり」

1945(昭和20)年3月下旬から6月26日まで継続した沖縄航空戦の終盤の1カ月間、枯渇した一線機を補う形で、水上機とともに海軍特攻の中核となった機上作業練習機「白菊」。「徳島白菊隊」を5次にわたり串良航空基地から出撃させた徳島海軍航空隊は、作戦報告書「戦闘詳報」の中に、こんな戦訓を残した。

串良や周辺の海軍航空基地には、雷撃機「天山」や爆撃機「彗星」で、1回限りの特攻ではない通常攻撃を担当する部隊もいた。それらの隊の隊員を「白菊のような低性能機で行く者もいるんだから、俺たちもやらないと、と発奮させた」ことが、白菊隊の「大きな成果」なのだという。

戦訓は戦略・戦術面の成果には触れず、精神的効果だけを挙げるあまり、逆に白菊特攻の無謀さや無意味さを、際立たせている。

だが、海軍は、その後も〝無理筋〟の特攻を続けようとした。沖縄戦終結直前の6月16日、海軍は「臨時戦備幹部会」を開き、次なる本土決戦用に実働機約3500機を7月中旬までに整備することを確認したが、その内訳は「赤とんぼ」と呼ばれた羽布張りの複葉機「九三式中間練習機」(中練)が1440機。次いで多かったのが、白菊の400機だった。白菊は中練と並び、本土決戦用特攻機の主力と位置づけられていた。

杉原正義さん(88)=鹿屋市新生町=は、中国・青島海軍航空隊で白菊特攻隊員に指名された。「分隊士から、俺たちは今日から『菊水特攻隊三三小隊』だと言われ、特攻訓練を始めた」と話す。「木で作った分度器の45度の角度通り、白菊で突っ込めているか、操縦員同士、互いにチェックしていた」

杉原正義さん

杉原さんらは45年7月上旬に青島をたち、朝鮮半島東岸の浦項《ポハン》を経て、8月上旬、福岡県糸島郡の基地に着いた。鳥取・美保基地から来た白菊と合流して、最終出撃地の鹿屋基地に向かう直前に、終戦を迎えた。

第6回にも登場してもらった井ノ久保武義さん(93)=宮崎市熊野=は45年5月ごろ、山口・岩国航空隊の先任教員として、予科練を出たばかりの練習生に白菊を使った特攻訓練を施していた。

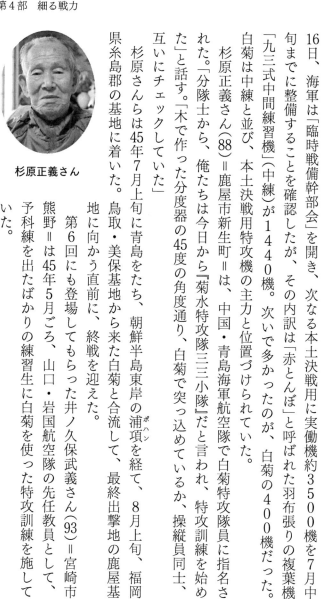

本土決戦へ向け海軍航空特攻の主力に位置付けられた「白菊」（田尻正人さん提供）

ある日、教員、練習生60人が並ぶ前で、訓練終了を告げた井ノ久保さんを、近付いてきた分隊長が「貴様の練習生の仕上がりは遅すぎる」といきなり殴りつけた。

「要は飛び立てる、敵艦に突っ込める程度の訓練で十分なのに、お前は着陸など余計なことまでじっくり教えている、という不満です。本土決戦を控えて、搭乗員の育成はどんどんおざなりになっていった。若い搭乗員はかわいそうでした」

第４部「細る戦力」余話

父の仇討ち誓い志願

頴娃出身の第十二航空戦隊二座水偵隊員・松永篤雄さん

連載1～3回目で取り上げた天草海軍航空隊で編成された水上機特攻隊「第十二航空戦隊二座水偵隊」に鹿児島県出身の隊員がいる。

松永篤雄・二飛曹。1945(昭和20)年6月21日深夜、故郷の頴娃村(現南九州市頴娃町)別府からほど近い指宿海軍航空基地を出撃。いったん奄美大島・古仁屋に不時着したものの、25日、古仁屋から再出撃して、同乗の偵察員、田所昇少尉とともに戦死した。17歳だった。

「篤雄さんは、父親の仇《かたき》を取ると、特攻隊を志願したそうです。最後の帰省の際、母親の兄に当たる私の父は

松永篤雄さんについて語るいとこの西俊寛さん（左）と弟の松永譲治さん＝2015年7月、南九州市頴娃町別府

止めたんですが、固い意思は変わらなかった」。そう話すのは松永二飛曹のいとこの西俊寛さん(81)＝南九州市頴娃町上別府＝だ。

松永二飛曹の父・治香さんは、1930年ごろから妻と松永二飛曹ら息子2人を残し、米カリフォルニア州の農園に出稼ぎに出ていた。「潁娃のこのあたりは当時貧しく、『アメリカ村』と呼ばれるぐらい米国への出稼ぎが多かった」と西さんは話す。

41年12月8日の日米開戦により、親子の音信は途絶える。「父は米国で処刑されてしまっただろう。仇は自分の手で討つ」。旧制川辺中学校に在学していた松永二飛曹は、海軍航空兵を養成する予科練を志し、合格する。

天草海軍航空隊で編成された「第十二航空戦隊二座水偵隊」の特攻隊員たち。前列左から2人目が松永篤雄・二飛曹（松永譲治さん提供）

西さんは、陸軍・知覧飛行場を飛び立つ陸軍機の動きを見て、飛行機の操縦のこつを学ぼうとしていたという川辺中時代の松永二飛曹の逸話を同級生から聞いたことがある。「思い込んだら真っすぐな性格でした」

松永二飛曹は、指宿を出撃する45年6月21日午後4時ごろ、僚機との2機編隊で潁娃上空に飛来した。青戸国民学校5年生だった西さんも「操縦席から手を振る篤雄さんに、父と一緒に手を振り返した」。それがいとこととの永遠の別れになった。

カリフォルニア州の日系人収容所に収容されていた治香さんは戦後すぐ、穎娃に戻ってきて次男の特攻死を知った。その後、譲治さん(69)ら息子2人をもうけた。

現在、別府の実家に住む譲治さんは、「米国に長く住んでいた父にとって、自分の仇を取ろうと、米軍に突っ込んでいった兄の死は、大きなショックだったと思う。だから生前、そのことについてほとんど語ろうとはしなかった」と語った。

琴平水心隊員の寄せ書き保管

老舗写真館2代目の馬渡成貴さん(89)指宿市

大正時代に指宿市湊2丁目に開業した馬渡写真館に、戦時中の特攻隊員7人の寄せ書きが残る。1945(昭和20)年4月28日、指宿海軍航空基地から沖縄方面への出撃を前に、家族に送る形見の写真を撮りに来た神風特別攻撃隊・琴平水心隊の10代隊員に、同館初代経営者の故・馬渡助次郎さんが書いてもらったものだ。

香川・詫間《たくま》航空基地で編成された琴平水心隊は、沖縄航空特攻作戦「菊水4号作戦」(45

年4月22～29日）から投入が始まった水上機特攻の第一陣。当時、指宿基地から特攻が出るようになったことは、「ほとんどの指宿市民が知らなかっただろう」と、写真撮影を手伝った助次郎さんの息子で同館2代目の馬渡成貴《しげたか》さん（89）は語る。

「寄せ書きの文面を見れば、この人たちが特攻隊員だとすぐ分かる。だから、父は戦争中は、家族にさえ見せなかった」

琴平水心隊は、ともに3人乗りの零式水上偵察機（零式水偵）、九四式水上偵察機（九四式水偵）を特攻機に使用。詫間海軍航空隊作成の戦闘詳報などによると、4月29日、5月4日、5月28日の3度の出撃により、15機が未帰還、34人が戦死した。寄せ書きをした7

（上）馬渡助次郎さんが撮影した琴平水心隊員のポートレート（中）特攻隊員の寄せ書きを持つ馬渡成貴さん＝指宿市湊2丁目（下）指宿から3度にわたる水上機特攻を繰り返した琴平水心隊（馬渡成貴さん提供）

人の中では、２人が戦死している。

連載６回目で取り上げたように茨城・北浦海軍航空隊編成の「第一魁《さきがけ》隊」とともに出撃した５月４日には米駆逐艦１隻も沈めている。その報復だったのか、指宿基地は５月５日、初のＢ29による空爆に見舞われ、壊滅的な被害を受けた。

旧制指宿中学校時代に予科練を目指し、同級生に特攻戦死者もいる成貴さんは、１９７１年、指宿基地跡で慰霊祭が始まると、元特攻隊員たちと親しく交流してきた。

「古い複葉機の九四式水偵に５００キロ爆弾を抱えると、重さでなかなか離水できないんだ、と教えてくれた。彼らの話を聞き、水上機特攻の無謀さがよく分かった」と話す。

その元隊員たちも高齢化のため、ほとんどが世を去った。「この地から悲惨な特攻作戦が実施されたことを、微力ながら、生きている限り発信し続けたい」。成貴さんは話した。

水上機に縛りつけられた爆弾目撃

旧制指宿中学生・東弘光さん（85）指宿市

指宿市東方に住む東弘光さん（85）は旧制指宿中学校３年生だった１９４５（昭和20）年５

月ごろ、指宿海軍航空基地から特攻出撃する水上機を見送った経験がある。

当時、市内を流れる二反田川が一般居住区と基地を隔てる境界だった。夕方、学校を終えて同級生と２人、河口に遊びに行くと、波打ち際に、沖に頭を向けて複葉の水上機がずらっと並んでいた。

その時、「君たち、手伝ってくれないか」と、川向こうの下士官から声を掛けられた。「出撃準備で人手が足りなかったらしい。橋を渡って基地の敷地に入っていくと、飛行機が潮に流されないように浮舟（フロート）に結んだロープをしっかり握ってくれと指示された」と東さん。

「あの特攻の光景はずっと頭の中に残っている」と話す東弘光さん＝2015年７月、指宿市東方

古い水上機の胴体下に付いた二つの大きな浮舟の間に、大型爆弾がワイヤでぐるぐる巻きに固縛《こばく》されていた。背伸びして、後部座席をのぞき込むと「故海軍少尉　〇〇」と搭乗員の氏名が書かれた札が貼られ、特別支給されたとみられるリンゴやバナナの入ったかごが置かれているのが見えた。「それらを見て、ああこの飛行機は特攻機なんだと分かった」

整備兵の一人は「佐多岬の先には、敵のグラマン戦闘機がはしご状に編隊で待ち構えているんだよ」と教えてくれた。

奥まった場所では、日の丸の鉢巻きを締めた特攻隊員が、正装した高官から訓示を受けているのが見えた。東さんは「自分と年もあまり違わない隊員たちだったが、近寄りがたかった」と振り返る。

特攻隊員たちが乗り込んだ水上機は、沖合に出ていくと一機一機、鹿児島湾口へ向かって滑走を始めた。「滑走する飛行機の中から搭乗員が送ってくる発光信号の光が美しかった。でも爆弾が重いのか、皆、あえぐような格好で飛び立っていった」

初めて目の当たりにした特攻の光景は、70年たった今も鮮明だ。東さんは「固縛された爆弾、生きたまま神様扱いされる隊員など、子ども心にも衝撃だった。あの悲壮な雰囲気は決して忘れられない」と話した。

艦上攻撃機特攻隊も使用した串良海軍航空基地

第4部「細る戦力」で取り上げた「徳島白菊隊」が1945年(昭和20)年5月24日から6月25日までの1カ月間余、出撃基地として使用した串良海軍航空基地。同基地からは同年4月6日から5月12日まで、宇佐(大分)、姫路(兵庫)、百里原(茨城)の3練習航空隊で編成された艦上攻撃機(艦攻)の特攻隊も出撃した。800キロ爆弾を搭載した3人乗りの旧式機、九七式艦上攻撃機(九七式艦攻)で沖縄に向かったこれらの特攻隊からは戦死者198人が出ている。

沖縄航空特攻作戦の序盤、串良海軍航空基地からの特攻の主力機だった九七式艦上攻撃機（桑原敬一さん提供）

滑走路がV字状になっていた串良海軍航空基地（桑原敬一さん提供）

上官と飛行機交換、生き残る

元八幡神忠隊員・船川睦夫さん（89）鹿児島市

鹿児島市鴨池新町に住む元海軍一飛曹の船川睦夫さん（89）は、上官と乗機の九七式艦攻を交換したことで、生き残った。そのエピソードは、特攻隊を扱って話題を呼んだ戦争映画「永遠の0」のモデルになったともいわれる。

45年4月2日、6日の菊水1号作戦発動を前に、宇佐海軍航空基地から、最終出撃地の串良へ向け出発した船川さん操縦の九七式艦攻は、エンジン不調で、宇佐に引き返した。実戦機から練習機へと、使い回された機体に不具合は付きものだった。

それから約10日間、宇佐でエンジンの調整と試運転を繰り返して、愛機の調子を万全に整えた船川さんが、串良に進出を果たしたのは4月15日。既に宇佐航空隊（宇佐空）で編成された艦攻特攻隊「八幡護皇隊」は1、2次隊が6、12日に出撃。16日出撃予定の3次隊も隊員の指名が終わっていた。

船川さんが「八幡護皇隊」あらため「八幡神忠隊」の出撃隊員の指名を受けたのは、27日だ。

同隊は4機で編成され、船川さんは2番機だった。

この場で、船川さんは1番機の操縦員、大石政則少尉から「飛行機を交換してくれ」と、異例の申し出を受ける。

大石少尉の乗機は、船川さんの九七式艦攻三型よりさらに古い一型。しかも12日の出撃後、オイル漏れを起こし、引き返してきていた。「訓練時から割り当てられ、いいところも悪いところも知り尽くした飛行機を交換などしたくなかったが、何度も何度も頭を下げてくる上官の申し出は拒めなかった」と船川さんは振り返る。

1945年4月27日、出撃を翌日に控えた「八幡神忠隊」の特攻隊員。前列左から2人目が船川睦夫さん（船川さん提供）

船川さんが交換した飛行機を見に行くと、整備兵は「この機は高度が1千メートルを超えると、確実にオイル漏れを起こすから、飛ぶときは注意して」と警告した。

翌28日午後3時半、沖縄沖の米艦船群に、夕闇迫る時間帯に攻撃を仕掛けるべく八幡神忠隊は串良を飛び立った。

事前の打ち合わせでは、敵戦闘機の迎撃を避けるために、編隊で高度200メートル程度を低空飛行していくことになっていた。

ところが大石少尉が操縦する1番機は、開聞岳を過ぎた辺りから、ぐんぐん高度を上げていく。編隊に付いていかねばならない船川さんの乗機は恐れていたオイル漏れが発生して付いていけなくなり、故郷の種子島にあった飛行場に不時着せざるを得なくなった。

翌日、応急修理をした機体で串良に帰還したが、僚機3機は未帰還となっていた。宇佐空最後の特攻隊「八幡振武隊」(八幡神忠隊から改称)は5月4日出撃したが、船川さんに再出撃の機会は訪れなかった。

「1番機はなぜ事前の協議を無視したのだろうか」。船川さんの釈然としない思いは、あれから70年たった今もなお、消えないままだ。

平穏程遠かった待機の日々

元白鷺揚武隊員・桑原敬一さん(89)横浜市

海軍一飛曹だった桑原敬一さん(89)=横浜市瀬谷区=は、1945(昭和20)年5月4日早朝、姫路航空隊(姫路空)が編成した特攻隊「白鷺揚武隊」の一員として、串良海軍航空基地を飛び立った。

九七式艦攻の操縦席から眺めた基地周辺の家々からは、朝食の煮炊きの煙が立ち上り、戦時下とは思えぬ穏やかな日常があった。

だが、操縦かんを握る桑原さんの心は「平穏」からは、ほど遠かった。「この美しい国土を守るために、死なきゃならない。自分自身をそう納得させるのに懸命だった」からだ。

桑原さんは姫路空で艦攻の実用機訓練中の44年末、岩手の父親を亡くした。実家は貧乏で、母と弟妹4人の暮らしが、仕送りをしていた姉と桑原さん2人の肩にのしかかる中、45年2月、隊内で特攻隊員の募集があった。

家庭のこともあり、本当は志願したくはなかった。書類に「命令のままに」と書いて提出すると、すぐさま特攻隊員の指名を受けた。

「自分が死んだら、残された家族は食べていけるのか」「こんなにも心を残す事情のある自分がなぜ先駆けなのか」。以来2カ月余、「苦しくて気が狂いそうになる」煩悶《はんもん》の日々が始まった。苦しみは、実際に沖縄に向け飛び立っても、消えなかった。

だが、沖縄まで3分の1ほど飛んだところで、エンジンが突然、「バスン」「バスン」と不規則音を立て始め、炸裂音とともに大量のオイルが噴き出し、風防の視界を遮った。

1945年5月4日の出撃を2日後に控えた桑原敬一さん。串良町の写真館で撮影したものという

機長と相談して飛行中止を決断し、種子島に不時着した。突然のエンジン不調が、桑原さんら搭乗員3人の命を救った。1週間後、同じ3人で再出撃を命じられたが、与えられた飛行機はさらに状態が悪く、再び種子島に不時着した。

終戦後、桑原さんは肺結核に倒れ、死線をさまよった。それを機に「強いられた死」としての特攻を自ら記録したいと考えた。戦後出た特攻を紹介する書物は、大義に燃えた若い兵士が果敢に戦った、という内容のものが多く、「その視点だけでいいのか」との疑問を感じていたからだ。

仕事をしながら、メモを書きため、戦後40年近い1984年に手記「串良―ある特攻隊員の回想」を出版した。「本当は死にたくなかった」。弱い立場の人間から見た特攻の実相を、忌憚《きたん》なく描いた。

手記に対しては、予科練の仲間から「あなたは軍人になるべきではなかった」などと大きな批判を浴びた。一方で「おれも同じ気持ちだった」と同意してくれる仲間もいた。

桑原さんは「怖いのは、一つの見方だけに支配され、異なる視点が許されない世界。あの戦争が残した教訓を忘れてはいけない」と話す。

出撃隊員の手紙代筆

佐世保海軍施設部串良工事事務所に勤務していた新保サエさん（88）鹿屋市

1945（昭和20）年4月5日朝、串良海軍航空基地内にあった佐世保海軍施設部串良工事事務所に勤務していた新保サエさん（88）＝鹿屋市串良町有里＝は通勤途中に、飛行服姿の特攻隊員に声を掛けられた。

搭乗員宿舎近くで歩きながら何か考え込む様子に見えた特攻隊員は、意を決したようにパチッと両手を合わせると、新保さんに「すみません。手紙を出していただけませんか」と頼んできた。

「いいですよ」と請け負った新保さんだったが、隊員の手に手紙はない。代わりに土の上に、指で大きく「始良郡牧園町麓、○○」と、送り先の女性の住所、氏名を書くと、『明日発《た》ちます』。それだけ書いて出してください」と言う。

「あなたの名前は」と問い返すと、隊員は「分かるはずです」と言い、立ち去った。

「70年たった今も、大野憲一さんの表情ははっきり思い出せる」と話す新保サエさん＝2015年7月、鹿屋市串良町有里

「もう、仕事どころではなく、職場で手紙を書いてすぐ投かんした」と新保さん。数日後、送り先の女性から「姉の熊本の嫁ぎ先の弟で、22歳です。後は想像にお任せします。好きな化粧も今日限り断ちます」と返信が来た。

特攻隊員は、大野憲一・一飛曹。沖縄航空特攻作戦「菊水1号作戦」が始まった6日午後2時、大分・宇佐海軍航空隊で編成された神風特別攻撃隊・第一八幡護皇隊の一員として、九七式艦攻で串良基地を出撃した。新保さんは、1969年、基地跡に建立された慰霊塔の墓碑銘で、大野一飛曹の戦死を初めて確認した。

大野一飛曹を通じて知り合った女性とは戦後もしばらく手紙のやり取りが続いたが、結婚、子育てと追われる中で、いつの間にか交流は途絶えたという。

新保さんは「大切な異性に思いを伝えることさえ難しかった青春時代。あんな時代は二度と訪れてほしくない」と話した。

隊員の〝魂〟慰めて60年

串良国民学校時代、基地で交流重ねた泊竹蔵さん（82）鹿屋市

「『きょう行くよ』『後のことは頼むね』。皆、淡々と言って、大空に飛び立っていった」。1945（昭和20）年4～6月、特攻作戦たけなわの頃の串良海軍航空基地を振り返るのは、基地跡にほど近い鹿屋市串良町有里の富ケ尾集落に暮らす泊竹蔵さん（82）だ。串良国民学校6年生だった泊さんは、基地に盛んに出入りして、特攻隊員と交流した。

串良航空基地から出撃した徳島白菊隊ゆかりの俳優、西村晃さんから戦後贈られた色紙を持つ泊竹蔵さん＝2015年7月、鹿屋市串良町有里

「最初は航空兵がはく半長靴に憧れて」、遊びに来た泊さんに、10代後半から20代前半の特攻隊員たちは、故郷の弟妹の姿を見たのか、皆優しく接してくれた。出撃までのわずかな自由時間を、泊さんと遊んだり、勉強を教えてくれたりしたのだという。

　軍も隊員の精神面に好影響を与えるとみたのか、「守衛も隊門の出入りを黙

認してくれていた」と泊さん。

特攻隊員たちは、日頃大切にしていたマスコット人形も泊さんにお裾分けしてくれた。ある日、泊さんが人形を手で回しながら家に向かっていると、突然、グラマン戦闘機の機銃掃射を受けた。伏せた泊さんにけがはなかったが、人形は銃弾に貫かれていた。

出撃前、特攻隊員たちは「自分たちの魂の半分は故郷に帰るけど、半分はこの滑走路に戻ってくる」と語った。泊さんは子ども心に慰霊を託されたと信じた。

戦後間もない48年、基地跡に慰霊のためのほこらが有志により建てられると、以来、朝晩の清掃、参拝を欠かさなかった。慰霊に訪れる遺族に、出撃前の隊員の様子も語った。それは2012年、大病を患うまで60年以上続いた。

泊さんは「隊員たちは自分たちの身代わりとなって死んでいった。病気で冥福を祈る役目を、最後まで果たせなかったのは本当に申し訳ない」と悔しがった。

おたよりから

「岩礁突入」がくぜん＝池田典子さん（87）

連載１回目「二座水偵隊」を読んで、沖合の岩礁を敵艦と誤認して突入した特攻隊員がいたことを知り、驚きました。

終戦前には、毎日のように特攻機の戦果が放送され、20歳未満の若者たちが戦果を上げて散っていく心境に喜び、たたえ、涙するものでした。「一億総動員、勝つまでは」のスローガンのもと、日本の勝利を信じて頑張った私たちにはがくぜんとする記事でした。

岩礁に突っ込んでいった事実を知ったときのご家族の心境を思うと、何とも気の毒な気持ちになるのです。

あの時代、お国のため、天皇陛下のためと駆り出された全国民は一体何だったろうかと、今更ながら悔しい気持ちになります。戦後の恵まれた平和に生きる者として、みなさん、それぞれに感じるものがあると思います。

（姶良市）

Nさん、つぼみで散る＝前之原フヂ子さん（91）

戦時中は、飛行服に白いマフラーの特攻兵の姿をよく見かけました。わが家にも若い特攻兵のNさんが、友人のYさんとよく来ていました。「ただいま」と、まるでわが家に帰るように現れました。

当時20歳の義妹、ミエ子とNさんは、家の中では夫婦のように手をつなぎ寄り添っていました。幸せそうな姿を今でもはっきり覚えています。

Nさんは歌が上手ではやりの歌を歌っては、最後に必ず「あきらめしゃんせよ　わしゃ特攻隊よ　花の命もつぼみで散らすのよ」と付け加えました。今思うと、どんな心情で歌っていらしたのでしょう。戦争はこれから花を咲かそうとしている若いつぼみをむしりとりました。

戦争を始めるのは国の指導者で、犠牲になるのは国民です。国民の安全、安心を重視して国政に当たってもらえるよう祈ります。

（鹿屋市）

第5部　半島の神鷲

太平洋戦争時、朝鮮半島出身の特攻隊員は「半島の神鷲《かみわし》」と呼ばれた。戦争と植民地支配の時代を生きた彼らに向けられる、日韓両国の複雑なまなざしを追いながら「なぜ、日本のために死なねばならなかったのか」を問う。

1・魂の帰る場所

反発受け、横たわる追悼碑

2015年6月、韓国・龍仁《ヨンイン》市の法輪寺を訪ねた。ソウルからバスとタクシーを乗り継いで約1時間の郊外にある。韓国仏教界の最大宗派、曹渓宗の流れをくむ尼寺だ。敷地の隅のハス池のほとりに、石碑は横たえられていた。「帰郷祈願碑」の文字を刻んだ表面だけ見せて、地中に埋めてある。

太平洋戦争で命を落とした朝鮮半島出身の戦没者たちの魂が「ふるさとに帰れるように」と祈願する碑だ。

朝鮮半島は1910(明治43)年、日本に併合された。太平洋戦争が終わる45(昭和20)年まで、植民地支配下にあった。37年の日中戦争勃発以後は「戦時動員時期」に当たる。38年の陸軍特別志願兵制度に始まり、44年には徴兵が敷かれた。朝鮮人学徒出陣もあり、少年飛行兵、特別操縦見習士官への志願も募った。二十数万人が加わり、戦没者は約2万人とされる。うち特攻死と判明しているのは現時点で17人。いずれも正確な数はわかっていない。

空を仰ぐ「帰郷祈願碑」。上に乗っていたヤタガラスの彫像は外され、基壇に据え付けられた＝2015年６月２日、韓国・龍仁市の法輪寺

陸軍知覧飛行場（南九州市知覧）から飛び立った特攻隊員の中に、光山文博（本名・卓庚鉉《タクキョンヒョン》）少尉がいる。出撃前夜にふるさとの民謡アリランを歌ったことが、知覧で「特攻の母」として知られる故鳥濱トメさんの証言で知られる。

「創氏改名した日本名で異郷に果てた卓庚鉉さんの魂を帰したい」と行動を起こしたのが、女優の黒田福美さんだ。２００８年、生まれ故郷に近い朝鮮半島南端の泗川《サチョン》市に追悼碑を建てようと奔走する。遺族が賛同し、市は土地を提供。除幕式には南九州市の霜出勘平市長も駆けつけた。

だが直前、とりやめになる。植民地時代に独立運動に身を投じた人たちの子孫でつくる光復会が、「日本の戦争に協力した特攻

碑の建立時の法要。ごく限られた関係者が集った＝2009年10月、韓国・龍仁市の法輪寺（黒田福美さん提供）

隊員の碑など許せない」と主張し、デモを起こしたのだ。市は碑を撤去した。

朝鮮人特攻を研究テーマの一つにする立命館大学産業社会学部の権学俊《クォンハクジュン》准教授は、当時を振り返り「韓国社会が朝鮮人特攻を真剣に議論するいい機会だったのに」と残念がる。「植民地支配をはじめとする歴史的脈絡の中で考えなければならない問題なのに、特攻隊を『断罪』するこれまでの先入観のまま、強いバッシングの声が通ってしまった」

撤去された碑は、泗川市の寺に一時保管された。再建を模索する黒田さんに、法輪寺の住職が手を差し伸べた。「亡くなった人に罪はない。仏教の教えに沿えば魂を救ってあげなくてはいけない」と、境内への移築を受け入れた。

碑の上には不死鳥を象徴する三つ足のヤタガラスの彫像が乗り、全高は5メートルもあった。

黒田さんは、その碑文を、半島出身の戦没者すべての冥福を祈る趣旨に刻み直した。09年10月26日、ハス池のほとりでごく限られた関係者が立ち会い、建立の法要が行われた。

旧暦9月9日だった。韓国では九九節《ククチョル》と称し、「非業の死、悲しい死を遂げた人」たちを供養する日だという。

12年3月、韓国のKBSテレビがドキュメンタリー番組「卓庚鉉のアリラン」を放映し、碑の行方が報道された。すると、光復会が再び寺に押しかけ、激しく撤去を迫った。

黒田さんと住職は「性急に解決する話ではない」と判断する。12年11月、ヤタガラスの彫像を外した碑を横たえて埋め、一時的に表面を木製のすのこで覆い隠すこともした。

寺側は言う。「石碑を『建てたい』という心、『無くせ』という心、両方の立場があります。帰りたい魂のことも考えます」「それぞれの心を楽にしてあげるのが、お寺の役目ではないでしょうか」

追悼と反発が折り合う道筋を探りながら、九九節の法要は毎年行われている。

2・陸士入校

父の勧めで法の道断念

韓国・ソウル大を卒業し、一橋大大学院に留学中、知覧特攻平和会館(南九州市)を初めて訪れた裵玲美《ベヨンミ》さんは、「衝撃」を受けた。

「壁一面に並ぶ特攻隊員の遺影の中に、何の脈絡もなく朝鮮人が交ざっているように見えた」からだ。朝鮮半島出身者の特攻の歴史をきちんと伝えたい。研究テーマに選ぶ原点になった。現在、立命館大学コリア研究センター(京都市)の専任研究員だ。

最新調査では、太平洋戦争時に「陸軍が特攻死を認定したことが史料で裏付けられる朝鮮人」は17人を数える。海軍では確認できていない。創氏改名による日本名の記録しかなければ朝鮮人とは認められず、もっと多いのは確実だという。

養成別に見ると、最も多いのは、10代を中心とする少年飛行兵12〜15期の9人。次いで20代の特別操縦見習士官1期生4人。さらに航空機乗員養成所の5期・12期、特別幹部候補生1期、陸軍士官学校56期が各1人だ。

裵玲美《ベヨンミ》さんは言う。「入隊から特攻死までの経緯はそれぞれ違う。『どうしてあのとき日本人になって戦ったのか』を問わなければ、彼らの苦痛と葛藤は埋もれたままです」

陸軍士官学校56期生だったのが高山昇(本名・崔貞根《チェジョングン》)中尉だ。

1921(大正10)年、ソ連国境に近い朝鮮咸鏡北道慶興郡に生まれた。地元中学校を卒業し、39(昭和14)年12月、陸軍士官学校に入校した。

7歳下の弟の崔昌根《チェチャングン》さん(87)を2015年6月、韓国・ソウル市に訪ねた。

「兄貴は成績がよかったから」。エリート軍人の道を選んだ理由を話し始めた。当時の中学校には、軍事教練のため、現役の軍将校が配置されていた。その将校に「お前は優秀だから陸軍士官学校に志願せよ」と言われたという。

陸士56期生だった兄、崔貞根さんについて語る崔昌根さん
=2015年6月1日、韓国・ソウル市

陸士の試験を受けて合格したが、同時に京城帝国大学(現ソウル大)にも受かっていた。「兄は本当は弁護士になりたかった。最初から京城帝大に行くつもりだった」

だが、貿易商だった父は、陸士への入校を強く勧めた。「陸士に合格しながら行かないのは、思想がおかしいと思われて、家族が憲兵の監視を受ける」というのが理由だった。

士官学校の予科から本科の航空士官学校に進む41年、太平洋戦争が始まった。

44年7月、飛行第六六戦隊でフィリピンへ派遣された。爆撃や偵察を任務とする部隊だ。主任教官として陸軍特別操縦見習士官20人の訓練にも当たった。レイテ沖海戦などで部隊が多くの人員と飛行機を失う中でも、生き残った。

44年暮れ、フィリピンで傷ついた戦隊は再編のため、日本へ引き揚げを命じられる。今度は沖縄戦への訓練が始まった。法の道を志していた若者は、全軍特攻の渦中にいや応なしに巻き込まれていた。

3・葛藤と誇り

天皇のためには死ねぬ

陸士56期、高山昇(本名・崔貞根《チェジョングン》)中尉が最後に帰郷したのは1945(昭和20)年の正月だ。一家は朝鮮北東部、清津《チョンジン》に住んでいた。弟の崔昌根《チェチャングン》さん(87)＝韓国・ソウル市＝は、そのときのことをよく覚えている。

比・レイテ沖海戦での特攻作戦を知っていた家族は、「もし特攻に選抜されたら満州に逃げろ」と迫った。

兄は、こう返した。

「私は朝鮮人を代表する将校だ。逃げることはできない。レイテでも生き残ったのだから、必ず生きて帰る自信がある。心配しないでください」

レイテ沖海戦から引き揚げた先の千葉・下志津飛行場で出会った女子挺身《ていしん》隊員の娘と結婚を考えている、とも話した。士官だけに戦況も冷静につかんでいるように見えた。「十分な飛行機がない日本は負ける、と話していた」と弟は言う。

45年3月、所属していた飛行第六六戦隊は、南さつま市の陸軍万世飛行場に前進の命を

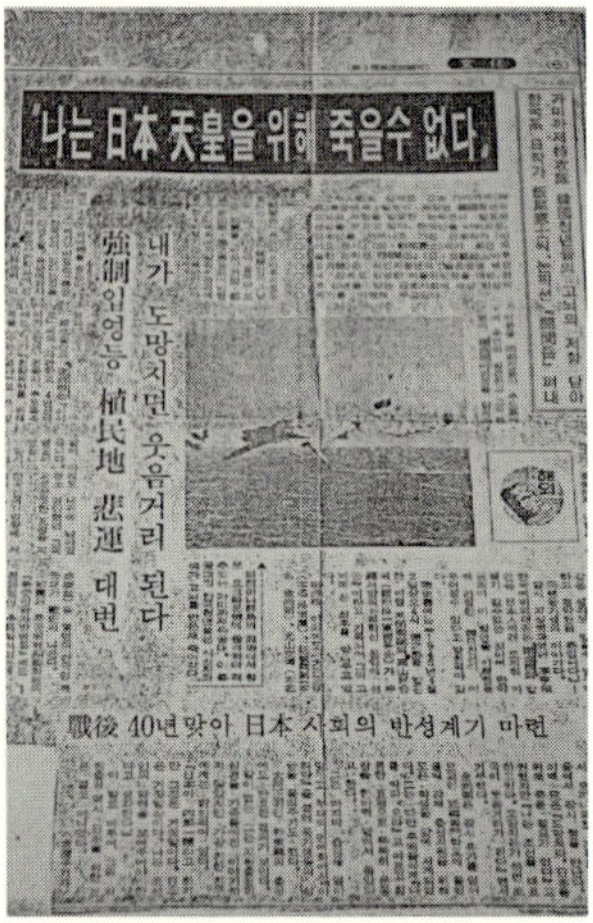
'나는 日本天皇을 위해 죽을수 없다'
내가 도망치면 웃음거리 된다
強制입영등 植民地 悲運 대변
戰後 40년맞이 日本사회의 반성계기 마련

崔貞根中尉について報じた30年前の新聞記事コピー。弟が保管していた

受けた。4月1日、米軍の沖縄本島上陸の日に徳之島へ。翌2日、米艦隊の偵察に飛び立ち、戻らなかった。陸軍は特攻死として認定する。24歳だった。

日本からの戦死通知は届かず、弟は「もしかしたらどこかで生きているかも」と思い続けた。

85年4月17日、韓国の新聞、中央日報が報じた。「天皇のためには死ねない、と言った朝鮮人特攻隊員がいた」

弟は驚く。兄のことだった。

43年5月、航空士官学校の卒業が近づいた夜、親友だった日本人同期生を呼び出し、苦渋に満ちた顔でこう言ったという。

「俺は、天皇陛下のために死ぬというようなことは、できぬ」。日本軍がアッツ島で全滅した時期と重なる。

陸軍士官学校の教育を受けながらの告白に「愕然《がくぜん》」とした同期生は、戦後、彼の特攻死を伝え聞き「鉄槌《てっつい》のような衝撃を受けた」。天皇のためではない。「とすれば、なんのために…」。

思い惑う同期生の回想が、陸士56期生の追悼録に残されていた。

兄が徳之島から出撃した日、沖縄海上に敵艦船がひしめいていた様子も知る。弟は、「兄の戦死を本当に確信した」。戦後40年目だ。

高山中尉の「遺影」は知覧特攻平和会館(南九州市)にも万世特攻平和祈念館(南さつま市)にも掲げられている。

数年前に両館を訪れ、確認した弟は言う。

「兄は日本の陸軍の教育を受けた職業軍人だから、朝鮮人の誇りを持って戦って死んだ。それは、そう思いますよ」

語気が強まる。

「ただ、特攻ではない、ってことなんです。兄が所属していた六六戦隊は特攻ではなく、通常攻撃をする部隊ですよ」

「天皇のためには死ねない、結婚したい人もいる、と言っていたのに、どうして自分から敵艦に体当たりしますか」

なぜ兄の特攻死をこれほど強く否定するのか。取材を続けた。

4・遺族の苦悩

「支配の論理」押しつけ

金沢市の石川護国神社に、高さ12メートルの「大東亜聖戦大碑」が立っている。実行委員会が全国から寄付金1億円余を集め、2000年8月に建立した。寄付者や、寄付者らが特に顕彰したい太平洋戦争中の戦死者たちの名前が刻まれている。

900余りの刻銘の中に「朝鮮出身者」が8人いる。うち7人が航空特攻戦死者で「崔《チェ》貞根《ジョングン》飛行第六六戦隊」の銘もある。陸士56期生、日本名・高山昇中尉のことだ。

中尉は1945(昭和20)年4月2日、徳之島から米艦隊の偵察に飛び立ち、戻らなかった。特攻隊ではなかったにもかかわらず、連合艦隊司令長官名で「敵艦船に体当たり轟沈《ごうちん》」の布告が出た。

だが「天皇のためには死ねない、と言っていた兄が特攻するわけがない」と、弟の崔昌根《チェチャングン》さん(87)=韓国・ソウル市=は納得していない。

金沢市在住の山口隆さん(68)は、大東亜聖戦大碑に刻まれた朝鮮人特攻戦死者に違和感を持った。「日本のためにすすんで特攻兵になり、立派に死んだのだから顕彰しなければ」

との過剰な意識を感じるからだ。

「彼らが植民地支配の被害者であり、自分たちが加害者という自覚はそこにない」と山口さんは指摘する。「指揮官たちが特攻を『若者が国のために命捧《ささ》げた崇高な行為』と、たたえるのと同じではないか」。支配の論理の押しつけだ。

そもそも刻銘を遺族は承諾したのか。問題提起の思いで山口さんは仲間と遺族探しを始めた。

06年、崔さんにたどりつく。兄の刻銘を初めて知り、気色ばんだという。「兄の名をそこに刻むのは冒涜《ぼうとく》だ」「この碑を韓国人が見たら遺族まで『親日派』に見られる。次の世代の息子たちにも恐怖を与えることになる」

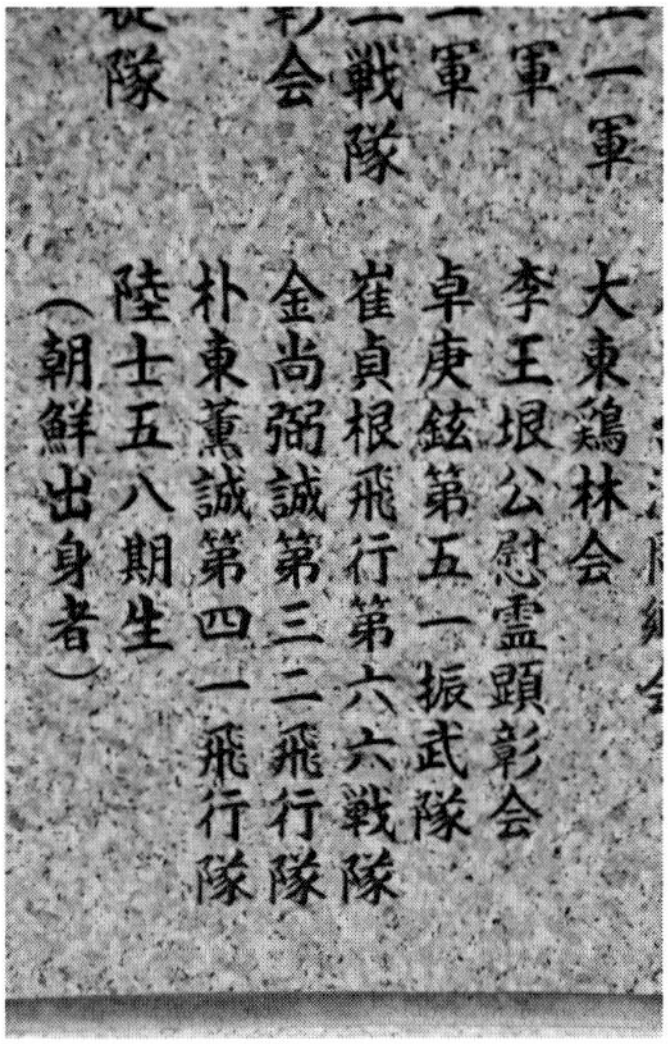

大東亜聖戦大碑に刻まれた「朝鮮出身者」氏名の一部＝金沢市

韓国社会では、特攻戦死者は植民地支配に協力した「親日派」と位置づけられてきた。ほとんど「売国奴」に近い意味だ。

崔さんはその後、金沢市を3回訪ね、山口さんたちと一緒に刻銘削除の訴訟も検討したが、断念せざるをえなかった。

2015年6月の取材にも、崔さんは繰り返した。「兄は特攻死ではなかったことを、日本でも韓国でも認めてほしいんです」

崔さんの苦悩を間近に見た山口さんは、その兄に関する軍の公文書をつぶさに調べた。結果、所属していた六六戦隊は「生死不明トナリタル」とする報告を出していたことなども判明。「中尉は体当たりでなく、通常の戦死だったが、沖縄戦の開始時期だったため、戦意高揚に利用されたのではないか」と推測する。山口さんが10年に出版した「他者の特攻朝鮮人特攻兵の記憶・言説・実像」(社会評論社)では、日本軍の特攻認定のあいまいさも浮き彫りにした。

日本人にとっては特攻死認定は「名誉」なことだった。原則2階級特進し、遺族には年金などの面で有利になった。しかし韓国人には何ら関係ない。

むしろ「親日派」という「不名誉」なレッテルを貼られただけだった。

5・「弟よ続け」青年らをあおった報道

「弟よ空に續け　半島出身の清原伍長」

1945(昭和20)年6月10日付の鹿児島日報(南日本新聞の前身)だ。陸軍特攻基地で隊員と寝起きを共にした記者が、「礼儀の正しい快活な伍長さん」がいたことを紹介している。

風呂で「お国は」と尋ねると、「京城(現ソウル)です」と答えたという。「京城公立工業3年から大空に志願した若鷲《わし》」だった。

出撃後、記者あてに短歌を書いた手紙が見つかった。「弟よつたなき兄の心をば空につゞきて大君に捧《ささ》げよ」「大君の御恵《お》み深き半島の赤子は醜《しこ》の御楯《みたて》と進む」

醜の御楯とは、天皇を守る盾となる者の意味だ。記者は「半島出身の神鷲としての誇りと崇高な大和魂を詠んだ短歌」と書いた。

特攻は機密作戦であるため、記事中の出撃地は「某基地」としか書かれていない。

だが、朝鮮人特攻戦死者で日本名・清原姓は1人しかいなかった。第15期少年飛行兵、20歳の清原鼎實(本名・韓鼎實《ハンチョンシル》)伍長だ。45年6月6日、第一一三振武隊隼天剣隊の一員と

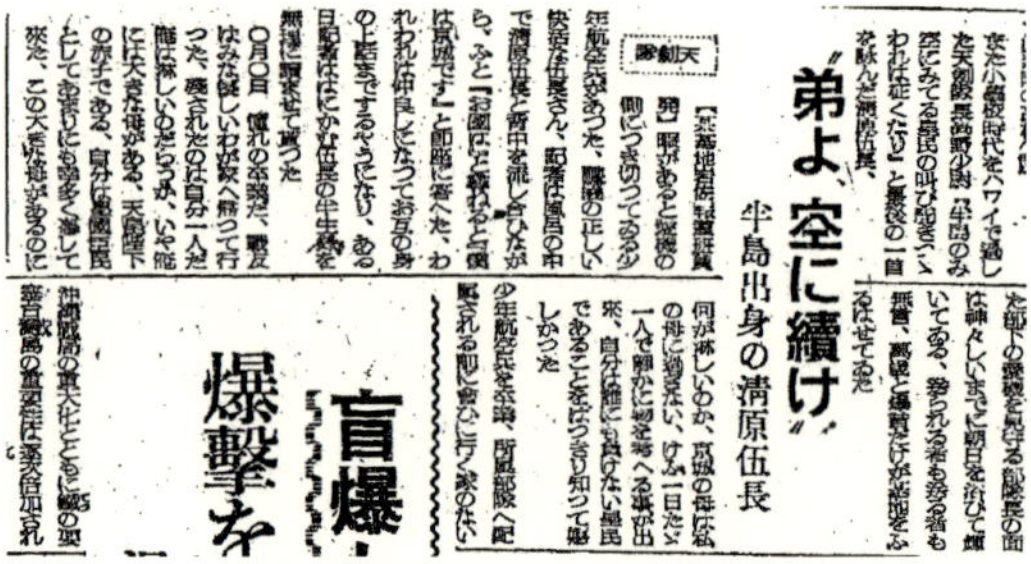
〝弟よ、空に續け〟
半島出身の清原伍長

1945年6月10日付の鹿児島日報

して、南九州市の陸軍知覧飛行場を飛びたち、戻らなかった。

このころ陸軍は既に、沖縄戦に見切りをつけていた。

韓国のハンギョレ新聞東京支局長、吉倫亨《キルユンヒョン》さん＝東京在住＝は、朝鮮人特攻の取材を重ねてきた。戦時中の唯一のハングル紙で、朝鮮総督府（日本の統治機関）機関紙だった毎日新報の報道が「非常に興味深い」と話す。

例えば、44年11月29日、フィリピン・レイテ沖海戦で特攻出撃した靖国《やすくに》隊の第13期少年飛行兵、松井秀雄（本名・印《イン》在雄《ジェウン》）伍長（当時20歳）は、どう取りあげられたか。

「最初の朝鮮人特攻戦死者」だったために、毎日新報は「半島の神鷲　松井伍長に続け」と大々的に記事化した。上中下3回シリーズの熱の入れようを、吉さんは「まるで金メダルでもとったような」と表す。

さらには、家族まで紙面に登場している。松井伍長の母は飛行機工場に、妹は勤労挺身《ていしん》隊に志願した、と紹介した。「特攻に命ささげた松井伍長の遺志を継ぎ、家族も国のために」とたたえたのだ。

特攻戦死者を英雄視する新聞は、朝鮮半島にあっては同胞の青年たちの士気を高めた。そのプロパガンダ（政治的宣伝）が反転して、戦後の韓国では植民地支配に協力した特攻戦死者というネガティブな「親日」イメージにつながった、とも言える。

吉さんは「報道には事実とは異なるうそがたくさんあった」と話す。

毎日新報で「特攻隊員として征《い》く息子を、父は誇らしい目で見ていた」と書かれた隊員の妹に取材したとき、妹はこう話したという。「本当は、家族は『行っちゃだめだ』と泣いていたんです」

6・少年飛行兵 夢や憧れ、動員に利用

これまでに判明している朝鮮人特攻戦死者17人のほぼ半分を占めるのが、少年飛行兵9人だ。

当時、植民地下にあった朝鮮の少年たちは、なぜ飛行兵を志願したのか。2000年代半ばに研究者が聞き取った証言を集めたインタビュー集がある。韓国国史編纂《へんさん》委員会(京畿道果川市)が2010年に刊行した。

答えているのは、少年飛行兵として終戦を迎えた韓国人7人だ。戦後は教職に就いたり、韓国空軍の創設にかかわったりしている。

彼らの証言からは、さまざまな理由が浮かび上がる。

その一つが、「空への憧れ」だ。朝鮮総督府は航空熱を盛り上げ、少年たちを軍事動員するため大いに利用した。学校では模型飛行機作りを教え、グライダー訓練をさせた。にぎやかな航空イベントを開き、飛行兵に母校訪問をさせては憧れを刺激した。

インタビュー集で「飛行機に乗りたかった。単純に」と話す人物は、新聞か雑誌の募集記

事を見て応募した。親には話さなかった。「言ったら行かせるもんか」。合格の通知を見せると「(親は)これが国の命令だと思った、さからえないと感じたんでしょう。おふくろは泣いたけど」。

別の人物は、「ただで教育を受けられたから」と話している。

また「上に進む」名誉欲があったのも否定していない。飛行学校の試験はかなり狭き門だった。「村で一人」「学校で一人」の合格者となった優秀な少年は、「大変な慶事だ、良いことだ」と壮行会をしてもらい、新聞社の取材を受けた。

韓国で出版された元少年飛行兵たちの証言集。タイトルは「植民地少年の青空への夢」

入校のため、ふるさとを出発する日、駅には朝鮮人も日本人も関係なく見送りが詰めかけて「日の丸を振りながら感激しながら汽車に乗った」少年だった人物は、「軍人になるといってもみんなが死ぬわけじゃないじゃないですか」「他に行く道がありません」と当時の心境を話している。

戦況をどう見ていたのか、という問いに「戦争がどうなるかっていうのは、そんなこと日本が勝つ、勝つ、っていうことだけで」と振り返った証言者もいる。

インタビューに応じた7人のうち、5人を担当した裵姈美《ベヨンミ》さん（立命館大学コリア研究センター専任研究員）は、当時の朝鮮人少年にとって少年飛行兵は「進路の選択肢の一つになっていた」と指摘する。

「こうしたルートを選択し、航空部隊に配属された後、志願を拒否できない状況のもとで朝鮮人特攻隊員は誕生した」と分析してみせる。

インタビュー集はハングル版のみだが、タイトルを訳せば「植民地少年の青空への夢」だ。刊行元の国史編纂委員会の担当者は、タイトルにこめた意味をこう説明する。「理由はさまざまあれ、飛行兵を目指した少年たちに植民地の憂うつさを追い払いたい、という気持ちがあったことを反映させた」

7・皇民化

「忠良ナル臣民」目指す

崔三然《チェサムユン》さん(87)は、第15期少年飛行兵だ。

朝鮮半島北東部、朝鮮咸鏡南道の出身。志願したのは地元の工業高校2年生の時だ。学校には日本人、朝鮮人200人ずつ生徒がいた。その中で「日本人よりも真っ先に(志願に)手を挙げたのが自慢だった」。

1943(昭和18)年10月、15歳で大分陸軍少年飛行兵学校に入った。「日本が負け始めていた。いてもたってもいられなかった」と振り返る。

特攻操縦者の後ろに乗る通信士の任務で加古川飛行場(兵庫県加古川市)に待機中、終戦を迎えた。戦争が長引いていたら、特攻戦死していたかもしれない。「死ぬのが当たり前。怖いとかなかった」。今は東京で暮らす娘のもとと韓国を行き来する生活だ。

少年戦車兵6期生の李性宰《イソンジェ》さん(87)＝韓国・ソウル市、慶尚北道生まれ＝は44年6月、静岡県富士宮市の少年戦車兵学校に入校した。

すぐ、中隊長室に呼ばれた。「日本がお前の国をとったのに、天皇陛下に忠節を尽くせる

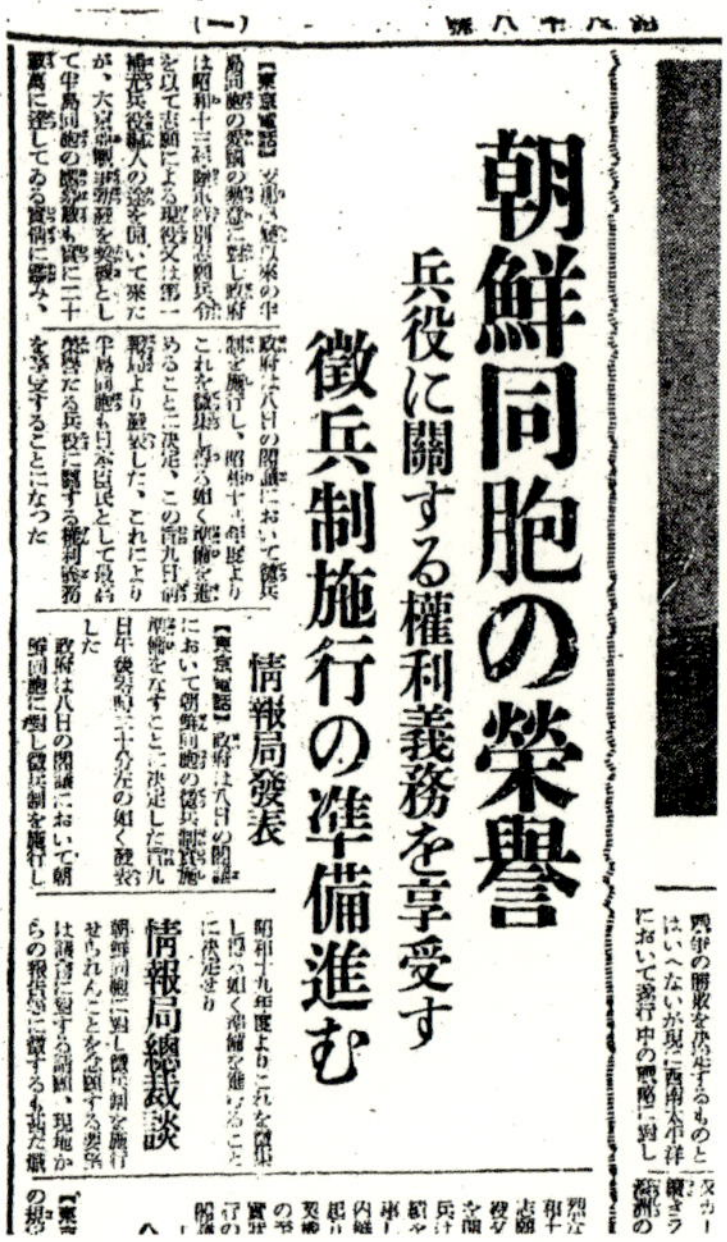

朝鮮同胞の榮譽
兵役に關する權利義務を享受す
徴兵制施行の準備進む
情報局發表
情報局總裁談

1942年５月10日付夕刊の鹿児島日報

か、って、そりゃあ難しい質問が飛んできてね」。苦笑しながら李さんは、当時の自分の答えを記憶からたぐりよせた。「大日本帝国の臣民だから忠節を尽くすのは当たり前だと思っています」

あのとき朝鮮人の「皇国少年」は、なぜ生まれたのか。

背景には、朝鮮総督府(日本の統治機関)の皇民化政策があった。

日本による朝鮮半島の植民地支配は10年の日韓併合に始まるが、日中戦争勃発《ぼっぱつ》の37年から太平洋戦争が終わる45年までは、「戦時総動員時期」だった。

総督府は、外地(植民地を指す)民族である朝鮮人の兵力も必要とした。ただ「朝鮮人に銃を持たせることに対する政府、軍の不安や不信は相当強かった」と、複数の研究者が指摘している。安心して戦場に出すために、民族意識の強い朝鮮人を、より完全な日本人にする必要があった。

例えば日中戦争開始3カ月後の37年10月には「皇国臣民の誓詞」を発布し、子どもたちに学校で「ワタクシドモハ大日本帝国臣民デアリマス」と斉唱させた。

38年に改正した朝鮮教育令ではハングルを学校の必須科目から外し、「国語」である日本語の履修を増やした。

総督府の南次郎総督は39年5月、「半島人ヲシテ忠良ナル皇国臣民タラシムル」と訓示する。

40年、家族全員を同じ氏(名字)とし、日本風に名を改める創氏改名の制度を敷いた。任意ではあったが拒否は相当に難しかった、といわれる。

41年12月、太平洋戦争が幕を開けた。42年5月8日、東条英機内閣は朝鮮での徴兵制度を閣議決定。9日の発表を受けた10日付夕刊1面で、鹿児島日報(南日本新聞の前身)はこう報じた。

「半島同胞も日本臣民として最高栄誉たる兵役に関する権利義務を享受することになった」

日本人と同じように徴兵制が敷かれることを「栄誉」とする朝鮮人をつくるのが、皇民化の最終目標だったとされる。

8・民族の将来

現実憂い一身なげうつ

太平洋戦争末期、沖縄戦での最初の朝鮮人特攻戦死者とされるのが、第15期少年飛行兵の大河正明(本名・朴東薫《パクトンフン》)伍長、17歳だ。

「最初出会ったのはお互い15歳くらい。日本語も実にしっかりしてた」。1943(昭和18)年10月、大刀洗陸軍飛行学校(福岡県)に入校した同期の上野辰熊さん(87)＝埼玉県新座市＝はそう話す。満州育ちの上野さんは、朝鮮半島北東部の朝鮮咸鏡南道から志願してきた大河少年とは「外地組」で通じ、助け合う仲だった。

少年は、よく話していたという。「おれたち朝鮮人も、日本の人、内地の人と同じなんだ。そのことを、もっと認めてもらいたい。それがあって来たんだ」

皇民化政策で〝日本人〟になったはずなのに「認めてもらえない」差別の現実があったのか。

44年3月末、2人は京城教育隊(ソウル)へ一緒に転属となる。8月、別れが来た。上野さんは、平壌の軽爆撃機部隊へ。満州の戦闘機部隊に配属された大河伍長は、45年

2月、満州・新京で編成された陸軍特攻隊、誠第四一飛行隊の一員に選ばれた。

誠第四一飛行隊は大刀洗、新田原（宮崎）、知覧（南九州市）を経由して3月28日、沖縄本島の中飛行場に9機が到着したが、そこで米軍の沖縄上陸作戦にぶつかった。

29日明け方、艦砲射撃の弾が飛行場に降り注ぐ中、破壊を免れた大河伍長機ら4機は強行離陸に成功。すぐにわずか数キロの距離に迫っていた米艦船群に突入した。その様子は多くの日本軍兵士や沖縄県民に目撃された。

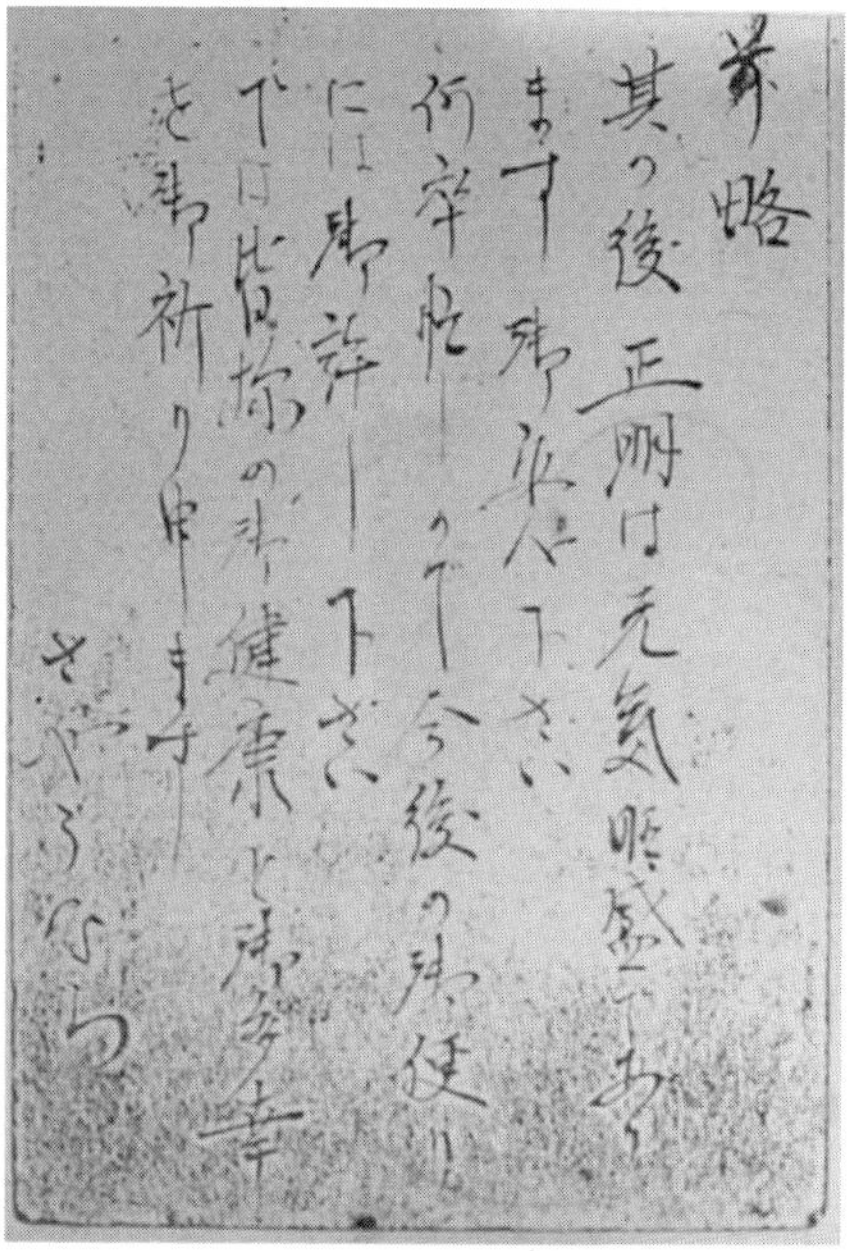

大河正明伍長が新田原飛行場から朝鮮の父あてに書いたはがきコピー

第十方面軍（台湾）は、前線を鼓舞した特攻に対し、その日のうちに感状を出し、「烈々タル攻撃精神」を認めた。

知覧特攻平和会館には、大河伍長が知覧に前進する前の新田原から朝鮮の父に宛てたはがきがある。

「正明は元気旺盛であります。御安心下さい。何卒《なにとぞ》忙しいので今後の御便《お》りには御許し下さい」

朝鮮人特攻戦死者には特別操縦見習士官（特操）1期生4人もいた。

韓国・ハンギョレ新聞東京支局長の吉倫亭《キルユンヒョン》さんは「特操に志願できたのは大学や専門学校の学生たち。朝鮮人の中でも特に一握りのエリート層だった」と位置づける。

彼らの胸のうちにも、民族の将来への思いがあった、と吉さんは推測している。「日本に協力すれば朝鮮の独立が認められるのではないか。朝鮮人の権利獲得につながるのではないか。そう考えた若者がいたはずだ」

特攻死した特操1期生、結城尚弼（本名・金尚弼《キムサンピル》）少尉を送り出した延禧専門学校（現・延世大）の校長だった辛島驍《たけし》さんは、「文芸春秋」64年4月号に、朝鮮学徒兵に関する手記を載せた。次のくだりがある。

「日本人の場合は日清日露の戦いを経て、国を守るためには一身をなげうつ気持ちに、ある程度スムーズになれた。朝鮮人の場合は『何のために、誰のために死ぬのか』。この命題を解かなければならない。朝鮮人学生の悩みは深刻であった」

９・分かれた運命
生存者は韓国軍幹部に

70年前、太平洋戦争が終わると、朝鮮半島は日本統治から解放された。その後、米ソ両国によって38度線が引かれ、韓国と北朝鮮、二つの国が生まれた。日本軍人だった朝鮮半島出身者は、南北分断の祖国に創設された国軍で重要な地位を占めた。

「天皇のためには死ねぬ」と葛藤し、偵察任務で出撃しながら特攻死と認定された高山昇(本名・崔貞根《チェジョングン》)中尉の陸軍士官学校56期の同期３人は韓国軍の要職を務め、１人は軍参謀総長になった。

民謡「アリラン」を歌って出撃したと伝わる光山文博(本名・卓庚鉉《タクキョンヒョン》)少尉ら特別操縦見習士官１期生からは、韓国空軍大学校の校長が出た。

沖縄戦最初の朝鮮人特攻戦死者、大河正明(本名・朴東薫《パクトンフン》)伍長の少年飛行兵同期は第14代空軍参謀総長まで上り詰めた。大刀洗陸軍飛行学校(福岡県)で一緒だった上野辰熊さん(87)＝埼玉県新座市＝によると、12、13代も大刀洗出身者だ。

太平洋戦争後、韓国軍で活躍した（左）崔三然さん＝2015年7月5日、東京都内（右）李性宰さん＝2015年6月3日、韓国・ソウル市

北朝鮮に戻った同期生の行方は、よく分からない。「1950（昭和25）年からの朝鮮戦争でほとんど戦死した、と聞いた」と上野さんは言う。

特攻機通信士として兵庫県の基地で終戦を迎えた崔三然《チェサムユン》さん（87）にも、48年、韓国空軍創設とともに声がかかった。

「196番目」。入った順番を覚えている。朝鮮戦争では、参謀として、暗号通信網の運用や電波傍受など航空通信作戦全般を仕切った。

「草創期の空軍の90％以上が旧日本軍航空隊出身者だった」（崔さん）。軍人の規律を教え込まれ、技術もある旧日本軍出身者は欠かせない存在だった。

また、終戦時、静岡県の陸軍少年戦車兵学校の生徒だった李性宰《イソンジェ》さん（87）は、韓国陸軍士官学校に入った。朝鮮戦争勃発で急きょ繰り上げ卒業し、野戦部隊の指揮官に就いた。緒戦で同期の3分の1が戦死した、激しい戦いを生き延びた。

60年代半ばの退役直前には、陸軍本部作戦参謀部の戦史課長として、太平洋戦争の日本軍のBC級戦犯調査に当たったこともある。

一方、共に日本軍人だった特攻戦死者は、植民地時代の日本への協力者と見られ「親日派」の烙印《らくいん》を押されたままだ。

「アイロニー(皮肉)ですよね」。全南《チョンナム》大学(韓国・光州市)研究所員の李榮眞《イヨンジン》さんは、生者と死者の対照的な立場を、そう言い表す。2009年2月から1年間、鹿児島大大学院に留学中、特攻の研究を始め、特攻慰霊に関する論文をまとめた。

李さんは「太平洋戦争の後、すぐに朝鮮半島が東西冷戦の最前線になってしまったため、韓国は親日派に関する論議を置いて、反共産主義を優先せざるをえなかった」と指摘する。親日派の総括がきちんとできぬまま、生者は英雄になり、声なき死者は「見たくない存在」(李榮眞さん)となった。

10・不都合な真実
日韓ともに向き合って

韓国では日本の植民地期を何と呼ぶのか。

ソウル市在住のジャーナリスト黒田勝弘さん(73)は、「強占」という二文字を書き、「大日本帝国に強制的に占領された、という意味だ」と説明してくれた。

黒田さんは、軍事政権下の1970年代から韓国社会に入り込み、「日々新たな刺激を受けてきた」。99年に出版した「韓国人の歴史観」(文春新書)で、元慰安婦の韓国人女性たちに現代日本人の一人として述べる言葉があるとすれば「感謝と慰労」だ、と書いて元慰安婦の団体などから反発を受けた。その言葉は「協力」を前提にしている、というのが理由だった。

「『協力』だと日本の植民地支配が正当化されてしまう。『強制』でないと民族の自尊心が許さない。それが韓国人の心情だ」と黒田さんは言う。

それ故に、特攻戦死者に対する視線は冷たい。陸軍士官、特別操縦見習士官、少年飛行兵…。いずれも強制ではなく、自らその立場を選んだ人たちとみられているからだ。

日本人の「一方的な慰霊」に韓国側の反発も強いなか1999年、千葉在住の舞踊家が建てた「アリラン歌碑」＝2015年８月４日、南九州市の知覧特攻平和会館敷地内

韓国の国史編纂委員会（京畿道果川市）が刊行した元少年飛行兵のインタビュー集に、国内からの反響はほとんどなかった。担当者は、その理由を次のように分析する。

「人は『被害者』の言葉を聞きたがるものだ。韓国社会は、志願した飛行兵の話など正直、聞きたくない。彼らの物語を受け入れる準備がまだできていない」

立命館大学コリア研究センター（京都市）の裵姈美《ベヨンミ》専任研究員も、同様のことを指摘する。

「韓国社会にとって、植民地下の特攻は『不都合な真実』だ。正面から向き合う作業がつらい」。これまで「志願か強制か、の単純化された構図でしか議論されてこなかった」のもそのせいだ。

しかし、それでは特攻死した朝鮮人一人一人にあったはずの、さまざまな葛藤や苦悩が浮かび上がってこない。当時が、どのような時代だったのかも考慮されない。

「顧みたくない自画像の一部であっても、もう逃げないで見つめるべきだ」と裵さんは言う。「そうすることで初めて朝鮮人特攻が、植民地支配と戦争を背景にした国家による人権侵害だったということを理解し、そこを批判できるようになる」

だが「不都合な真実」を見ようとしないのは、韓国だけだろうか。

言葉や名前、精神までも日本人化する政策を朝鮮半島の人々に強いた上で、戦争に動員した日本。その歴史を押さえないままの「一方的な慰霊」には、韓国側からしばしば反発が起きる。安倍晋三首相の戦後70年談話は、「植民地支配」のキーワードは盛り込んだが、責任へのはっきりした言及はなかった。

「私たちは、なぜ死ななければならなかったのか」。朝鮮人特攻戦死者は、日韓両国を生きる人々に問い続ける。

第5部「半島の神鷲」余話

親日論争に一石投じる

「私は朝鮮人神風だ」を出版、ハンギョレ新聞特派員の吉倫亨さん（38）東京都

2012年に韓国で出版された「私は朝鮮人神風だ」（邦訳なし）は、特攻隊員の遺族や生き残りの隊員に取材し、まとめたルポだ。著者は、韓国・ハンギョレ新聞の記者、吉倫亨《キルユンヒョン》さん(38)。

10年に「日韓併合から100年」特集を担当し、太平洋戦争時の朝鮮人BC級戦犯や、サハリン残留民、特攻など「過去の歴史の中で解決されていない、あまり韓国民に知られていないトピック」を取り上げた。そのときの特攻の記事に大幅加筆し、単行本化した。00年代半ばの盧武鉉《ノムヒョン》政権下で、日本の植民地支配に協力した「親日派」が追及される動きを追っていた。親日論争を吉さんはこう説明する。

「1987年6月の民主化で言いたいことが言えるようになり、過去の歴史の見直しが始まった。45年8月に解放された後の政権の中枢に『民族を裏切った親日派』がいたことを、あれは正しくなかった、と追及が始まった」

「民主化後の親日論争の活発化は、日本との関係というより、国内政治問題の色が強い

と思う」

そんな論争の中で、死んだ特攻隊員や遺族が、いつまでも親日派の目で見られることに一石を投じたい、と本を出した。

「戦争中、『神』と言われた彼らにも葛藤があり、志願の過程では半強制の部分があった。果たして彼らが一律に親日派と言えるのか。柔軟な歴史認識をもって見なくてはいけない」

88年5月のハンギョレ新聞創刊は、民主化闘争で軍事独裁政権が倒れた後に、「権力との癒着を断ち切る新たなマスコミ」を求める国民の募金活動が契機だった。ハンギョレには「ひとつの民族」の意味がある。

360ページ余りにわたるルポ「私は朝鮮人神風だ」を手にする吉倫亨さん＝2015年8月1日、東京都内

2年前から東京特派員の吉さんは現在、日本の原発や、安保政策をめぐる動きを発信している。

「日韓関係は、ナショナリズムを利用する双方の政治のために冷え込んでいる側面がある」。市民レベルでも韓国の反日、日本の嫌韓、が取りざたされる。そんな風潮を助長するステレオタイプの記事を書かないよう心がけているという。

■【ズーム】親日派
韓国では、かつての日本の植民地支配に積極的に協力した過去を持つ者、として否定的な意味を持ち、批判の対象となる。盧武鉉政権下(2003〜08年)では、「親日派」とされる人物の子孫の財産没収ができる法などが制定された。

「自国中心史から脱皮を」

特攻研究続ける韓国人研究者

裵姈美さん

韓国人による学術的な特攻研究が本格的に始まったのは、2000年代以降だ。

朝鮮人特攻に関する数々の論文を発表している一人が、立命館大学コリア研究センター(京都市)専任研究員の裵姈美《ベヨンミ》さん(39)だ。

裵《ベ》姈美《ヨンミ》さんは日本映画「ホタル」などでの朝鮮人特攻の扱いを、植民地支配への問題意識が薄いと感じている。「物語をより劇的にする都合のいい素材にしているように見える」。一方、朝鮮人特攻に対する韓国社会の固定概念の見直しも促す。

2015年6月出版の「知覧の誕生」(柏書房)で、朝鮮人特攻がテーマの章を担当した権《クオン》学俊《ハクジュン》立命館大学産業社会学部准教授(43)は「韓国での成熟した議論」の必要性を説いた。

ソウル大大学院博士号取得の学位論文テーマに特攻を選んだ全南《チョンナム》大学(韓国・光州市)研究所員、李榮眞《イヨンジン》さん(39)は、日本で特攻死が「祖国防衛に命をささげた若者の殉国」とイメージ化されている点に疑問を呈する。「殉国だけでは、死への疑問は生まれない。『犬死に』の側面も事実。そこを見ないと、死を命じた者の責任追及は難しい」

「犬死に」の視点に立てば、韓国社会の側も朝鮮人特攻戦死者を「ある意味、彼らも被害者だった」と見ることができる、と指摘する。

韓国・国史編纂《へんさん》委員会(京畿道果川市)の研究者イ・サンロクさんは、植民地時代、さらに1945年8月以降の韓国史の教え方について言及した。

権学俊さん

李榮眞さん

歴史教科書を一元化しようとする政府の動きもある。「自分としては、国家が一つの教科書を強要すべきではないと思っている」と話す。

さらに付け加えた。「韓国でも東アジア全体の平和と未来のための議論が活発になされており、自国中心的な歴史はダメだという指摘が挙がっている。反省や和解のあり方、記憶の仕方などを冷静に考える教育を強化すべき、という議論もある」。日本でそのことがあまり報道されていないのが残念だ、という。

万世飛行場建設にも多数動員

朝鮮人労働者の実態調べる鮫島格さん（76）、高木敏行さん（82）南さつま市

高木敏行さん

特攻作戦に加わって命を落としたのは、特攻隊員だけではない。飛行場など軍事施設の建設に駆り出された労働者の中にも、過酷な労働や伝染病などで、かなりの死者が出たとされる。

陸軍万世飛行場（南さつま市）にまつわる資料を集めている地元の鮫島格《いたる》さん（76）＝同市加世田小湊＝は、朝鮮人労働者の犠

牲についても調べている。

1958（昭和33）年12月7日付の南日本新聞は、飛行場西側の相星川のほとりに埋葬してあった朝鮮半島出身者40体の遺骨を、13年ぶりに掘り出し焼骨する、という記事を載せていた。「発疹チフスや爆撃のため倒れた建設工作隊員」たちだった。

また朝鮮人労働者の宿舎近くにあった寺の永代経受付簿には、44年6月から45年1月にかけて死亡した8人が、「半島人」の書き込みとともに朝鮮名で記されていた。施主は飛行場建設を請け負っていた鉄道工業株式会社と藤原組だ。

昭和33年12月7日　日曜日

韓国人遭難者をとむらう

万世に眠る40柱

近く遺体を焼骨、慰霊祭

【加世田】県外国人遭難者慰霊実行委員会では、日中友好協会その他の協力団体の応援で、もと加世田市万世飛行場西側の相星川（通称しもん川）川しりに埋葬されている韓国人四十体の遺骨を十五日発掘する。十六日、白亀山市営火葬場で焼骨し、二十二日午後一時から万世大崎願証寺で、西本願寺輪番村上貫之氏らが来加、慰霊祭を行い、遺骨を実行委員会に引渡す。

昭和十九年から終戦時まで、万世飛行場建設工作隊員のうち四十七人が発しんチフスや爆撃のため倒れ、現地に埋葬されていたが、うち七体は終戦後まもなく発掘、本国に送還されている。県内では伊集院一体、西之表に四体があるほか、国分、溝辺、鹿屋にこれらの外国人が埋葬されている。

委員会では、明春三月鹿児島市で合同慰霊祭を行う予定。

〃公約実現に

持をうけて当選できました。さし当ってまず役場職員の町民へのサービスを強化したい。また町の金を銀行に預託して商工業者の資金の貸出しを行いたい。失対労務者など薄給収入者の福利厚生にも力こぶを入れる。教育面では加世田小学校の鉄筋化もあり、加治木中学の校舎建築も十分考えたいと思う。当選できたことはうれしい。こんどは私が選挙中に町民の皆さんに約束した公約実現に全力をつくして行きたい。

激しかった選挙を終り、ホッと一息の曽木隆輝氏

（上）朝鮮人労働者の宿舎跡に立つ鮫島格さん＝南さつま市加世田小湊（下）1958（昭和33）年12月７日付の南日本新聞

鮫島さんは「朝鮮や中国の労働者たちの存在、犠牲があったことを示す公的な記録は地元でもほぼ見当たらない」と話す。「まるで都合の悪いこと、として消されているようだ」

万世飛行場建設には朝鮮人

500~600人、中国人300人余が投入されたといわれる。3、4カ所から崩した山土をトロッコで運び込み、砂丘の起伏を埋める作業に当たった。

基地近くに家があった髙木敏行さん(82)＝同市加世田高橋＝は、当時の様子をはっきり覚えている。中国人捕虜は一見、軍服のような格好だったが、朝鮮人労働者はぼろぼろの服で、シラミのせいか、よく体をかいていた。今でも同じ年頃の住民同士、「あん衆《し》はかわいそうやったどなあ」と思い出話をするという。

1980年代、朝鮮人特攻をテーマに出版された2冊

朝鮮人特攻描いた2冊、80年代に出版

日本では朝鮮人特攻に関する著作物が、1980年代に相次ぎ出た。韓国人研究者らも「遺族がまだ元気なうちに聞き取った記録が残るこの2冊は貴重だ」と口をそろえるのが、85年出版の「開聞岳—爆音とアリランの歌が消えてゆく」(飯尾憲士著、集英社)、88年の「特攻に散った朝鮮人—結城陸軍大尉『遺書の謎』」(桐原久、講談社)の2冊だ。

後者は、文化庁の第1回芸術作品賞を受けた南日本放送（ＭＢＣ）のテレビドキュメンタリー「11人の墓標」（85年放映）制作にかかわった桐原さんが、その後の追加取材も加えて書き上げた。同社社長在職中の87年1月、病で急逝した翌年、出版された。

おたよりから

軍指導部の実態に迫れ＝久保田薫さん(66)

太平洋戦争当時、私の故郷・種子島でも飛行場づくりの作業に朝鮮半島から多くの若者が動員され、一番きつい労働に使われていたこと、夜には故郷をしのんで泣く姿もあったことなど、母や祖父から幾度も聞きました。

２０１５年9月8日付の連載最終回で「歴史を押さえないままの『一方的な慰霊』には韓国側からしばしば反発が起きる」とありましたが、同感です。植民地支配の言葉は盛り込んでも責任へのはっきりした言及がなかった安倍首相の70年談話に限らず、国会議員にも同じ歴史認識を持つ人が多いように見受けられます。

しかし、植民地支配や中国への侵略、日独伊軍事同盟にもとづく世界征服を企図した戦争という時代背景を抜きにして、彼らがなぜ特攻として死ななければならなかったのか、なぜ労働者として日本にやってきたのか、を語りつくすことはできないと思います。

戦争の背景や、特攻という無謀愚劣な戦術を進めた軍指導部の実態に迫る作業が必要ではないでしょうか。戦後70年、安保法制が国民的大議論になっている渦中だからこそ、今後の連載の進展を期待します。（鹿児島市）

第6部　本土決戦への道

沖縄陥落直後の1945年6月26日を最後に、鹿児島県本土からの特攻作戦は中断した。しかし、連合軍は同年11月1日を目標に、南九州に上陸する作戦「オリンピック作戦」を計画しており、それに対応する新たな「特攻」の準備は県内各地で着々と進められていた。8月15日の終戦により、実行に至らなかった「特攻」を掘り起こす。

1・秘匿飛行場

牧場を活用、息潜め出撃待つ

安藤久治さん

1945(昭和20)年7月25日朝、海軍二等飛行兵曹だった安藤久治さん(89)=横須賀市=は、九三式中間練習機(九三式中練)を操縦して、出水市の出水海軍航空基地を飛び立った。中練特攻隊の編成を受けた愛知・岡崎海軍航空基地を出発してから4日目。目指すのは最終出撃地となる牧ノ原海軍航空基地だ。

僚機7機とともに鹿児島湾上空に達すると、編隊の先頭を飛ぶ隊長が操縦席から身を乗り出し、湾沿いに広がる山の頂上付近を指さした。「そこが牧ノ原だった。飛行場というより森の中に開けた原っぱ。教えてもらわなければ、気付かなかっただろう」

森に囲まれた幅50メートルほどの狭い草地の滑走路に、慎重を期して着陸した。

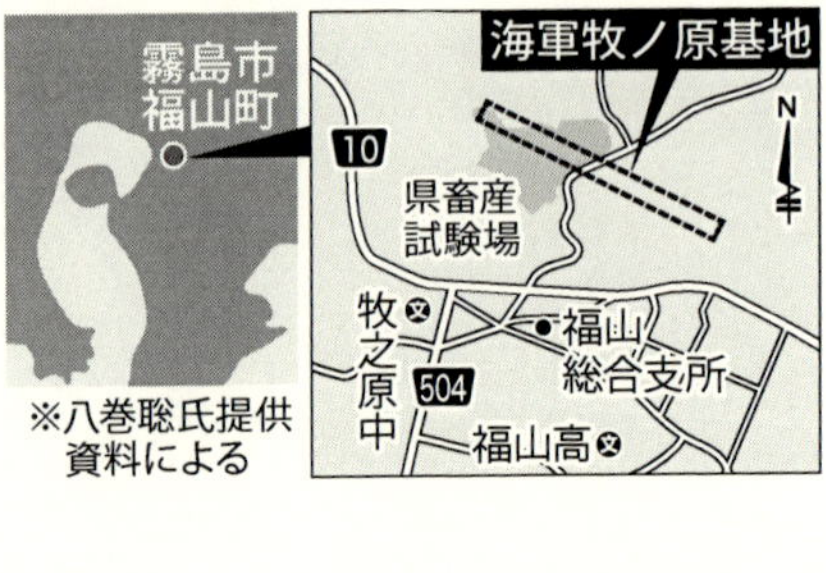

※八巻聡氏提供資料による

牧ノ原基地は現在の霧島市国分上之段、県農業開発総合センター畜産試験場がある場所だ。安藤さんが「教えられなければ、気付かなかった」というのも無理はない。基地は、連合軍の本土上陸を迎え撃つ本土防衛作戦用に、「秘匿飛行場」として整備された場所だった。

防衛省防衛研究所＝東京都目黒区＝に、45年6月、秘匿飛行場整備へ海軍施設本部が作成した「新飛行基地急速整備の件照会」「新設秘密航空基地施設要領」という文書が残る。

前者は、各地の施設部に対し、同年7月15日までに、本土決戦に備えた新基地を全国28カ所（3カ所は8月末まで）に急速整備するよう指示したもので、鹿児島県内の対象2カ所の一つが牧ノ原基地だった。

戦時中の安藤久治さんと、愛機の九三式中間練習機（安藤さん提供）

後者は、ごく短期間で飛行場を整備するために、既設の道路や空襲の焼け跡を利用することや、空襲から飛行機を守るために、がけの多い山や森林近くに造ることなど、「擬装隠蔽《いんぺい》に格段の方法を講ずること」を求めている。

海軍が秘匿飛行場の整備を急いだのは、3月から6月下旬まで続いた、沖縄

桜島を背景に、鹿児島湾上空を飛ぶ「九三式中間練習機」（斎藤久夫さん提供）

航空特攻作戦で第一線機を消耗しきってしまったことが大きい。そのため、本土防衛作戦「決号作戦」用に準備できた航空機約5200機中、2500機が旧式の九三式中練だった。

目立つオレンジ色の機体で国民からも「赤とんぼ」の愛称で広く親しまれた九三式中練だが、複葉で羽布張りの機体は脆弱《ぜいじゃく》でスピードも遅く、機銃掃射にも弱い。高性能の米戦闘機に襲われたらひとたまりもない。特攻に中練を使うために、最大の課題となったのが、米軍の完全な制空下で、「出撃までいかに守るか」だった。

軍の整備条件を満たした薩摩藩以来の牧場地、牧之原に「秘匿飛行場」として白羽の矢が立ったのは、必然だったといえる。

安藤さんの九三式中練も着陸するや、すぐ森の中に隠された。5日後、腕を鈍らせないための飛行を1回だけしたが、そのほかは、ひたすら息を潜めて出撃を待った。

安藤さんは、「基地の飛行機の隠しっぷりはたいしたものだった」と振り返る。「婦人会の慰問の時などに、多くの特攻隊員がいるのは分かったが、どのくらいの特攻機があるのかも最後まで分からなかった」。空襲にも遭うことはなかった。

防衛省防衛研究所に残る記録によると、45年7月5日時点で、牧ノ原航空基地には40機の九三式中練がいたとされる。

■［ズーム］九三式中間練習機
日本海軍が搭乗員養成を目的に、1934（昭和9）年1月に正式採用した、鋼管フレーム、羽布張りの2人乗り複葉機。最大速度214キロ、巡航速度148キロと低速だが、安定性は抜群だった。水上機型も含め、5770機が生産された。

2・出撃待機

息抜けぬ環境、増す疲弊

太平洋戦争末期の1945(昭和20)年7月25日、「赤とんぼ」の愛称で知られる「九三式中間練習機」(九三式中練)を使う特攻隊の一員として、秘匿飛行場「牧ノ原海軍航空基地」にやって来た安藤久治さん(89)＝神奈川県横須賀市。基地近くの青年学校を宿舎に、待機の日々を送った。

空襲から特攻機を守る擬装隠蔽《いんぺい》対策を重視した基地だけに、建物はほとんどなかった。安藤さんは、特攻隊が編成された愛知・岡崎海軍航空基地を出発する際、「『何もない所だから、息抜きをしたければ、近くの感化院にでも話をしにいけばいい』といわれた」と話す。

感化院とは、現在もある児童自立支援施設、県立若駒学園のことだ。九三式中練による特攻を成功させることだけを目的に整備された基地には、隊員の気分転換の場など考慮されていなかった。

「1週間程度の待機の後、志布志湾に押し寄せる敵艦船に突っ込むものと思っていた。だから宿舎と基地を行き来するだけの単調な生活も気にならなかった」と安藤さん。だが、見込みは外れ、待機は終戦まで20日間続くことになる。

山の中の単調な生活は、その期間が長いほど、特攻隊員の心理を疲弊させた面があった。

やはり、岡崎海軍航空基地で編成された中練特攻隊の小隊長で、上等飛行兵曹だった岡村五郎さん＝2014年4月、88歳で死去・熊本県菊池市＝は、45年春ごろ、牧ノ原航空基地に進出し、待機期間は長期に及んだ。

九三式中練二十数機を有した同隊は、正規隊員のほかに予備隊員も同行させていた。戦後まとめた自分史の中で、岡村さんは、「本命が出撃すれば、(中略)予備員が出撃することはない。明と暗との二つの運命を持つ若者たちが、一つの宿舎で寝起きする。口を全く開かぬ者と、よく喋《しゃべ》る者とのグループとに分かれ、その異様な雰囲気はどうすることもできなかった」と書き、変化に乏しい環境が、人間関係に与えた影響の大きさを指摘している。

牧ノ原海軍航空基地における故岡村五郎さん。腰を下ろしているのは、九三式中間練習機に搭載する250キロ爆弾（岡村百合子さん提供）

結局、牧ノ原基地から、特攻機が出撃することはなかった。岡村さんは敗戦を告げられた45年8月15日の状況を、「死の緊張が、体中で緩んでいくのを覚えた。(中略)。昨日までとは打って変わった。生き生きとした明るい顔の集団となった」と振り返っている。

極度の緊張感から解放されたためか、安藤さんも、「腰が砕けたようになった」という。

特攻隊員たちは、敗戦の衝撃がさめやらぬまま、同日中に基地を離れるよう促された。

岡村さんも安藤さんも、原隊の岡崎を目指し、愛機で慌ただしく飛び立った。

特攻のためだけに造られた故に、特殊な環境を生み出した牧ノ原航空基地。戦後70年、その実態を知る人は、地元にもほとんどいない。

3・里帰り隊
30分前に出撃取りやめ

1945(昭和20)年7月、米軍の南九州上陸に備え、鹿児島県内にある既存の海軍航空基地にも複葉、羽布張りの九三式中間練習機(九三式中練)「赤とんぼ」の特攻隊が続々と進出していた。

粕井貫次さん

その一つが7月20日ごろ、第一国分基地に着いた神風特別攻撃隊「乾龍《けんりゅう》隊」だ。同年1月、同基地で編成され、熊本・人吉、香川・観音寺両航空基地での特攻訓練を経て古巣に戻ってきた、いわば〝里帰り〟隊だった。

「半年ぶりの基地は、米軍の猛烈な爆撃で、兵舎など地上施設が跡形もなくなっていた」と話すのは、中尉で同隊分隊士だった粕井《かすい》貫次さん(91)＝奈良市＝だ。

第13期海軍飛行予備学生の粕井さんは、ちょうど1年前の44年7月に、練習航空隊だった出水海軍航空隊国分派遣隊(のち独立し国分海軍航空隊)の教官として第一国分基地に赴任した。

国分海軍航空隊教官時代の粕井貫次さん（中央）＝粕井さん提供

「その頃、戦地帰りの飛行長が、無防備な基地を見て、『むき出しの施設じゃ意味がない。泥の中にでも埋めてしまえ』と怒っていたが、1年後に、その意味が理解できた」

国分海軍航空隊は、45年1月、特攻隊編成され、粕井さんも練習生100人の中から特攻隊員25人を選ぶよう指示された。

「名簿の中から、操縦技術優秀で、なおかつ家系を絶やさない次男、三男を選んでいった。全員を集めて『特攻編成を行う』『メンバーを読み上げる。呼ばれたらその者は一歩前へ』と言っただけ」

「志願による」という特攻隊員選抜の建前は、既に形骸化していた。ただ、粕井さんは中練特攻には疑問もあった。「250キロ爆弾を積むと、スロットル全開にしても、速度は出ず、身動きも効かない。実際やるとなると厳しいなと思っていた」

上官とは、「訓練で隊員の技量を少しでも上げ、なるべくいい飛行機をもらえるようにしよう」と話し合ったというが、沖縄戦に至る戦いで第一線機を大量に喪失した軍に、もはやそれは望むべくもなかった。

終戦5日前の45年8月10日朝、索敵中の偵察機から「敵艦隊が日向灘沖約１００マイルに接近中」との一報が第一国分基地に入った。「攻撃3時間待機」の命令が出て、九三式中練12機が準備され、爆弾が装着された。出撃する隊員を指名する搭乗割には、筆頭に粕井さんの名前が書かれていた。

偵察機からの続報はなかなか入ってこないが、「30分待機」となり、「いよいよ、これはしまいだな」と覚悟を固めた。だが、唐突に攻撃は中止された。

中止理由は、昼過ぎから怪しくなってきた天候にあった。「練度の低い連中が飛んで行くには厳しいと司令部が判断したのでしょう。天候など、ちょっとした巡り合わせで生死が分かれる。当時はそんなものでした」。粕井さんはしみじみと語った。

4・軍歴

入隊も終戦も鹿児島

北原博通さん

野中一夫さん

「予科練に入ったのも、練習機に乗ったのも、そして特攻待機をしたのも、すべて鹿児島県の航空基地。私の軍歴は、鹿児島と切り離せない」

そう語るのは、元海軍二等飛行兵曹の北原博通さん（88）＝福岡県太宰府市。北原さんは1945（昭和20）年7月中旬から約1カ月間、現在の鹿児島空港付近にあった第二国分海軍航空基地に駐留した九三式中間練習機（九三式中練）「赤とんぼ」の神風特別攻撃隊「光部隊」の一員だった。

福岡県直方市出身の北原さんは43年10月、甲種予科練（甲飛）13期生を志願し、鹿児島海軍航空隊（鹿児島市）に入隊。44年7月、同期生約250人とともに練習航空隊の出水海軍航空隊（出水市）に移り、九三中練の練習機課程に入った。

沖縄戦を前にした45年3月、攻撃機「銀河」などの実用機の進出が始まったことを受け、出水海軍航空隊は出水基地から韓国・全羅南道の光州海軍航空基地に移り、光州海軍航空隊となった。

さらに、同年5月、教官と甲飛13期生で構成する特攻隊が編成された。

光州での訓練は「編隊を組んでの夜間飛行に主眼が置かれた」と北原さん。脚が遅い中練で日中の特攻は難しい。南九州の海岸に上陸してくる米軍の舟艇などに夜間、3機編隊で突っ込むことになっていた。

九三式中間練習機に搭載する250キロ爆弾と光部隊員。左端が北原博通さん（北原さん提供）

光部隊が九州への再進出を命じられたのは、45年7月。36機ずつの4大隊が第二国分、大村(長崎)、諫早(同)の3基地に分散して配置された。

北原さんの同期生で、現在、伊佐市に住む野中一夫さん(88)は、諫早基地に配置されたが、「基地は長崎でも、特攻で突っ込む場所は、吹上浜と定められていた」と証言する。

第1大隊36機の一員として第二国分基地に進出した北原さんは、連日の激しい空襲を避け、飛行機を基地から20キロ以上運んでいたことが忘れられない。「翼を外した中練を尾部を先にして、ひたすら人力で押していく。きつい作業だった」

そして迎えた8月15日の終戦。北原さんが基地司令から敗戦を伝えられたのは翌16日の朝だった。衝撃の大きさのためか、北原さんは、基地を去るまでの記憶があいまいだが、基地司令が問いかけた場面だけははっきりと覚えている。

「ドイツは第1次大戦に敗れて5年後、再び列国を相手に戦火をまじえるまでの強国になった。もし、大日本帝国が、この戦で不運とならば、諸官らは再起の気力ありや。ある者は手を挙げてくれ」。手を挙げた北原さんらに対し、司令は「ありがとう」と礼を述べて、立ち去った。

5・悔し涙

「早まるな」諭した上官

大谷　光弘さん

1945(昭和20)年8月13日の夕方、海軍二等飛行兵曹の大谷光弘さん(87)＝広島県尾道市＝は、1週間前に宮崎・富高海軍航空基地から進出してきた串良海軍航空基地の待機所にいた。

突然、壁に取り付けられた赤いランプが点灯し、ブザーが鳴った。特攻出撃を促す警報だ。

急いで自分用の九三式中間練習機「赤とんぼ」を隠した掩体壕《えんたいごう》へと駆けていった。250キロ爆弾を装着し、出撃準備を整えた中練は、夕闇の中、エンジンの排気管から青と赤の排気炎を激しく噴き出し、鬼が牙をむいているように見えた。

編隊を組む4機で、滑走路まで出たが、離陸許可がなかなか下りない。そのうち、出撃中止の指示が出た。「どうして、出撃を止めるんだ」。悔しくて涙が流れた。

大谷さんは43年10月、甲種飛行予科練習生(予科練)13期生として鹿児島海軍航空隊に入

岩国海軍航空隊で編成された「月雷特別攻撃隊菊花隊」の隊員たち。
前列右から２人目が大谷光弘さん（大谷さん提供）

隊。富高、岩国(山口県)の両海軍航空隊で中練の操縦を学び、そのまま45年2月、岩国海軍航空隊で編成された「月雷特別攻撃隊菊花隊」の一員になった。

最年少の16歳。「練習生のほぼ全員が特攻を志願した中、実際に飛行機をもらえたのは一部だけ。誇らしかった」。複葉、羽布張りの九三中練は、本来、特攻には不向きな機体だが、「この機体しか知らないから何の不満もなかった」。

「選ばれし者」として「家族や古里のために自分が死ななければ」と、強く思い込んでいた。それが悔し涙に表れた。

泣く大谷さんらに、「早まっちゃいかんぞ」と諭したのが、飛行長の江島友一大尉だった。江島大尉は１９２１(大正10)年の志願。20年以上の飛行歴を誇るベテラン搭乗員だった。

「猪突《ちょとつ》猛進の自分たちと違い、江島さんには冷静に戦況が見えていた。だから暗に『命を粗末にするな』と言ってくれたのだろう」。今、大谷さんはそう思う。

もう一つ忘れられない光景がある。バッターと呼ばれる棒で尻を殴る罰直が一般的だった軍生活で、練習生への罰直の強化を他の下士官教員から求められた先任教員が夜、衣服を入れる袋を棒でたたいていた。罰直をしたように見せかけ、かばってくれていたのだ。

戦後、教職の道に進んだ大谷さん。「『だれがどう思おうが、自分はこう思う』と、いかなる状況でも、自分なりの筋を通せる人間が大切だ」。特攻経験の中から得た教訓を糧に、子どもと世の中に向き合ってきたつもりだ。

6・赤とんぼ〝供給地〟鹿屋
女生徒ら組み立て担う

丸目春三さん

小浜光二さん

1945(昭和20)年8月、西志布志村(現志布志市)野神出身の海軍一等飛行兵曹、丸目春三さん(89)＝大阪府豊中市＝は、戦闘機を空輸する第一〇八一航空隊に所属していた。42年5月入隊の乙種飛行予科練習生(予科練)18期生。45年1月に大村海軍航空隊(長崎)で戦闘機搭乗員の訓練を終え、富高海軍航空隊(宮崎)教員を経て、同年3月、一〇八一空に移った。九三式中間練習機「赤とんぼ」を、鹿屋海軍航空基地から博多海軍航空基地(福岡)に運ぶよう命じられたのは、8月に入るか入らない頃だった。5、6回は運んだ。

8月13、14日ごろ、鹿屋をたってすぐ、品質の悪い燃料のせいか、エンジンが停止。垂水市新城の水田に不時着、転覆した。丸目さんは前歯数本を折るけがを負った。

鹿屋の航空廠で九三式中間練習機の組み立て作業に当たった県立第一高等女学校生（同校同窓会提供）

「鹿屋に戻ったら、『まだ中練はある。持ってけ』といわれた」と、丸目さん。16日、中練を届けた博多で正式に終戦を知った。「中練が特攻用ということはうすうす理解していた」という。

鹿屋海軍航空基地に付設されていた第二二海軍航空廠《しょう》の工員、小浜光二さん（88）＝鹿屋市永小原町＝は、44年ごろ、航空廠で九三中練の組み立てを担当した。

中練は分解され、木箱に詰められて鉄道で送られてきた。44年2月ごろ、動員されていた鹿児島県立第一高等女学校の生徒も組み立てに加わっていたという。「試験運転で機体が浮き上がらないよう、女生徒2人に、重しがわりに水平尾翼に乗ってもらったら、総務課の士官から『女を飛行機に乗せ

ると は何事か』と、こっぴどく怒られた」。

航空廠で中練の組み立てが、いつまで続けられたかは分からない。だが、丸目さんらの証言は、鹿屋が重要な中練の〝供給地〟であったことをうかがわせる。

太平洋戦争中に、九三中練の特攻隊が実際に突入した記録は1件だけ残る。45年7月29日深夜から30日未明にかけ、沖縄・宮古島を7機で出撃し、沖縄本島・嘉手納沖で駆逐艦1隻を沈めるなどの戦果を挙げた第三龍虎隊がそれだ。

終戦間際、鹿児島の各航空基地には秘密裏に数多くの中練特攻隊が進出していた。しかも、その一部は出撃寸前だった。

だが、出撃に至らなかったことと、終戦時、軍が証拠となる関係書類を焼却処分したことで、戦友会など当事者だけが知る事実も少なくない。

7・代替兵器

大空飛ぶ夢諦めて志願

「これで敵艦に突っ込むのか」。1945(昭和20)年1月末、長崎・大村湾内にある海軍川棚魚雷艇訓練所で、二等兵曹の末広定夫さん(88)＝志布志市有明町蓬原＝は、飛行機代わりに自分に与えられる特攻兵器を初めて目の当たりにし、思わず息をのんだ。

末広定夫さん

小型船型特攻艇「震洋《しんよう》」。へさきの部分に積む爆弾こそ飛行機と同等の250キロ爆弾だが、船体はベニヤ板、動力はトラック車両の出来合いのエンジンを流用する「安普請ぶり」が目立った。

末広さんは、西志布志青年学校を経て43年10月、特乙種飛行予科練習生(予科練)5期生を志願、三重海軍航空隊に入隊した。西志布志青年学校は、全国の青年学校で唯一、志布志湾の押切海岸にグライダーの訓練施設を持ち、末広さんも、訓練を通じ大空を飛ぶ憧れを育んだ。

末広定夫さんが乗り組むことになった震洋五型の実物大模型（知覧特攻平和会館提供）

予科練のグライダー訓練でも、「飛行経験が多いことから、同期の中でも花形だった」という末広さん。「当然、一線機に乗れるものと思っていた」

ところが、予科練教程が終わった後も、九三式中間練習機を使った飛行術訓練（飛練）が始まらない。三重から和歌山・高野山派遣隊に移っていた44年12月13日、特乙5・6期生に「駆け足で講堂に整列」と招集が掛かった。

司令は「飛行機乗り志願者の訓練環境は大変厳しい」と前置きした上で、「飛行機乗り以外の特攻隊員を募っている。あらためて諸君が、緊迫した戦局に即応する気概を持つことを希望する」と述べ、飛行機以外の特攻隊員を「熱望する」者は二重丸、「要請されれば志願する」は丸、「あくまで飛行機希望」はバツ印を書いて提出するよう求めた。

「飛行機に乗りたかったが、戦局に即応せよ、といわれれば、二重丸を付けるのは当然だった」と末広さん。代替兵器がベニヤ製だとは思ってもみなかった。

太平洋戦争が航空戦主体となったため、海軍は、搭乗員の主力を占める予科練入隊者の募集を強化。その結果、44年の予科練入隊者数は甲・乙・特乙合わせ11万7千人に達した。開戦前の総入隊者数1万1千人の10倍以上に当たる。

だが同年3月時点で、海軍が所有していた練習機は約1600機に過ぎなかった。資源輸送の停滞に伴う燃料不足も相まって、練習生に十分な練習時間を与えられず、航空機搭乗員養成計画は破綻していた。

にもかかわらず、なぜ、軍が大量採用に踏み切ったのか、その理由をうかがわせる資料は残っていない。

それでも当時の予科練生たちはけなげだった。「与えられた兵器で、役割を果たすしかない。その思いだけで訓練に励んだ」。末広さんは言い切る。

8・事故多発

簡易構造、大きな欠陥に

有田牧夫さん

1945(昭和20)年1月末、小型船舶特攻艇「震洋《しんよう》」の搭乗員になるために、長崎・川棚魚雷艇訓練所に来た海軍二等兵曹、末広定夫さん(88)=志布志市有明町蓬原。佐世保港の味方艦船を標的に見立てた襲撃など、約2カ月間の習熟訓練を経て、3月24日、第一二四震洋隊「有田部隊」に配属された。

しかし、配備先がなかなか決まらない。部隊長だった有田牧夫さん(92)=群馬県高崎市=は、「沖縄・石垣島に進出予定だったが、3月末に沖縄戦が始まり、難しくなった」と明かす。有田さんは中尉ながら、基地設備を維持する施設隊も含め200人を超える部下を指揮することになっていた。

有田部隊の配備先が、第五特攻戦隊第三二突撃隊傘下の笠沙町(現南さつま市)片浦と決まったのは、45年5月上旬。沖縄戦の敗勢が明らかになり、海軍は次の米軍侵攻地を南九州と予測。鹿児島県本土の防衛を担当する第三二突撃隊の震洋隊を、当初計画の2隊から

13隊に拡充し、薩摩半島南部を中心に500艇を張り付けることにした。有田部隊もその一つで、「吹上浜に来る米艦隊襲撃が役割だった」と有田さんは話す。

6月3日、有田部隊の震洋五型25艇は、佐世保港から自力航行で、片浦を目指した。日中、敵戦闘機に襲われれば、ベニヤ板製の船体はひとたまりもないため、夜間に島伝いに南下する。海がしけると移動できず、片浦まで10日間もかかった。

「艇が小さく、うねりがあると、集団行動が難しい。波をかぶるとすぐエンジン故障。攻撃成功は、天候次第だと思った」と有田さん。

第一二四震洋隊が駐留した片浦基地跡。震洋艇を海に下ろすコンクリート製斜路の跡がわずかに残る＝2015年9月、南さつま市笠沙町片浦

結局、第三二突撃隊傘下の13隊は、出撃することはなかったが、終戦4日後の8月19日、有田部隊は、震洋の爆薬の信管を取り外す作業中に起きた誘爆事故により、隊員8人が亡くなる悲劇に見

舞われた。有田さんにとって、「70年たった今も忘れられない痛恨事」だ。

震洋の誘爆事故は、フィリピンや高知でも起き、多くの隊員の命を奪った。大量の炸薬《さくやく》、エンジン、燃料を全長5メートル程度の簡素な船体に無理やり詰め込んだ弊害だった。

航空機に比べ、構造を簡素化することで、短期間で大量生産可能な「決戦兵器」として期待された震洋だったが、その簡素さ自体が、重大な欠陥だった。

九州の震洋隊を長年調べている稲田正弘さん(71)＝京都府精華町＝は、「震洋の運用は、基地の設置場所一つとっても現場任せで、明確な戦略が感じられない」と話す。「一方、米軍はフィリピンや沖縄で震洋の攻撃を経験し、艦船の周囲に丸太やロープを流すなど、震洋を接近させない対策を十分に練っていた。鹿児島で出撃があったなら、悲惨な結果を招いたはずだ」

9・総武装用兵器
槍や弓で米軍に対抗

林春義さん

延時力蔵さん

1945(昭和20)年5月、旧制志布志中学校2年の林春義さん(83)＝志布志市志布志町志布志＝は、志布志湾に浮かぶ枇榔《びろう》島を〝要塞《ようさい》化〟する工事に従事していた。

林さんが事実を知ったのは戦後のことだが、その時点で既に、陸海軍は沖縄戦後に米軍が上陸してくる場所として、志布志湾を想定していた。

中学生たちに与えられたのは、島のあちこちに設けられた砲台の間を兵士が弾を避けて移動する「交通壕《ごう》」と呼ばれた塹壕《ざんごう》を造る作業だった。

島の硬い土を深さ3メートルほど掘るのに手を焼いた。軍支給のつるはしが、「がんたれ(粗悪品)」で、すぐ折れてしまったからだ。「原材料の質が非常に悪い。武器もこうなら、敵とはとても戦えないと、子ども心に思った」と林さんは振り返る。

延時力蔵さんが戦時中の記憶をもとにつくった槍の穂先
＝2015年10月、鹿屋市高須町

林さんの懸念は的を射ていた。本土決戦に向け、軍は新規に兵士200万人の動員が必要と見込み、いわゆる「根こそぎ動員」を始めていた。だが、資源輸送ルート断絶による原材料の枯渇と、空襲による生産能力減に伴い、武器の質低下と供給不足が進み、十分な武器を持たない兵士が数多く生まれていた。

海軍上等兵の延時《のぶとき》力蔵さん（88）＝霧島市溝辺町竹子＝は、45年4月上旬に赴任した鹿屋で、特殊な任務に就いた。

延時さんは佐世保海軍工廠《こうしょう》の工員から「海軍工作科予備補習生」として44年12月に入隊。その技術を見込まれて命じられたのは、鉄の棒を加工し、槍《やり》の穂先をつくることだった。

広い横穴壕に設けられた〝作業場〟には、万力がずらっと並んでいた。１００人ほどの兵士が働いていたと記憶している。

「長さ20センチほどの三角柱の形をした鉄棒を万力に挟み、一方だけをやすりで削って、鋭くとがらせていく。加工し終わった穂先は、別の場所で、焼き入れをしていた」

作業開始後間もなく、武器として有効か、試すことに。「烹炊《ほうすい》所で飼っていた黒豚２匹を突き殺し、『使える』となった」

延時さんは、１カ月ほどで、特攻機の整備に移ったため、その後、どれくらいの穂先がつくられたのかは知らないという。

同じ鹿屋にあった第二二海軍航空廠で部品の発注業務を担当していた浅井キリさん(89)＝鹿屋市上野町＝はこのころ見た書類に「㋞兵器」(マルソ兵器)という隠語が多くあったことを記憶している。「本工部がつくっている、などと話は聞いていたが、実物は見たことがなかった」

㋞兵器は正式には「総武装用兵器」といった。名称こそ立派だが、何のことはない。延時さんが関わった槍、そして弓などの前近代的な武器がその正体だった。そんな武器しか持たない兵士が求められたのは、つまるところ自らの肉体もろとも敵に突っ込む〝特攻〟だった。

10・海上特別斬込隊
竹筒に武器収め、海中で敵待つ

貫見進一郎さん

銃剣に手りゅう弾3個、黄色火薬2キロ。それが、薩摩半島の守備を担当する陸軍第一四六師団(護南兵団)で1945(昭和20)年7月上旬から約1カ月間、特殊部隊の「海上特別斬込隊」に所属した二等兵、貫見《ぬくみ》進一郎さん(89)＝鹿児島市鴨池新町＝に与えられた武器の全てだった。

夜7時ごろ、武器に加え、非常食、三角包帯などを詰め込んだ長さ1メートル超の孟宗竹の竹筒を引っ張って頴娃村御領(現南九州市頴娃町)の馬渡川河口を泳ぎ出す。沖合2キロで最低2時間、敵の上陸用舟艇や潜水艦などを待ち伏せた。海上では手りゅう弾、敵上陸後は、銃剣と黄色火薬で—。武器の少なさを自らの肉体で補う「特攻」だった。

「陸軍一八部隊に出頭せよ」。45年5月、鹿児島師範学校本科2年の貫見さんは学徒動員先の長崎・佐世保海軍工廠《こうしょう》で陸軍の召集を受けた。

工廠長は貫見さんらに、「サイパンも硫黄島も玉砕した。君たちも必ず死ぬ。だから入営まで、人生20年分の親孝行を尽くせ」と、はなむけの言葉を贈った。急ぎ鹿児島に戻った。思いを寄せていた女性工員は、折あしく長崎県内の実家に休暇で戻っていた。貫見さんは「敵陣必死。斬り込む時もそなたの姿、胸に抱きて」とハンカチに書き、知人に託した。上司や貫見さんの言葉にみられるように、「玉砕」や「必死」はこの頃、抵抗なく受け止められていた。

6月末、合流した護南兵団は武器に事欠いていた。「火薬を抱えて戦車の下に飛び込む。そんな訓練に明け暮れた」と貫見さん。だから、「馬渡川河口に行け」と指示された時、「同じような任務だな」とピンときた。

貫見進一郎さんが米軍待ち伏せのため泳ぎだした馬渡川河口＝南九州市頴娃町御領

各隊から選抜された斬込隊員7人と顔合わせ後、部隊長が「フィリピンや硫黄島、沖縄で実績がある海上特別斬込隊を編成する。わが部隊の水泳上手に頑張ってもらう」と訓示した。

だが、「実績がある」にしては、行き当たりばったりの面が多い特攻隊だった。

装備を入れる容器は当初、木だるを予定していたが、水漏れがひどく、竹筒に代えた。ふたの隙間には、漏水防止の松やにを塗ったが、ふたは開けにくくなった。沖は潮流が速すぎて、流され、息の合った作戦行動は難しかった。浮き輪を付けた重い竹筒も、その状況に拍車をかけ、泳ぎ達者といえども、2時間泳げば、へとへとになった。

結局、終戦まで10回程度、沖に出た。8月10日には、潜水艦発見に伴う出撃命令、「甲戦配備」が実際に出て、海中で4時間待機したが、監視所の誤認だった。「冷静に見れば、竹筒から武器をぬらさずに取り出すことさえ難しく、実現性に乏しい。でも当時は精神力で何とかなる、と思っていた」。貫見さんは苦笑した。

11・義勇戦闘隊
法律定め民間人も投入

前橋竹之さん

沖縄戦における日本軍の組織的戦闘が終わる前日の1945(昭和20)年6月22日、旧制川辺中学校で「学徒義勇戦闘隊」の編成式が行われた。

校庭に整列した1～3年生約600人を前に、新任の配属将校、長峯康久大佐が「本土防衛のために、この薩摩半島は重要な地域となった。よって、ただ今より諸君は県立川辺中学校学徒義勇戦闘隊員として、護南兵団(陸軍第一四六師団)の配下に置かれる。今後、一身を挺《てい》して国家に忠節を尽くしてほしい」と訓示。生徒たちはその後、2キロ離れた飯倉神社まで歩き、神前に武運を祈願した。

2年生だった前橋竹之さん(84)＝神奈川県葉山町＝は13歳。従来、少尉や中尉が務めていた配属将校が、格上の大佐に代わったことに、「本土決戦が迫ってきた、と自覚せざるをえなかった」。

1945年6月22日に義勇戦闘隊の編成が行われた旧制川辺中学校（前橋竹之さん提供）

義勇戦闘隊の編成直後、川辺中では4月以降、中断していた軍事教練が復活した。前橋さんは「『破甲爆雷』と呼ばれた黄色火薬の塊を背負い、敵戦車に突っ込む訓練だった」と振り返る。

同じころ、鹿屋市の旧制鹿屋中学校でも学徒義勇戦闘隊が編成された。鹿屋航空廠《しょう》に動員中だった4年生の立元良三さん（86）＝鹿屋市高須町＝は、「詳しい日時は覚えていないが、学校から1キロ離れた田崎神社が会場だった」と語る。

終了後、三八式小銃を担いで、空襲警戒で人けのない市街地を行進した。銃を学校の銃器庫に返す時、「次渡すときは、実弾も渡すぞ」と言われ、「はっとした」という。

義勇戦闘隊は、米軍の本土侵攻に対処するため、政府が6月22日に制定し、翌23日公布した「義勇兵役法」に基づく。国民のうち、15歳から60歳までの男子、17歳から40歳までの女子を必要に応じて義勇戦闘隊に編入し、軍指揮下で戦闘に投入することを認めた。

全国的に実際に編成された例は少ないが、鹿児島では、法律公布前に前倒しで編成され、年齢制限を下回った場合も、意思確認もなく隊員にされていたことが、前橋さんの証言からうかがえる。

45年当時に鹿屋警察署長を務めていた福元祐吉さん＝故人＝は、自叙伝の中で、45年5月ごろ、志布志湾に上陸してくる米軍に対する防衛作戦計画について、鹿屋憲兵隊が説明した内容を紹介している。

防衛作戦計画は、東串良・柏原海岸、串良・大塚山、鹿屋・高隈山の順に三つの防御線を設け、第1線を義勇戦闘隊、第2線を義勇戦闘隊と軍の一部、第3線を軍主力が担当する、となっていた。福元さんは、主要武器が竹やり、手りゅう弾しかない一般市民の義勇戦闘隊を第1線に押し出して戦わせようとする軍にあきれ、反発したと書き残している。

「一億総特攻」は単なるスローガンではなかった。

12・空襲の理由
上陸作戦〝幻〟にあらず

今吉孝夫さん

1945年(昭和20)年8月11日。その日、中間試験を予定していた加治木町(現始良市)の旧制加治木中学校は閑散としていた。空襲警報が出て鉄道が動かず、多くの生徒が登校できなかったからだ。自転車で登校した1年生の今吉孝夫さん(83)=さいたま市浦和区=はやむなく、正門付近の清掃をしていた。

午前10時半ごろ、米軍のロッキードP38戦闘機2機が、高速で上空を飛び過ぎた。間を置かず「ドドドー」という機銃掃射のごう音とともに、正門横の神社の杉の幹に青、赤、白のえい光弾が「ビシ、ビシーッ」と音を立てて突き刺さった。

思わぬ急襲に、今吉さんは校庭に掘られた簡易防空壕《ごう》に逃げ込んだ。P38よりも大型の双発爆撃機が低空を舞い、講堂が燃え落ちるのを見た。数次にわたった攻撃は30分ほどだったろうか、「直撃でいつ吹っ飛ぶか、生きた心地もしなかった」

爆撃や機銃掃射がやんだ隙に、壕を飛び出し、校外に逃れた。学校が焼き尽くされ、学友15人が犠牲になったのを知ったのは、戦後のことだ。

なぜ終戦４日前に加治木は米軍に狙われたのだろう？　それが、子ども心に今吉さんが抱いた疑問だった。

当時、今吉さんは海軍第一国分基地と、第二国分基地の中間にある日当山村(現霧島市)に住んでいた。そこからは45年３月以降、特攻基地でもあった両基地が、米軍の執ようなまでの空襲に遭うのが眺められた。一方で加治木市街地は８月11日まで、別天地のように平穏だったからだ。

1945年８月11日、米軍機が撮影した空襲下の加治木市街地（今吉孝夫さん提供）

今吉さんは66年に機械メーカーの米国駐在員になったのを機に、加治木空襲に関する情報収集を始めた。85年、アラバマ州の空軍施設で、加治木空襲の作戦報告書にたどり着く。目撃した大型機は、沖縄から出撃した第五航空軍のダグラスＡ20爆撃機35機だった。爆弾が炸裂《さくれつ》する加治木の空撮写真を手にした時は、足が震えた。

調査を続ける中で、米軍の南九州上陸作戦「オリンピック作戦」の存在を知る。作戦は45年11月に吹上浜、志布志湾、宮崎南部海岸の3カ所から兵士約30万人を上陸させ、関東進攻に必要な鹿児島、宮崎の航空基地と補給拠点の鹿児島湾を確保するのが目的だった。

同作戦は8月9日に発動され、同日以降、加治木のほかに、串木野や阿久根なども大規模空襲を受けていた。今吉さんは「一連の空襲は、オリンピック作戦の地ならしと考えると合点がいく」と語る。

今吉さんは収集した資料を、国立国会図書館や鹿児島県立図書館に寄贈してきた。そこには「本土決戦は『幻』ではなく、現実に始まっていた」ことを「今からでもきちんと検証してほしい」との願いがある。「事実を明らかにしなければ、あの日亡くなった学友は浮かばれない」

第6部「本土決戦への道」余話

神風特攻後続隊として秘匿基地に勤務

安藤ふじ子さん（87）横須賀市
豊平ヨシエさん（87）霧島市

太平洋戦争末期、防御力の弱い赤とんぼ特攻機を、敵の空襲から守るため、薩摩藩由来の軍馬放牧地を活用して海軍が設置した秘匿《ひとく》基地「牧ノ原海軍航空基地」。弾薬庫など最低限の設備だけしかない同基地には、女性ながら血判を押して「特攻」を誓った人たちもいた。

「神風特攻後続隊員」。それが、ともに17歳だった安藤（旧姓・伊達）ふじ子さん（87）＝神奈川県横須賀市＝と豊平（旧姓・広瀬）ヨシエさん（87）＝霧島市福山町福山＝の肩書だった。

1945（昭和20）年5月、2人は福山町（現霧島市）兵事係の女性職員から「軍の任務を手伝ってほしい」と、後続隊への〝入隊〟を要請された。

2人は福山尋常高等小学校バレーボール部で5、6年生時に、2年連続で県優勝に輝いたチームメートだった。安藤さんは鹿児島市の鹿児島実践高等女学校に進学したが、44年夏に結核を患って自宅療養に入り、回復したばかりだった。豊平さんは、地元の青年学校を卒業して、家事手伝いをしていた。

「町のたっての指名。断るわけにはいかない」。軍国少女は、小刀で小指を切り、志願書に血判を押した。豊平さんによると、入隊を要請された町内の17～20歳の女性7人のうち、5人が応じたという。

後続隊とはどんな組織だったのか？　資料が残されていないため、実態はよく分からない。安藤さんが持つ、45年5月24日付の入隊許可証と、設立趣意書、訓示には、「われらは一億体当たりのさきがけとして、（中略）第一線陸海神風特攻隊に無限に後続せんとす」「本土戦場にならば、率先軍に協力して体当たり奮戦せん」などと、「特攻精神」を称揚する表現があふれる。

ただ、男女・年齢問わず入隊希望者を募っていることや、「軍に入隊までは、それぞれの地域職域において特攻生産に率先奮闘し、皇国民の範たるべし」とあることから、民間団体だったことがうかがえる。

民間団体の隊員をなぜ役場職員が仲介し、特攻基地に動員されることになったのか、事情は分からないが、安藤さんは「国

豊平ヨシエさん

安藤ふじ子さん

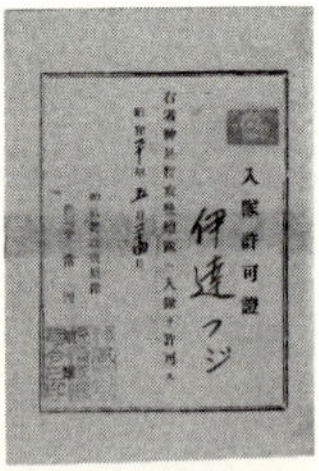
入隊許可證

伊達フジ

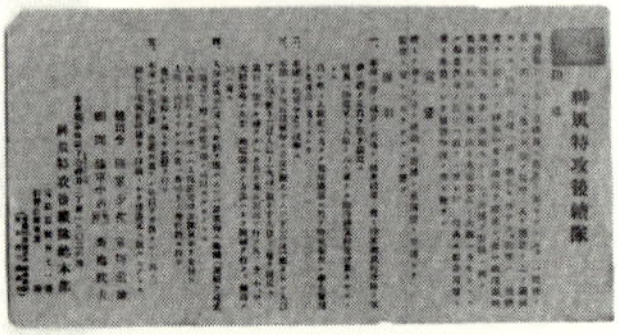
神風特攻後續隊

安藤ふじ子さんが保管している神風特攻後続隊の入隊許可証（上）と設立趣旨書

1945年当時の安藤ふじ子さん（写真左）と豊平ヨシエさん（同右）

の仕事と信じ、当然、特攻で死ぬことも覚悟していた」と言う。

5月下旬に始まった牧ノ原基地の勤務。女性職員が前日の夕方、隊員の自宅を訪れ、直接、任務を伝えた。兵士らへのお茶くみなどささいなものだったが、豊平さんは「基地で見聞したことは、親にも決して話さなかったし、親も決して聞こうとしなかった」と振り返る。

2人が牧ノ原が特攻基地だということを自覚したのは7月25日。連載第1回で紹介した、愛知・岡崎海軍航空基地から飛来した特攻隊員、安藤久治さん(89)に会ってからだ。初めて見た特攻隊員だった。

豊平さんは、林に隠された「赤とんぼ」を見せてもらった時のことをよく覚えている。「『これに私たちも乗っていくんですね』と尋ねたら、『いいや、自分らだけ』と言われ、少し拍子抜けした」

2人は8月15日も片道1時間の山道を基地に〝出勤〟し、特攻隊員らとともに玉音放送を聞いた。「『すぐ戻れ』と言われ、家に帰ってから敗戦の悔しさに大泣きした」と安藤ふじ子さん。

牧ノ原基地での出会いがきっかけでふじ子さんは47年、久治さんと結婚。戦争のない時代を70年近くともに過ごしてきた。

「当時を思い返すと、死を賛美する風潮に安易に乗っていた。おんぼろ練習機であろうと、女子どもであろうと、容赦なく動員されていくのが戦争の恐ろしさ。怖い時代が二度と来ないことを祈っている」

懊悩抑え〝不可能〟実現

戦果挙げた第三龍虎隊知る庭月野英樹さん（89）宮崎市

太平洋戦争末期、実用機の不足から、「赤とんぼ」の愛称で親しまれた低速、羽布張りの

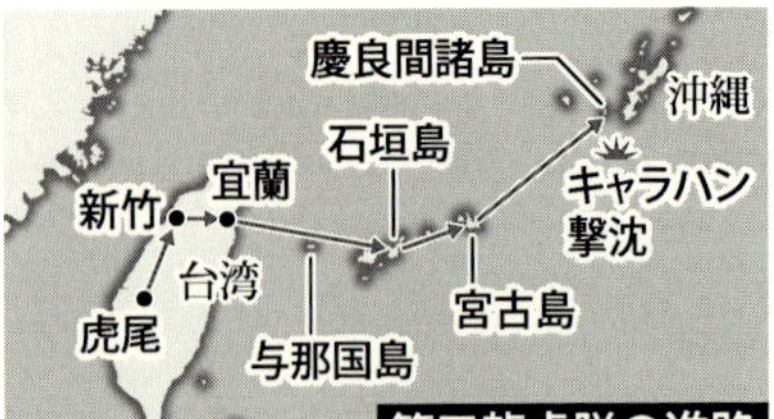

第三龍虎隊の進路

複葉機「九三式中間練習機」(九三中練)の特攻投入を決めた日本海軍。鹿児島県内の各基地に進出した「赤とんぼ特攻機」は、米軍の南九州上陸前に終戦を迎えたことで出撃することはなかったが、実際に米艦船に突入し、戦果を挙げた赤とんぼ隊が存在する。台湾の虎尾海軍航空基地で編成された「神風特別攻撃隊第三龍虎隊」だ。

1945(昭和20)年7月28日深夜、沖縄・宮古島の海軍航空基地を、250キロ爆弾を積んだ7機の九三中練が出撃。月明の下、沖縄本島沖合に展開する米艦隊攻撃へと向かった。隊長は20歳の三村弘上等飛行兵曹、残る6人は18歳前後の一等飛行兵曹。その一人は鹿児島出身の庵民男・一飛曹だった。

これら特攻機は、29日未明、沖縄・慶良間諸島沖でレーダー哨戒に当たっていた米駆逐艦「キャラハン」を沈め、乗組員47人を戦死させたほか、別の駆逐艦、輸送船にも損傷を与えた。

45年4月1日、米軍の沖縄本島上陸と同時に沖縄海域に配備されたキャラハンは、その日の哨戒任務を終えれば、米本土に戻る予定だった。不運なキャラハンは結果的に大戦中、日本軍特攻機に沈められた最後の米艦船となった。

第三龍虎隊はその名が示すように、「３番目」に編成された龍虎隊だ。勝目村（現南九州市）出身で、龍虎隊に所属していた庭月野英樹さん（89）＝宮崎市＝は、「第一、第二龍虎隊は45年５月下旬と６月上旬、台湾から沖縄に向かったが、天候不良で与那国島などに不時着し、不首尾に終わった」と話す。

庭月野さんは、第三龍虎隊の三村隊長とは、民間パイロット養成所出身の第14期海軍飛行科予備練習生（予備練習生）の同期生で、第九五一海軍航空隊（沖縄海軍航空隊）石垣島派遣隊でも同僚だった。

２人はともに約１年間、南西諸島海域の潜水艦攻撃や船団護衛に従事。石垣島派遣隊は45年３月末、米軍空襲で飛行機を失ったため、同隊の航空隊員６人とともに、５月中旬、虎尾基地へ移り、龍虎隊員を命じられた。

「自分たちが赴任する前に編成された１次、２次の隊員は、南西諸島を飛んだ

第三龍虎隊の三村弘隊長の日記のコピーを持つ庭月野英樹さん＝2015年11月、宮崎市希望ケ丘１丁目

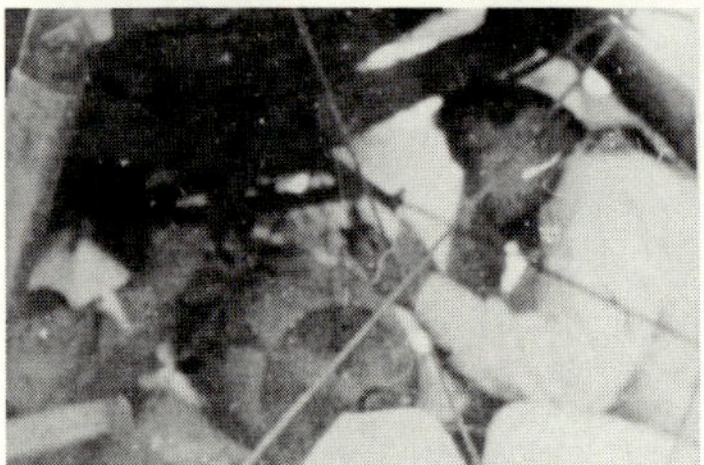

第三龍虎隊の隊員たち。前列左から庵民男・一飛曹、三村弘・上飛曹、川平誠・一飛曹。後列左から佐原正二郎・一飛曹、松田昇三・一飛曹長。１人置いて、近藤清忠・一飛曹、原優・一飛曹（庭月野英樹さん提供）
【同下】九三式中間練習機（右）と同機に爆弾を取り付ける整備員（左）（ともに斎藤久夫さん提供）

経験がなかった。次は、〝土地勘〟のある自分たちが行くことになるものと、覚悟を決めていた」と庭月野さん。

一方で「重い250キロ爆弾を抱いた九三中練を本当に、沖縄まで飛ばせるものか、疑問はあった」と吐露する。

だが、2人の道は分かれた。庭月野さんは6月下旬、千葉・木更津基地の第七二三航空隊に異動を命じられ、同航空隊で編成された高速偵察機「彩雲」の特攻隊の一員となった。庭月野さんは、移動途中の福岡で、三村さんから託された両親あての遺書を投函《とうかん》している。

庭月野さんは、8月15日に出撃予定だったが、終戦で生き延びた。台湾に残った同期生の特攻死を知ったのは戦後のことだ。

第三龍虎隊の戦果を伝える連合艦隊告示には「昭和20年7月29日及び30日に分れ沖縄本島嘉手納沖の敵艦船に体当たり攻撃を敢行す」(原文のまま)とある。

この突入日のズレは何を意味するのか。庭月野さんは、「第三龍虎隊はもともと8機編成だったが、幾度かの宮古島基地への引き返しを経て、大破した1機を除く7機が突入した」と明かす。

庭月野さんが調べた内訳はこうだ。28日夜、8機で宮古島基地を離陸した際、1機が尾輪を折り、「飛び立てなかった。飛び立った7機もエンジン不調ですぐ同基地に戻ってきた。

同日中に7機は再出撃したが、2機はまたエンジン不調で引き返し、うち1機は着陸に失敗して大破した。1日置いた30日深夜、大破機から取り外した尾輪を装着した機を含む2機が出撃し、米駆逐艦「キャッシン・ヤング」、輸送駆逐艦「ホーレス・A・バス」を損傷させた。

この中で2度引き返したのは三村隊長という。臆したともとられかねない行動だが、庭月野さんは「実物の爆弾を抱いての初の飛行で、エンジンの負荷は計り知れない。また飛行機には個体差があり、三村君の機は調子が悪かったのだろう」と同情する。

庭月野さんは、戦後、台湾から戦友が持ち帰った三村隊長の日記のコピーを持っている。

「九三中練とは一寸《ちょっと》情けないが、我慢して頑張ろう。死に場所」(45年5月14日)

「年二十一ともなれば愛もあり恋もある。然《しか》しそれらはすべて浮世の夢なのだ。私にとっては夢としなければならない」(同6月5日)

45年6月9日を最後に記述がない日記の文面からは、若者の懊悩《おうのう》が伝わる。

「これらの悩みを乗り越え、死力を尽くして、不可能に見えた九三中練の特攻を成功させた。ものすごい精神力だと思う」と庭月野さん。戦後70年の今も、宮古島に出向き、7人の霊前に手を合わせ続ける。

窮余の策、内心「あかん」

龍虎隊教員務めた原田文了さん（95）徳島県吉野川市

原田文了さん

「ああ、三村だ。懐かしいね」

神風特別攻撃隊第三龍虎隊の写真を一目見てすぐ、隊長の三村弘さんを指さしたのは、原田文了《ふみのり》さん（95）＝徳島県吉野川市＝だ。「おとなしい、おっとりした男だった」。70年ぶりの顔をじっくりと眺めた。

原田さんは、三村さんとともに、第九五一海軍航空隊（沖縄海軍航空隊）石垣島派遣隊から台湾・虎尾海軍航空基地の第一三二航空隊に異動してきた。

原田さんは丙種予科飛行練習生（予科練）の3期生。太平洋戦争開始前に戦闘機搭乗員になり、フィリピンなど各地を転戦したベテラン搭乗員だ。その経験を買われ、同航空隊で編成された九三式中間練習機（九三中練）「赤とんぼ」の特攻隊「龍虎隊」の教員を命じられた。

「虎尾基地には零式艦上戦闘機（零戦）が6機あったけど、部品不足で1機しか飛べなかった」と語る。45年4月から本格化した沖縄戦により、日本本土と分断された台湾への航空

海軍時代の原田文了さん

機や部品の補給はほぼなくなった。窮余の策が、練習航空隊の解体により、機体だけは余っている九三中練を特攻に使うことだった。

「命令だから拒否できないけど、心の中では『(中練特攻は)絶対にあかん』と思っていた。２５０キロの爆弾を積んでいくには、全開出力を強いられてエンジンがもたないし、正直、自分が零戦１機操縦すれば、８機編隊ぐらいすぐに撃墜できると思っていた」と告白する。

それでも17、18歳の〝教え子〟たちは、「お世話になりました」「後のことをよろしくお願いします」と、けなげに別れを告げると、成算の少ない特攻へと飛び立っていった。

龍虎隊は45年8月15日に、４次隊が出撃予定だった。戦争が同日で終わらなければ、さらに多くの「赤とんぼ特攻」が台湾から駆り出された可能性が高い。

原田さんは終戦の報を聞いた時の思いを「負けた悔しさに頭がカーッとなったけど、一方では、もう無謀な特攻に、若い命を送り出さなくてもいい、という安堵《あんど》感が大きかった」と振り返った。

生への思い、手紙に託した隊員

第三龍虎隊を小説化した直木賞作家・古川薫さん（90）下関市

「貴方《あなた》の未来に祝福を。その未来のなかに俺の時間も少しばかり入れてください」――。

1945（昭和20）年8月7日、兵庫県篠山町（現篠山市）にあった陸軍第三一航空通信連隊に所属していた古川薫さん（90）＝山口県下関市＝に、匿名の手紙が台湾から届いた。

同年7月23日に書かれた手紙は、古川さんが入隊前の44年末まで、海軍の九三式中間練習機の組み立てや整備に従事していた東京の日立航空機羽田工場に届き、回送されてきた。

「あと5年は現役で頑張って、戦争について書きたい」と語る古川薫さん＝2015年11月、下関市田中町

差出人は「間もなく九三中練で出撃する」という特攻隊員で、「M・K」と名乗った。M・Kは、古川さんが同工場で働いた最終日に整備した九三中練の羅針儀近くに記念に刻んだ「武運長久ヲ祈リツツ本機ヲ誠心誠意整備ス」という文章を読んだと述べ、「貴方の一文を発見し、最後のお別れを

告げたくなりました。誠心整備された栄光の赤とんぼを操縦して行きます」と書いていた。

戦後、古川さんは新聞記者を経て、30歳代半ばで作家に。91年、65歳で直木賞を受けた。「手紙の送り主はだれだったのだろうか」と心の奥に引っ掛かってはいたが、作品づくりに追われる中、調べるにはハードルが高かった。

2000年の年末、海外旅行先で手に取ったノンフィクション「失われた戦場の記憶」(土井全二郎著)で45年7月28、29日、沖縄・宮古島から出撃し米艦に突入した唯一の「赤とんぼ特攻隊」、第三龍虎隊の存在を知った。隊員7人の中に、「M・K」のイニシャルに符合する川平誠・一等飛行兵曹がいた。「この人だ」と確信した。

第三龍虎隊について、元隊員の庭月野英樹さんらから取材し、14年夏から、地元・山口新聞で小説の連載を始めると、さまざまな反響があった。「川平さんに頼まれて手紙を投函《とうかん》したのは私です」。川平一飛曹の台湾での下宿先だったという福岡市の女性の証言が、古川さんの確信を裏付けてくれた。

2015年夏、川平さんとの不思議なえにしをテーマにした小説「君死に給ふことなかれ」(幻冬舎刊)を出版した。

出版後は静岡県三島市に住む川平さんの遺族とも連絡が取れたため、古川さんは同年8月末、墓参に出向いた。家族あての遺書も見せてもらったが、部隊を通した遺書は「陛下のため、祖国のため、米英撃滅のため行きます」と決まり文句が目立った。

「自分も軍で遺書を書かされたが、上官に検閲されると思うと、1行書くのが精いっぱいだった」と古川さん。赤の他人に、匿名で本音を伝えようとした川平さんの心情が胸に迫ったという。

「生への執着を乗り越えて、決然と死に赴いた若者たちに対し、特攻を命じた側はいかに自らの身を処したのか。その点をあいまいにしたままでは、あの戦争は終わったとはいえない。書かれるべきことはまだまだ多いと確信した」と話す。

震洋隊の記憶、後世に引き継ぐ

「有田部隊の会」代表の﨑向幸和さん（78）南さつま市

「見慣れない船が来たぞ、というので、友達と一緒に見に行ったら、海軍片浦基地の手前の西目海岸に、緑色のボートが何艇かつながれていた」

1945（昭和20）年初夏、笠沙町（現南さつま市）の玉林国民学校2年生だった﨑向幸和さん（78）＝南さつま市笠沙町片浦＝は、軍機密の小型船舶特攻艇「震洋」を初めて目撃した。

﨑向幸和さん

しかし、すきっ腹を抱えた当時の小学生には、兵士がくれるカンパンの方が魅力だった。「海軍が何のために片浦に来ているのかもよく分かっていなかった」。詳しい事実を知ることになるのは戦後20年以上たってからのことだ。

67年、同基地に駐留していた第一二四震洋隊「有田部隊」の整備兵だったという中川(旧姓・小幡)勝也さんが笠沙町役場を訪ねてきて、45年8月19日の震洋の誘爆事故で亡くなった兵士8人を悼む「無名戦士の墓」を基地跡に建てたいと申し出た。住民課職員だった﨑向さんは建立に立ち会った。

10年後、中川さんが町を再訪した時、﨑向さんは、南日本新聞にその情報を提供し、記事化された。県内の元有田部隊員が記事を県外に広めたことで、有田部隊の隊長だった有田牧夫さんはじめ、多くの元隊員を町に呼び寄せることにつながった。

81年に始まった慰霊祭は、四半世紀続き、その間、震洋搭乗員だった安井鋭雄さんは、部隊の記録を「有田部隊記」としてまとめた。

戦時中、震洋が配置された鹿児島県本土の基地は13カ所に及ぶが、片浦ほど記憶が継承されているところはない。「巡り合わせですよ」と謙遜するが、そのきっかけをつくった﨑向さんの功績は大きい。

「初めて見た震洋はこの辺りに係留されていた」と指さす﨑向幸和さん＝2015年9月、南さつま市笠沙町片浦

２００５年の市町村合併時、慰霊碑管理を担っていた笠沙町社会福祉協議会長を務めていた〝縁〟もあって、記憶を継承する「有田部隊の会」の代表を務める。戦中を知る人が高齢化で地域から消えていく中で、14年、大笠中学校の生徒が、有田部隊のことを調べ、劇にしてくれたことがうれしかったという。「特攻隊の記憶は貴重な地域の財産。今後も継承していってほしい」と期待を込めた。

贈り物の多かった特攻隊員

竜門国民学校5年の時、部隊を慰問、日高徳蔵さん（81）始良市

日高徳蔵さん

終戦の年の1945（昭和20）年度、日高徳蔵さん（81）＝始良市加治木町反土＝は、加治木町小山田の伊部野集落に暮らす竜門国民学校5年生だった。「5年生になると、通常授業は全くなくなり、飛行機燃料の原料となる松やに取りやカライモ畑の開墾を徹底的にやらされた」と苦笑いする。

5月には「稔《ねん》部隊」と呼ばれる北海道の陸軍部隊が集落に駐留した。子ども心に「兵隊さんに守ってもらえるんだ、と心強かった」と話す。

夏休みに入った7月下旬、「第二国分海軍航空基地の特攻隊員を慰問にいくぞ」と、父親に誘われ、集落の大人7、8人と歩いて向かった。大人たちは手土産に鶏1羽ずつを担いでいた。着いたのは、飛行場からかなり離れた山中の兵舎。驚いたのは、兵舎の床下をたくさんの鶏が走り回っていたことだ。多くの集落からの贈り物だった。

航空服姿の兵士には一人につき、きれいな着物で着飾った若い女性3人ほどが付き、食

べ物を囲んで和やかに談笑していた。「いつ出撃されるのですか、と聞いてみたかったが、できなかった」と日高さん。

「銃後の国民として、『兵隊さん』を大切にしようという、基本的な考え方があった。常に『国に尽くす』ことを求められていた」と、当時の世相を振り返った。

おたよりから

赤とんぼ特攻見送る＝都貴美夫さん(88)

九三式中間練習機を使った「赤とんぼ特攻」の記事を興味深く読みました。私は1945(昭和20)年5月から終戦まで三重・鈴鹿海軍航空基地の魚雷調整班に所属中、「赤とんぼ」特攻隊の出発を見送ったことがあります。

それまでも千葉・木更津海軍航空基地で攻撃機「銀河」、同・館山海軍航空基地で「九九式艦上爆撃機」の特攻隊を見送りましたが、「赤とんぼ」の特攻使用には驚きました。

下士官は「『赤とんぼ』は速度が遅い故に、米軍にレーダー射撃されても弾が前方に抜けて当たらないんだ」と説明しましたが、そんな冗談のような想定で送り出される赤とんぼが、機体をブルン、ブルン、と震わせて征《い》く姿が哀れでした。

結局、特攻には使われなかったとうわさには聞きましたが、今回の連載でその後を知り、納得しました。戦争とは何と愚かなことをたくらむものでしょうか。

（南種子町）

ひたすら掩体壕造り＝田島幸二さん（85）

旧制川内中学校3年生だった1944（昭和19）年度に、延べ3回にわたり、出水海軍航空基地の掩体壕《えんたいごう》造りに動員されました。佐世保海軍施設部出水工事事務所所管の工事でした。

1回目は44年5月20日から20日間、2回目は同年12月の1カ月間、3回目は45年2月からの1カ月間―でした。

動員1回目の頃は、基地には赤とんぼ（九三式中間練習機）しかいなかったのに、2、3回目になると、実戦機の「銀河」や「一式陸上攻撃機」（一式陸攻）の数が増えていました。それに伴い、掩体壕も、土のうを積んだだけの赤とんぼ用の小型から、コンクリート造りの大型のものになっていきました。

この年度は実に合計112日間も掩体壕造りに駆り出される一方、勉強はさせてもらえませんでした。残念な学生生活でしたが、今は懐かしい思い出です。

（薩摩川内市）

驚いた恩師の体験談＝福島直子さん(63)

「原発反対」「安保法制反対」の立場からいつも、連載「特攻この地より」と「全電源喪失の記憶」を読ませてもらっています。

「本土決戦への道」10回目の記事を見て、びっくりしました。約50年前、甲南中学校で音楽を習い、合唱部でも指導していただいた貫見進一郎先生がご健在で、しかもこんな大変な〝特攻〟体験をされていたとは…。

私が中学生のころは、おもしろおかしい中にも、厳しい音楽の指導をされていましたが、「当時はこんな経験を生徒に明かされることはなかったなあ」と思い返すことでした。

戦後70年、自分の経験をだれかに伝えておきたいと思われたのでしょうか？　今の時代、この時に知ることができ、うれしく思いました。

私はこの国が、憲法第9条を守り通し、戦争に加担しないことを祈っています。

(出水市)

隊員の心痛考えて涙＝97歳の老婆《ろうば》より

太平洋戦争末期の1945(昭和20)年、牧ノ原海軍航空基地の近くに家族とともに住んでいました。夫が青年学校に勤務していたので、学校が特攻隊員の方々の宿舎になったことも聞かされていました。何もない山の中の寂しいところで大変だったことでしょう。

毎朝早く、「貴様と俺とは――」と「同期の桜」を歌いながら、上場の基地へと向かう隊員の皆さまの姿を、お国のためとはいいながら、その心痛はいかばかりか、と涙して見送るものでした。

8月15日、思いがけない終戦となり、翌日朝から特攻隊員の姿を見ることもなく、元気な歌を聞くこともできなくなりました。終戦から70年、平和で来ましたが、これから先はどうなることでしょう。

現在、娘と2人、細々と暮らしています。おかげさまで元気ですので月2回、お達者クラブに行き、老後を楽しんでいます。

(鹿児島市)

第7部　統制下の新聞

太平洋戦争末期、新聞は連日、特攻作戦について大きく報じた。1942（昭和17）年2月、国策による1県1紙体制推進によって誕生した鹿児島日報（戦後の46年2月、南日本新聞に改題）を中心に、特攻報道などで戦争遂行に協力したメディアの置かれた社会状況を探る。

1・全軍布告

記事も広告も一体化

2015年11月15日、万世特攻平和祈念館(南さつま市加世田)に展示された写真の前で、地元の観光ガイド福元拓郎さん(71)が説明していた。

「これは当時、万世特攻基地にいた新聞記者が撮影したものなんですよ」

飛行服姿の少年らが子犬を胸に抱いて無邪気に笑っている。1945(昭和20)年5月27日に陸軍万世飛行場から沖縄海上へ飛び立ち、9人が戦死した第七二振武隊5人の出撃直前の1枚だ。

福元さんは手にした45年6月8日付の朝日新聞コピーを見えるように差し上げた。「ほら、この写真、ここに載っているでしょう」

隊員らと某基地で10日余り寝食を共にした、とする朝日新聞特派員のルポに添えてある。見出しは「特攻隊も整備員も少年兵　見事に散らう國の為」。

記事には、出撃前夜、隊員たちが「明後日の新聞が見たいなあ」「死んでからこの戦争がどうなったか知りたいものだ」と異口同音に叫んだ、とある。それを読み上げた福元さんは続けた。「自分たちの手柄が新聞に載るだろう。親や先生、友達が『あいつ、やったなあ』と喜ぶだろう。彼らは純粋にそう考えていたんですね」

福元さんは当時の社会を「権力側の統制と監視、そこに尽きる。マスコミも抵抗できなかった。国民は知らず知らず、まず声を消され、そして命を消された」と指摘する。「少年たちは純粋にだまされ、犠牲になった」。その一面を示す意味もあって、ガイドに新聞を使うのだという。

同じ6月8日、鹿児島県内唯一の地方紙だった鹿児島日報（南日本新聞の前身）は、「塩田本社特派員」の署名で「郷土の前線部隊の某部隊長」のインタビューを載せた。

郷土出身者の特攻戦死を報じる記事の後、彼らに「続け」と呼び掛ける広告が相次ぎ掲載された。コラージュはすべて鹿児島日報（上から1944年12月11日付、25日付、31日付）

某部隊長はこう言っている。「絶対に勝つよ。敵が南九州に上陸するかしないか、そんなことは懸念の外だ。上陸大いに結

戦時中の新聞記事コピーを手に説明する観光ガイドの福元拓郎さん＝2015年11月15日、南さつま市の万世特攻平和祈念館

構、叩《たた》き伏せるだけさ」

日本軍の組織的特攻は44年10月、フィリピン・レイテ沖海戦での海軍航空隊による「神風特別攻撃隊」で口火を切った。

10月25日に出撃した関行男大尉を隊長とする5機が、最初の大戦果を上げる。29日付の鹿児島日報は、連合艦隊司令長官が関大尉らの「殊勲を認め全軍に布告す」（海軍省公表）と報じた。

軍徴用の記者である報道班員の解説記事は誇らしげだ。「爆装を施し、死の爆撃行を敢行したのはいまだ航空戦史にその類を見ず、わが皇國の航空隊にして初めてなし得る必死行であった」

さらに陸軍による特攻作戦も続いた。44年11月14日付の鹿児島日報には「帰《かえ》らぬ陸海神鷲《わし》續々《ぞくぞく》出撃　初の陸軍特攻隊萬朶《ばんだ》隊」の見出しがある。特攻に関する大報道が始まった。

大本営発表の戦果記事が載り、同盟通信社（共同通信社などの前身）や軍報道班員の手になる解説などが載る。その後、個別に郷土出身の特攻戦死者を取り上げる〝地ダネ〟が出て、父や母、恩師たちが「素直で孝行者」としのび、「よくやってくれた」とたたえる特集が組まれた。

記事だけではない。44年11月上旬から、鹿児島日報1面下に、戦死した「郷土の神鷲」たちの名前を出して「さあ、つづけ!」と呼び掛けるシリーズ広告が登場した。

例えば44年12月25日。「下柳田少尉に続け」という広告には、出身地指宿の少年団、在郷軍人会、指宿中学校が広告主として名を連ねている。同31日付の「黒石川茂伍長に續け」には、大口国民学校後援会などが並ぶ。

記事、広告が一体化した特攻翼賛紙面だった。

2・伏せ字

軍部の指導に逆らえず

家を出る夫が「きょうは出張だ」と口にした。「どこなの？」。尋ねた妻に、ピリピリした雰囲気の夫は返した。「言わぬつもりだったが、おまえだけには―。鹿屋だ。特攻の取材に行くんだ」

鹿児島県内の各航空基地から沖縄への特攻が本格化した1945（昭和20）年4月上旬のこと。川越不二さん（94）＝鹿児島市加治屋町＝は、29歳で鹿児島日報（南日本新聞の前身）記者だった夫・政則さん＝故人、のち南日本新聞社長、写真は20代後半のころ＝と交わした会話を今も覚えている。

故川越政則さん

そのころの鹿児島日報紙面をたどると、「○○基地　川越本社特派員」と政則さんの署名記事がたびたび掲載されている。

4月6日付では「想出は卅一《みそひと》文字に　天眞爛漫《らんまん》の出撃」の見出しで、出撃前の隊員が残した短歌を紹介している。

基地名はもちろん、「(特攻機は)つぶての如く○○山の彼方《かなた》に消えた」「少飛出身の特攻○○隊」など、記事には一様に「○○」の伏せ字が目立つ。

42年3月7日付鹿児島日報に「従軍記者を語る」と題した解説記事がある。日露戦争時に「諜報《ちょうほう》業務を分掌し従軍記者係を勤めてゐた」という、鹿児島市在住の林吉彦中佐に「伏せ字」の必要性を語らせたものだ。

想出は卅一文字に
兒櫻 天真爛漫の出撃

【○○基地川越本社特派員】始動は快調だ、東雲のかすかな光が操縦席の防風ガラスにほのかに匂ふ、[illegible]エンヂンを全開、轟然とえぐり返へるやうな爆音が胸を揺ぶる、エンヂンカバーの両脇から青白い焔がグ、グーツつと迸り出る[illegible]を切つてエンヂンの吹く火の粉が三本、四本 五本西空に向つてふんばつた機の胴腹をかすめて矢のやうに飛ぶ 飛行帽の下に[illegible]女の生徒から贈られた血潮の日の丸の鉢巻をグツとしめた[illegible]は石像の如く滑走路を見つめたまゝである、弱冠○○歳、[illegible]の熱血たぎる[illegible]が今まさに生きて還らざる祖国の大地を蹴つて一路南海の空をグツト睨んで静かに挙げられた左手には大和撫子の[illegible]のやうに[illegible]の一枝が握られてゐるではないか、離陸は明けやらぬ大空に飛び込むやうに何の未練もなく大地を蹴たてて飛びたつた。頭上で一旋回、[illegible]に出た二機は文字通り寄り添ふやうに編隊を組んだと見るや、つぶての如く○○山の彼方に消えた

記者はこれらの[illegible]と幾日かを過して水の如く淡々たるその生活を眼前にし、一つの大きな[illegible]を感じた。それは特攻隊精神をある悲壮なものとしてわれわれが感じてゐると云ふことは一種の誤謬である、これを根本的にわれわれの観念から一掃しなければ[illegible]に対して申訳ないと

「○○基地川越本社特派員」の署名記事
(1945年4月6日付鹿児島日報)

林中佐は、「軍が秘する所を知らんと欲する」記者にとっては、不自由だろうが、と理解した上で「世間でツマラナイ事も諜報の好資料となり、軍の死命に係ることが多い」「人名地名部隊名員数日時は特に大事なものであるから公表出来ぬのである」と強調している。

太平洋戦争開戦からまだ3カ月余。林中佐は、緒戦のマレー作戦の報道で「軍司令官の思索を乱さぬよう」特ダネを捨てた同盟(共同通信社などの前身)記者がいたことを挙げて、「こんな心掛の良い記者が昔幾人いたらうか」と感激している。

満州事変、日中戦争、太平洋戦争と進む中、メディアがいかに報道を自粛していったかを示すエピソードだ。

政府は38年公布した国家総動員法など、軍部の意向に反する言論を取り締まるための法律を続々つくった。違反者は厳罰に処され、国が新聞発行を禁止することもできた。

太平洋戦争が始まると、内閣、外務省、内務省、陸海軍で構成する国家的情報宣伝機関「情報局」は、「大本営の許可したるもの以外は一切掲載禁止」「我が軍に不利なる事項は一般に掲載を禁ず」と、締め付けをさらに徹底。機密作戦とされた特攻も例外でなかったことは、川越夫妻の会話からもうかがえる。

100歳の現役ジャーナリスト、むのたけじさん＝さいたま市＝は当時、朝日新聞記者だった。「特攻取材は限られた軍担当記者しか行けなかった」と証言する。「そして基地取材から帰った記者からは一切の情報が伝わらなかった。秘密だった」「軍隊式の『命令と服従』に、新聞は調子を合わせたんだ」

３・言論報国　使命感帯び進んで協力

南九州各地の特攻基地で取材を続ける記者たちのもとに、「栗原大本営海軍報道部長」から激励電文が届いた。「諸子の一報はよく一億の戦意にかゝると自覚し全力を傾けて責任を完《まっと》ふせんことを希望す」

記者らは「元気百倍」となる。「吾々だって報道陣の特攻隊」「此の作戦が終わるまで、倒れても書いて書いて書きまくるんだ」――。

沖縄戦特攻もたけなわ、１９４５(昭和20)年4月18日付鹿児島日報(南日本新聞の前身)に載った本社特派員の記事から抜粋した。

同じ紙面には「今だ　あと一押し　櫻島を後に征く特攻機に續かう」の見出しがある。典型的な戦意高揚の呼び掛け記事だ。

「さあ起《た》て、さあ征《い》け、敵機の盲爆何にかあらう、勝つための犠牲だ」「勝利は眼前に迫ってゐる、ハンマーをしっかり把《にぎ》り直せ」

「報道陣の特攻隊」たる使命感を帯びた記者の興奮が伝わる。

昭和二十年四月十八日　水曜日
勝利は眼前に迫る
櫻島を後に征く特攻機に續かう
今だあと一押し

「あと一押し」と戦意高揚を呼び掛ける（1945年４月18日付鹿児島日報）

「この戦争は絶対勝たなくてはいけない。日本が負けては大ごとだ。そう記者が思い、『言論報国』に進んで協力した面は否定できない」

元南日本新聞記者で、県内の大学で「戦争と新聞」の講義を受け持ったことがある杉原洋さん(67)＝鹿児島市＝は指摘する。

当時、報道が「表現の自由」を失ったのは、法や軍部の縛りだけが理由ではない。銃の代わりにペン(言論)をもって国に報いよう、とする記者たちの使命感も高まるばかりだった。

さらに、経営面の事情がからんだようだ。

戦時中の用紙不足を口実に、政府は報道統制に好都合な「1県1紙」体制を推進。用紙確保が死活問題だった新聞社の多くが、有利な立場を得るために進んで協力した。鹿児島でも、鹿児島朝日新聞が鹿児島新聞を吸収合併し、42年2月、鹿児島日報を創刊した。

この時期の社財政については、81年発行の社史「南日本新聞百年志」に興味深いくだりがある。44年から45年にかけ、購読料や広告料だけで社員３００人前後の人件費や製作経費がまかなえていたとは考えにくい。「ある時期から政府ないし県、あるいは軍、情報局などの軍事機密費あたりから助成金が月々支給されたのでは」という推測だ。

確かに、同盟通信社（共同通信社などの前身）に政府が財政援助していたのは「資料の裏付けがあり、はっきりしている」と杉原さんは指摘する。「だが地方紙にも政府資金が流れていたかどうかは現在のところ、推測の域を出ない。調査の余地がある」という。

いずれにせよ、実際の戦況と報道に矛盾が生じていたのはまぎれもない事実だった。45年5月7日付鹿児島日報には「神鷲猛攻の手緩めず　空母四戦艦三等廿二隻を撃沈破」、8日付「航空部隊猛攻を続行　空母等五隻屠る」など勇ましい文句ばかり。

だが実際には、特攻機の不足が著しく、故障などで飛べない機も続出していた。知覧町（現南九州市）の陸軍知覧飛行場では5月6日、32機準備した特攻機が13機しか飛び立てなかった。

軍と一体化した新聞は、国民に客観的な情報を提供できなくなっていた。

4・基地にて

隊員たちと銃後を結ぶ

「四月四日　新聞記者に捕まり特攻隊につかへての感想、感激、覚悟等話す。幾人もの新聞記者に取り巻かれ、ほとほとした」

1945(昭和20)年3月27日から4月18日まで23日間、知覧町(現南九州市)の陸軍知覧飛行場で、知覧高等女学校の生徒たちが特攻隊員の身の回りの世話をした。その一員だった永崎(旧姓前田)笙子さん(86)＝さいたま市＝が当時つけていた日記から引いた。ほとほとした、に少女らの困り顔が見える。

永崎さんによると、勤労奉仕中に直接、記者の取材を受けたのは、1回きりだ。「特攻隊のみなさんにどう接していらっしゃいますか？　と聞かれました。みんな恥ずかしくて下向いちゃって…」と話す。

45年3月から相次ぎ特攻基地化した南九州の基地には、全国から報道記者らが詰めかけた。陸軍による特攻戦死者1036人の半数近くを占める439人の出撃記録が残る知覧飛行場にも、多いときで50～60人ほどがいたという。

隊員たちが待機した三角兵舎跡に今年建った案内板には、同じ敷地内に新聞記者らが詰めていた兵舎があったことが記されている。

永崎さんには、忘れられない記憶がある。

4月12日朝、三角兵舎に入ると、出撃直前の第六九振武隊の面々がわら半紙を囲み、額を突き合わせていた。血で書いた日の丸の周りに、隊員ら一人一人が名前を墨汁でしたためているところ。それを「新聞記者に渡してくれ」と頼まれた。

永崎さんは、まだ血や墨のにおいがするそれを広げたまま持ち、足をがくがくさせながら記者の詰め所まで持っていった、という。「前日、知覧に到着したばかりの隊員も2人いました。慌ただしくて家族に手紙を書く時間もない。名前を残そうとしたのでしょうか」

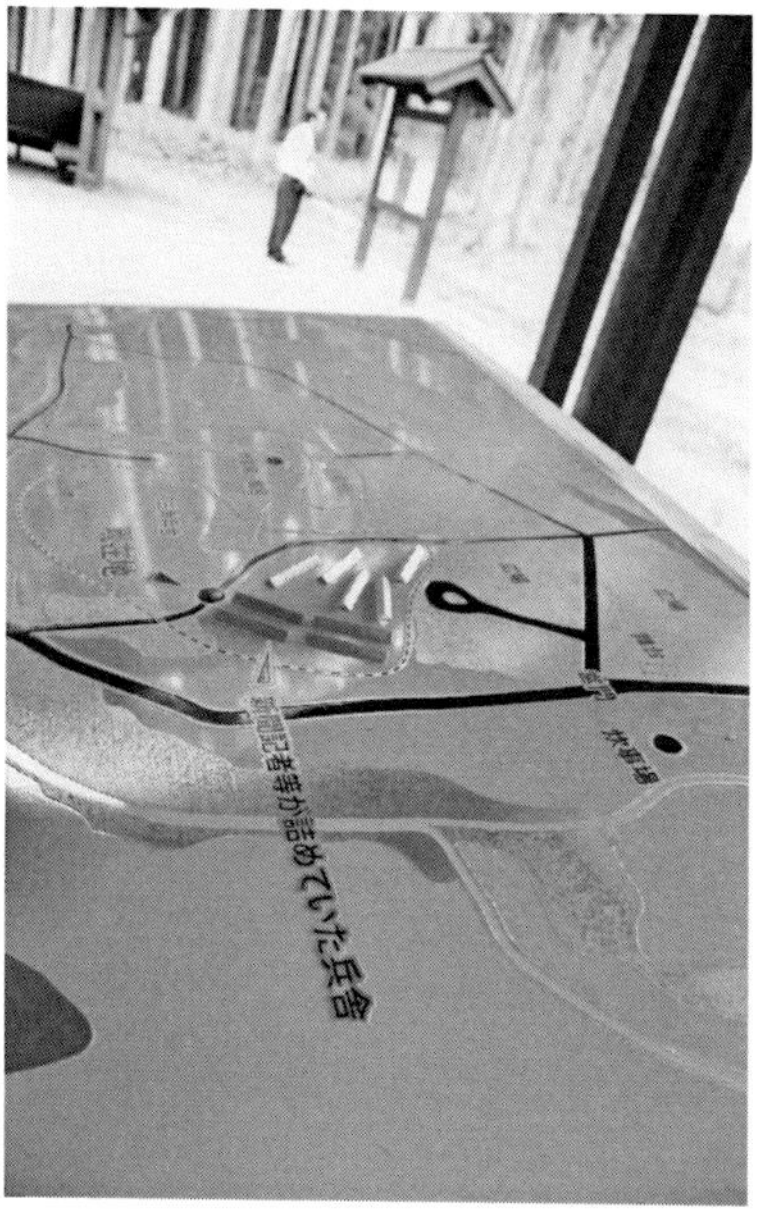

三角兵舎跡に立つ案内板。「新聞記者等が詰めていた兵舎」の表示もある＝2015年11月19日、南九州市知覧町西元

自分たちの出撃、戦果が新聞によって銃後に伝わる。そ

のことを隊員たちもよく知っていた。

知覧高女の生徒が取材に対し、ぽつりぽつり話したコメントは、45年4月9日付の鹿児島日報(南日本新聞の前身)に「〇〇基地川越特派員」の署名記事で紹介された。

記事中は「〇〇高女の女學生」の話だが、永崎さんの旧姓である「前田さん」をはじめ7人の女生徒が名字で登場する。

内容は、必ずしも「戦意高揚」とばかりも言い切れない。

「一緒に体當りに連れて行って下さいとお願ひしたら貴女方はどんな事があっても死んではいけません。立派な日本のお母さんになって何が何でも残った人達でお國を守って下さいと云はれました」。こう話す生徒がいる。

また、出征の様子を家族に知らせてあげますから住所を教えてくださいと頼むと「さうだなあ」と考えていた隊員の一人が、「地獄縣三途川区三丁目草葉の蔭、と書いて下さいました」とも。

女学生のコメントに託すかたちで、勇壮で強い「神鷲《わし》」のイメージとは異なる隊員の一面が、この日の紙面には刻まれている。

5・神格化

一億動員のシンボルに

神鷲《わし》、神風、神霊、神國、神州…。特攻の大報道が展開された太平洋戦争末期の新聞には、「神」が氾濫した。

特に、敗戦が色濃くなり始めた1945(昭和20)年5月には加速する。

鹿児島日報(南日本新聞の前身)5月20日付社説は、「特攻隊の神魂に徹する道」と見出しがつき、「凡《およ》そ世の中に何が神秘かといって僅《わず》か二十歳前後の若者が爆弾を抱いて必死必中の体當《あ》たりを敢行」する特攻ほど、神秘で神業のものはない、と書き出す。

彼らの神々しい姿は、「神々が一時人間の姿をして」やってきたとしか思われない。神人の偉大な神業にわれわれ一億国民も応えるならば、「必勝は絶対である」と締めくくる。

必死必中の犠牲をいとわない神鷲たちを、新聞は一億総特攻のシンボルにかつぎ上げた。

「今になってみれば荒唐無稽、非科学的だが、負け戦になって、神に祈るしかない状況になっていたのだろう」

戦時報道を研究してきた春原昭彦上智大名誉教授(88)＝東京都＝は、神がかり紙面の背景をそう解説する。

戦場が陸上だった日中戦争時と違い、特攻機が向かう沖縄周辺海域の現場を記者は見ることができない。特攻は同乗記が書けない、とくやしがる声さえ載っている（鹿児島日報45年4月12日付）。

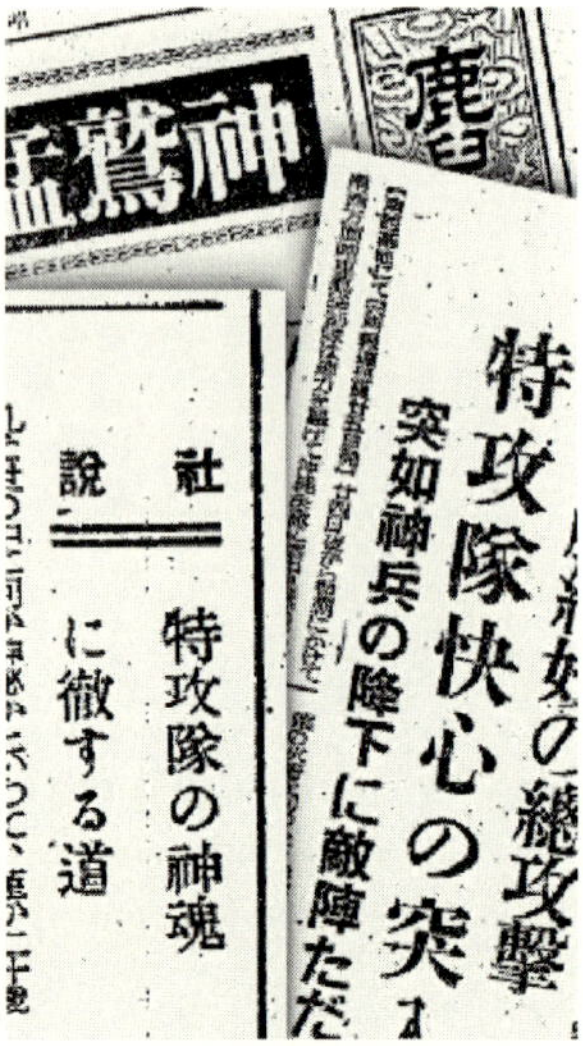

「神」の文字が頻発した紙面（コラージュはいずれも1945年5月の鹿児島日報から）

「特攻作戦の現実を知れば国民の戦意喪失につながる。それを恐れる軍部の意向がより濃くなった面がある」と春原さん。「特攻基地が集中していた鹿児島では、特に、その傾向が強かったのではないか」とも指摘する。

確かに鹿児島日報には「沖縄決戦場を目と鼻の先に控えたわが鹿児島」などと、土地柄を強調する書きぶりが目立つ。

45年4月20日付社説はこの言い回しを使い、「農耕突撃隊」を一刻も早く結成し、本土決戦に備えて非常炊き出しに向けた訓練が必要だ、と提案している。

だが県民の間には、厭《えん》戦気分も広がりつつあった。少ないながら、その実態をうかがわせる記事がある。

45年5月3日付社説には、度重なる空襲被害で戦意をくじかれたのか、「空襲の無い日も進んで野良に出て働かうともせず、無理に進めれば『生命はどうしてくれるか』と駄目を押す農家もゐるといふことを聞く」とある。そんなことは冗談にも言うべきではない、と農家を叱っている。

同12日付の記事中には「鹿児島は古来勇武を誇って来たところなのに、近来空襲によって動揺し、傳《でん》統の精神はどこへいったか、とかくの噂さへきく」の一文がある。

同7日付の読者欄「民の声」には、「あちこちで竹槍《やり》訓練が行はれてゐる、しかし竹槍を以てヤンキーを刺さんとする闘志を以て我々の局面を語るとき、先に為すべきことはないか」という「一動員学徒」からの疑問の声が出ている。アルミニウムの回収運動でもやったほうが戦力増強に役立つだろう、と非現実的な竹槍精神にくぎを刺している。

6・読者の目

御用化に「白々しさ」も

霧島市溝辺の第二国分海軍航空基地から1945(昭和20)年4月28日、第三草薙《なぎ》隊の一員として特攻出撃し、戦死した大塚晟夫《あきお》さん(当時23歳)は基地での出撃待機中も日記をつけていた。中央大学専門部(大学付属の専門学校)から学徒出陣した海軍予備生徒だった。

4月21日「新聞なんて馬鹿なことを言うもんだ。人間が生命《いのち》懸けで、いや全く必死の出撃しようというのに、軽薄で白々しい記事を書くのが報道班員と称するなら、そんな連中こそ慚死《ざんし》すべきだ」

こうも書く。

「昔は俺も新聞紙上で勇壮な記事を見て単純に感激したが、いま静思するにあれは驚くべき錯誤だね」「俺は新聞なんかに軽々に載せられて茶化されるのは嫌だね」

妹に向けて書かれたこの日記は、戦後、海軍第一期飛行専修予備学生生徒会がまとめた「貴様と俺」に収められた。

新聞から死地に追いやられる「白々しさ」をひしひしと感じていた隊員もいた。

軍部御用新聞と化した新聞だったが、読者はどう見ていたのだろうか。

むのたけじさん（100）＝さいたま市＝は43年から44年にかけて、朝日新聞東京本社の遊軍記者として読者からの投書に目を通す係だった。そのころ東京、大阪、名古屋、九州の4本社合わせ「どんなに少なくても月に2千通、多いときで2500通」が寄せられていた、と話す。掲載は各本社発行版に毎日1通ずつ。30日で計120通しか載らない計算だ。

「載らないとわかっていて、なぜそんなに、と思うでしょう。それは読者が新聞への期待を捨てていなかったからなんだ」と、むのさんは言う。

民の声

卅行以内、本社編輯局内民の声苑、住所氏名明記の事

供出犬撲殺

目下犬の供出が行はれてゐるが、連れて來た犬をその供出場で撲殺するのはどんなものか、戰局はうけみであつても未だ日本の道義はそこまですたれてはをらぬ、その場で撲殺するならせめて少國民や飼主の目につかない少し離れた場所を選び公衆などに見えないやうに設備する位の温い心づかひこそ思ふ日本のヨサではなからうか、『三年飼へば恩を忘れぬ』といふ言葉も當に飼い犬の表現だけではなく、日本人のよき半面を示した言葉であることを當局者はご存じか、米英を叩かねばならぬ理由も

読者の投稿を載せていた「民の声」欄（1945年3月9日付鹿児島日報）

「こういう問題が、町の中にある。こういうことを思ってる日本人がいる。新聞社の人間に知ってもらいたい、と。そのための投書だった」

南日本新聞の前身、鹿児島日報にも、当時「民の声」と題する投書欄があった。ほぼ毎日1、2通ずつ載った。

45年3月分を見るだけでも「供出犬を飼い主の目の前で撲殺するのはやめてく

れ」「土地改良工事で出た土砂が田畑に運びこまれたままになっているのは迷惑だ」「(昭和)19年産米早期供出者には報奨焼酎が支給されるとのことだったが支給されない。まさかだまされたのでは」といった当局への不満や憤りを含めたさまざまな声がある。

「読者と新聞が一緒になればよかった」

むのさんはふりかえって指摘する。「読者の声を待たず、町に出かけて、戦争の将来をどう思ってますかと聞くなりしてやれば、(戦争をやめるために)書けることがあったはず」

45年6月8日付鹿児島日報に、こんな記事がある。「さる五日の朝、鹿児島駅の待合室で奇怪なおしゃべりをしてゐる若い女性」の話だ。人が広げた新聞を肩越しにのぞきこみ「これはウソです、戦争は駄目だから今のうちに講和した方がよいと出鱈目《でたらめ》な戦局観を流布」する女性の身柄を、当局が確保したという話だ。流言飛語の罪である。

新聞に、当局の対応を疑問視する姿勢はない。

7・戦争責任

駆り立てた歴史忘れず

「君は僕たちを非難しにきたのかね?」

元南日本新聞記者の杉原洋さん(67)＝鹿児島市＝は面食らった。真珠湾攻撃から50年の1991年、戦争報道をテーマにした連載の材料集めで訪ねた社OBの一人、木場隆亮さん(故人)にこう言われたからだ。

戦後、編集局長や取締役を歴任した木場さんは当時84歳。戦時中は南日本新聞の前身、鹿児島日報の記者だった。43(昭和18)年から川内支局長を務めた。44年12月8日に川内市で本社主催の「大東亜戦争三周年記念米英撃滅大演説會」が開かれたことを報じる記事には、「本社木場支局長が開会の挨拶《あいさつ》を述べた」とのくだりがある。

「木場さんは新聞社の戦争責任を追及されるんじゃないか、と思ったようだ」と杉原さん。「OBが当時を負い目に思っていたことは確か。ただ、取材に『俺たちも悪かった』と言った人はいなかった」

そのときの連載には「国策は絶対服従だった」「新聞を良心に従ってつくることはできな

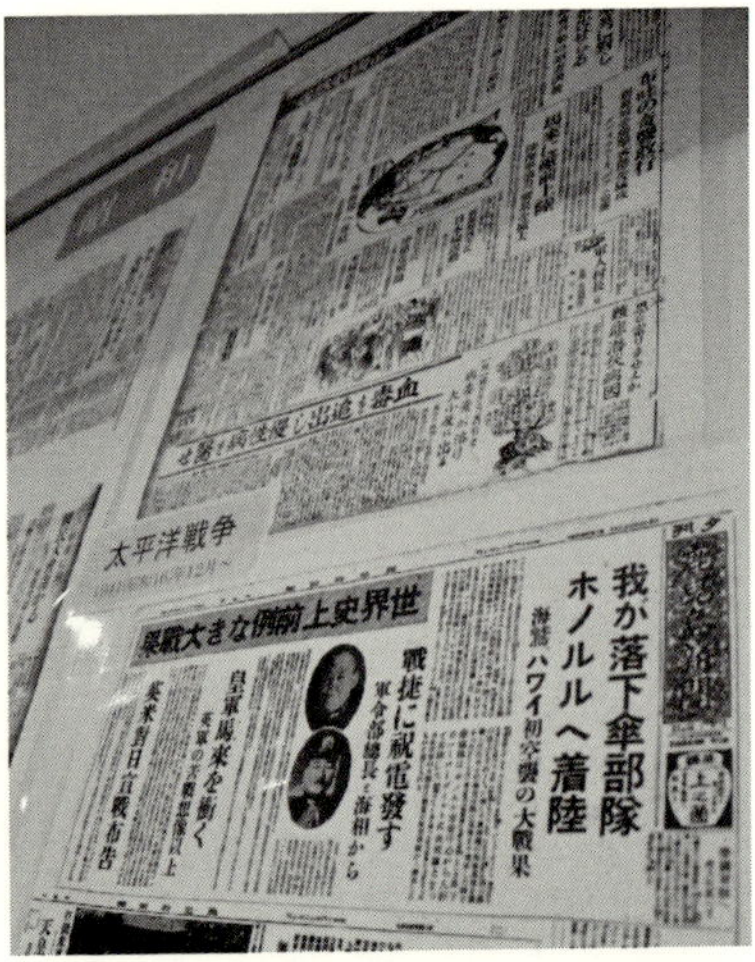

過去の新聞紙面が展示されているコーナー＝2015年12月4日、鹿児島市の南日本新聞会館

かった」―そんなOB記者たちの〝弁解〟が並ぶ。

鹿児島日報は46年2月11日の創立記念日の日付から南日本新聞に衣替えした。前日10日付に改題を知らせる社告が出た。

「手枷《かせ》足枷過《あやま》てる戦争指導」「軍閥の横暴、官僚の独善」で「新聞自体の内面する苦悩は大きかった」時代は敗戦で過去のものとなり、「新聞は本然の姿に還《かえ》った」と高らかに宣言した。

ほんの半年前まで必勝を断言し、特攻隊員を神格化し、最後まで本土決戦を説いていた新聞は大きく方向転換した。というより「本然の姿」、正気に戻ったといえる。

46年6月入社し、のちに編集局長も務めた浜島速夫さん(89)＝鹿児島市＝によると、戦争時の報道を検証しなければ、といった話が先輩記者の間から出ることはなかった。

「みんなが同じ戦争体験を共有していた。今さらあえて持ち出さなくてもわかっているだろう…という雰囲気だった」と振り返る。戦争協力の後ろめたさもあったのか。全体的に「軍国日本が負けてほっとした」空気が流れていたという。

大阪毎日新聞の海軍報道班員を経て、戦後は南日本新聞社で社会部長などを務めた森元朗さん(故人)も、戦時中の話はほとんどしなかった。

弟の橋元等さん(92)＝千葉市＝が言う。「軍艦にも乗り込んでいた兄は、勝った、勝った、の記事を書いた。でも日本の艦船が何隻やられたとか、大きな損害については書けなかった。書けない葛藤に苦しんだと思う」

橋元さん自身は関東軍の工兵少尉として満州で終戦を迎えた。シベリア抑留の後、49年に復員、帰国。兄を追って51年9月に南日本新聞社に入社した。地方部長、校閲部長を務め、川内支社長で定年を迎えた。

「権力者の唯我独尊を抑えるのはメディアしかない。戦争に踏み込む前に止めないといけない」と強調する。

新聞が手枷足枷縛られてからでは遅い。今はどうか。国民を戦争遂行に駆り立てた歴史を忘れず、日々問い直していくしかない。

第7部「統制下の新聞」余話

軍恐れ新聞は自己規制、戦争の実相伝えず後悔

敗戦と同時に朝日新聞を退社、むのたけじさん（100）＝さいたま市＝に聞く

むのたけじさん。今年百歳の現役ジャーナリストだ。太平洋戦争のさなか、職業は新聞記者だった。大本営発表に縛られ、人々に真実を伝える報道・言論の自由を守れなかった責任を感じ、敗戦の1945(昭和20)年8月15日に退社する。1世紀を生きぬいた今も、「過去の歩みに照らしながら同じ過ちを二度と繰り返さない」大事さを、後輩ジャーナリストたちに繰り返し説き続ける。

＊

——1940年秋、報知新聞から朝日新聞へ移られました。翌年の真珠湾奇襲攻撃について、新聞記者として予感はありましたか。

「全然無い。日本が米英と戦争するなんて、だれが思いますか。大変なことになったという気持ちでした」

「開戦から数日後、ジャワ上陸作戦の従軍特派員として(オランダ領だったインドネシアの)ジャワ島行きを命じられました。年明け(42年正月)に出発し、大阪、台湾を経由し

てジャワ西部へ。朝日１社だけで25人いました。うち記者は10人、カメラマンや無線技士など技術者が15人。大がかりでした」

—そこで、どんな記事を書いたのですか。

「ジャワ攻略は１週間で日本の勝利に終わり、オランダが降伏。捕虜となったオランダ軍人たちが住んでいた建物を、日本軍の了解を得た記者たちは住まいとして自由に使えました。私は日本がインドネシアでどんな政治をやるか、という軍政担当でした」

「原稿は、現地軍の検閲を経て、会社の無線からシンガポール経由で東京本社へ送りました。そこから先は、陸軍検閲だけで済むのもあれば、内務省の検閲を受けるものもありました」

—制約は厳しかったですか。

「軍からこういう記事を書け、書くな、の締め付けはそう厳しくなかったと思います。だけど、記者なら、原稿が検閲を通るか通らないかは

週刊新聞「たいまつ」は「ちっぽけな新聞で世の中変わるわけじゃないけど変わらないこともない、という気持ちで発行していた」と話すむのたけじさん＝2015年10月30日、さいたま市の自宅

わかる。通らないのは書いたってしょうがない、となる」

「軍政の躍進、東亜の黎明《れいめい》、原住民の協力……自分が書いたことはまったくのウソではなかったけれど、そのほかに伝えなかったことがあるなら、書いた記事は真実を伝えたものではありません」

——戦争をとめようという記事は書けなかったのですね。

「戦争を続ける軍部に批判を加え、これは間違った戦争だ、勝ちそうにもない、という態度をどうして新聞がとれなかったか。ここが一番問題なんだけど、それは新聞社の『自己規制』でした。自分で枠をはめちゃった。軍に歯向かえば『国家の目標で戦争やってるときにけしからん』と、紙の配給を減らされる、経営が危なくなる。会社幹部のそんな臆病な姿勢が、個々の記者にうつるわけです」

——記者同士、「これではいけない」と話し合う場はなかったのでしょうか。

「私は43年1月、1年ぶりに前線から元の社会部に戻りました。部の会議をしても、みんなあたりさわりのないことを言い、立ち入った戦況の話や、この戦争は何年続くだろうか、といった話は、だれもしませんでした。憲兵隊にもれたら大変だ、と、結局見ざる言わざる聞かざる。個々がバラバラにされ、軍隊式の命令と服従に調子を合わせた。それが戦争のムードでした」

「本当は、そういう話し合いをしなきゃいけなかった。もし組織の力で動けていたら、あんな情けない新聞にはならなかった。でも今はどうですか？　社会部や政治部の記者たちが、社内でかんかんがくがく、安倍内閣についてああだこうだと話し合ってますか？今もあまり変わらないんじゃないの」

―終戦はいつ知りましたか。

「政府がポツダム宣言を受諾したことを知ったのは（45年の）8月12日昼すぎでした。会社にいたら政治部のほうで『受諾した、戦争が終わるらしい』と言っていました。その夜から14日まで、部ごとに集まって新聞はこれからどうするか、と話し合った。だけど何の結論も出なかった」

―報道しようとはしなかったのですか。

「可能性のない戦争をずるずる続けさせることに協力した、その態度を変えようという気持ちが新聞に本当にあれば、あのとき号外を出せばよかったんです。50枚でも100枚でも刷って、社員が銀座でまくとかね。でもやろうと言った人はいなかった」

―むのさんは敗戦と同時に社を辞めました。

「このまま続けるわけにいかない、辞めて出直す、という気持ちでした。でもいま振り返ると、『早まった』と思います。一個人の身の処し方しか考えていませんでした」

「本当の戦争の姿は実はこうだった。だれが何を狙ってやった戦争だったか。中国その他の戦場で日本が何をやったのか。太平洋戦争の真相を明らかにする努力を全社員で続けよう、と言えばよかった」

「しくじった場所にあぐらをかいてそこでやり直せ、今はそう思っています。過去の歩みに照らしながら、同じ過ちを二度と繰り返さないように。できれば、もう一回生きて新聞を作りたいね」

むのたけじ　武野武治。1915(大正4)年1月、秋田県生まれ。ジャーナリスト、文筆家。36年に東京外国語学校(現東京外国語大学)スペイン語科を卒業。報知新聞を経て40年秋に朝日新聞記者となり、45年8月に退社するまで東南アジア特派員、社会部遊軍記者などを務める。48年に故郷秋田で週刊新聞「たいまつ」を創刊。78年に休刊するまで30年間、主幹として健筆をふるう。近著に「日本で100年、生きてきて」(朝日新書)、「むのたけじ100歳のジャーナリストからきみへ」(共著、全5巻、汐文社)。さいたま市在住。

封印してきた重い体験

60年後にシベリア抑留記出版、元南日本新聞記者の橋元等さん（92）千葉市

シベリア抑留記の本を手にする橋元等さん＝2015年10月29日、千葉市

元南日本新聞記者、橋元等さん（92）＝千葉市＝が、シベリア抑留を振り返る「〝生き地獄〟からの生還　蘇るシベリア抑留痛恨の記憶」（南日本新聞開発センター）を出版したのは２００７年だった。１９４９（昭和24）年の復員から約60年を経て、やっと当時の体験をありのまま記すことができた。戦争の傷は、深かった。

＊

51年に南日本新聞社に入社した。79年に56歳で退職するまで、自らの戦争体験を文章にした記憶はない。

「シベリアのことは正直思い出したくなかった」。現在、娘と暮らす千葉市の自宅で、そう話す。

避け続けてきたことを書いてみると、60年前の一こま一こまが鮮明に浮かんできた。「心の奥底に刻まれた傷の深さ」に気づいた。

敗戦時は満州・チチハルにいた。ソ連軍侵攻に備える関東軍国境守備隊の工兵少尉だった。敵戦車を待ち伏せし、爆弾を胸に抱えて体当たりする「肉迫攻撃班」の編成、指揮を命じられ、訓練を繰り返していた。

その〝特攻作戦〟を実行する前に45年8月15日が来た。危機一髪で難を免れた喜びもつかの間、ソ連軍捕虜に。シベリア奥地まで連行された。4年間の「いけにえ」の始まりだった。

氷点下30度前後の極寒の中、凍傷の恐怖と闘いながら採石や穴掘りに従事した。ノルマを達成できないと黒パンの量を減らされた。落石事故で命を落とす者も。元日本兵の硬直した裸の遺体が山と積まれた光景も見た。

意地の悪いソ連軍中尉に反抗し、独房に入れられたことが2度あった。共産主義の思想教育も受けさせられた。無事に帰国できたのは奇跡だった。

心身ともに打撃が大きく、2年ほど療養期間が必要だった。「帰ってきても言えないことは多かった。今でも言えないことはある」

森元朗さん

大阪毎日新聞の海軍報道班員から南日本新聞社に転職し、戦後すぐ社会部長を務めた実兄・森元朗さん(故人)も、戦時中の話はほとんどしなかった。体験の重さに、記者たちは口をつぐんだのか。

橋元さんは戦争体験のない後輩記者たちに向けて言う。「戦争への動きを止めるのはメディアの役目。始まってからでは遅い」

特攻取材前、異色の「風土記」連載

元南日本新聞記者の故川越政則さん

1944(昭和19)年3月から9月まで、105回にわたって鹿児島日報に連載された「薩摩風土記(スタート時は薩摩風土誌)」は、勇ましい戦況で埋まる紙面の中で異色だ。郷土の民芸品や自然、民俗、風習を取り上げ、カット絵もついた。

担当者は戦後、南日本新聞社長も務めた川越政則さん(故人)。

44年3月22日付の1回目のテーマは「国分の玩具」だ。「玩具の世界は子供の國であるとと

川越政則さん。戦後すぐのころ、編集局内で写した写真とみられる（家族提供）

もに大人の夢の世界でもある。（略）玩具のない國は考へただけでさびしい。玩具こそは清らかな人間の夢だ」と、書き出した。

同28日、5回目の「阿多張りキセル」の回には「どんな小さな民藝品にも生命は宿る。大勇猛心を必要とするこの時局下今になほ薩摩の魂と姿をそのまま保ったものが我々の座右に生存してゐてくれるといふことは例へ一本のきせるでも限りない喜びだ」。29日の「風雅な知覧の傘提灯」を取り上げた6回目では、「戦争が始まってからは贅澤品と云ふ名目で殆ど作られなくなってしまった」と書いた。

戦争の対極に位置する夢の世界、民芸に目を向けてゆとりある暮らしに寄り添うような連載は、44年9月2日付まで続いた。10月には特攻作戦が始まる。45年4月になると、「本社川越特派員」の基地ルポがしばしば紙面に登場した。

戦後、川越さんは地方文化への造詣の深い記者として知られた。息子の一路さん（69）は「戦争のことは口にしたくない、という感じだった。意図的に戦争から目を外し、文化に力を注いでいったのではないだろうか」と話す。

薩摩風土誌（一）
國分は玩具の寶庫

薩摩風土誌1回目。鯛車のカット絵が添えられた（1944年3月22日付鹿児島日報）

新聞社主催で特攻隊慰問

基地に古本贈呈運動

新聞社は記事や広告だけでなく、事業の面からも戦争遂行に手を貸した。鹿児島日報の場合、地域にあった特攻基地に演芸隊を送り込んだり、古雑誌を届けたりする慰問活動も展開した。

「特攻隊慰問」の社告が鹿児島日報に初めて登場するのは、1945（昭和20）年5月3日付だ。「演藝隊と古雑誌を募る」とし、特攻隊員たちの「出発前の一と時を慰め励ますため」

に協力を求めている。

7日付には2度目の社告とともに、少年読み物、婦人雑誌、岩波文庫などが続々と本社へ集まっている、という記事が載る。

だが、まだまだお願いしたい、と呼び掛け「(特攻の神々を力づける)あなたの心は神々の不滅の魂とともに生きてゆく」と大げさだ。

11日付では、古雑誌は「早くも四千冊を突破す」と報じられる。同時にその前日、○○基地の海軍報道班長が「待ち切れずに本社を訪ね」、打ち合わせ後、即日第1回分をトラックで基地に送ったことも記されている。添えられた写真には、山積みの雑誌を囲む海軍報道班長と鹿児島日報の木下猛社長が写る。

国策に県民を動員するため、新聞社は全力を挙げた。

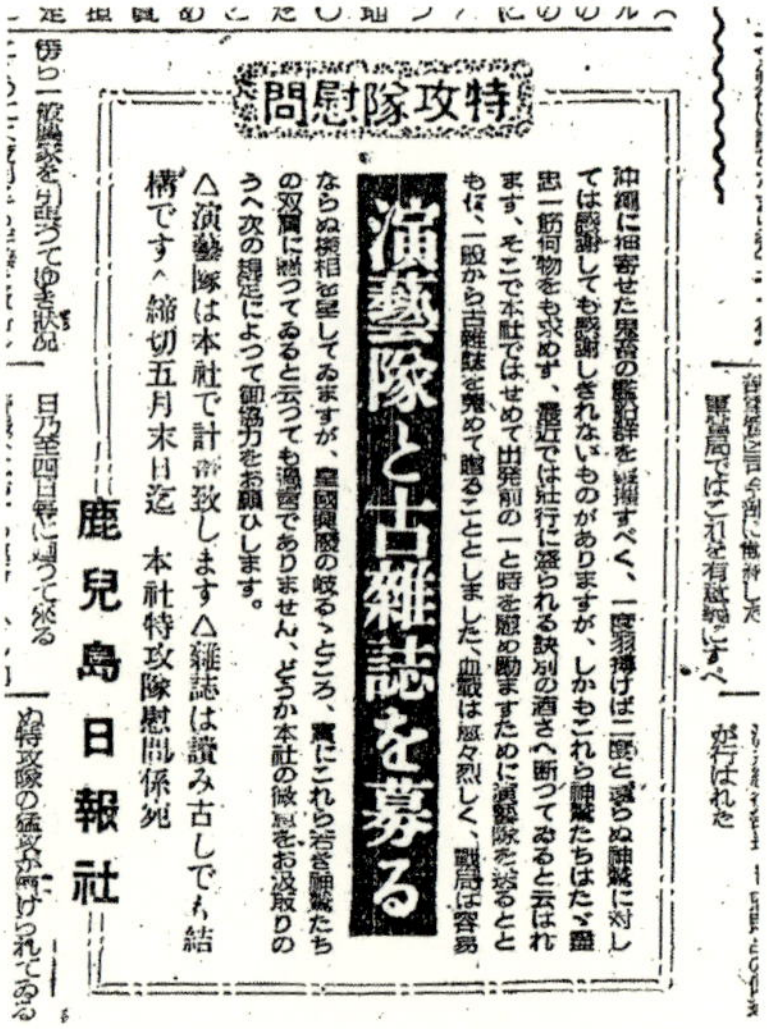
特攻隊慰問
演藝隊と古雜誌を募る
沖繩に押寄せた鬼畜の艦船群を殲滅すべく、一度羽搏けば二度と還らぬ神鷲に對しては感謝しても感謝しきれないものがありますが、しかもこれら神鷲たちはたゞ盡忠一筋何物をも求めず、最近では壮行に送られる訣別の酒さへ斷つてゐると云はれます、そこで本社ではせめて出發前の一と時を慰め励ますために演藝隊を送るとともに、一般から古雜誌を集めて贈ることとしました、血戰は愈々烈しく、戰局は容易ならぬ様相を呈してゐますが、皇國興廢の岐るゝところ、實にこれら若き神鷲たちの双肩に繋つてゐると云つても過言でありません、どうか本社の微意をお汲取りのうへ次の規定によつて御協力をお願ひします。
△演藝隊は本社で計畫致します△雜誌は讀み古しでも結構です△締切五月末日迄　本社特攻隊慰問係宛
鹿兒島日報社

特攻隊員に贈る古本を募る本社社告
(1945年5月3日付鹿児島日報)

第8部　伝承の壁

戦後70年、太平洋戦争は「同時代史」から「歴史」になりつつある。戦争体験者が少なくなっていく中、特攻の真実をいかに後世に伝えていけばいいのか。課題を探る。

1・遺書

英雄、犬死に、二元論で語れぬ実相

北アルプスの山嶺《さんれい》の懐に、豊かな田園地帯が広がる長野県の安曇野《あずみの》。雄大なパノラマを望む同県池田町の小高い丘に、1945(昭和20)年5月11日、陸軍特別攻撃隊第五六振武隊員として知覧町(現・南九州市)の知覧飛行場を飛び立ち、沖縄海域で戦死した陸軍少尉、上原良司＝享年(22)＝の碑がある。

良司は池田町生まれ。碑には、慶応大学経済学部在学中の43年12月に学徒出陣した良司が出撃の前夜、報道班員、高木俊朗(故人)の求めに応じて書き残した遺書、「所感」の一部が刻まれている。

「自由の勝利は明白な事だと思います」「権力主義、全体主義の国家は一時的に隆盛であろうとも、必ずや最後には敗れる事は明白な事実です」

当時の日本は、天皇、国家を支える「悠久の大義」のために、国民がその命をささげるのは当然—という全体主義に染まっていた。「国賊」「非国民」と指弾される「自由主義者」としての主張を堂々と表明した〝異色〟の遺書は、戦没学徒兵の遺文集「きけ　わだつみのこえ」

改訂版の冒頭を飾る。

「一器械である吾人《ごじん》は何も云《い》う権利もありませんが、ただ、願わくば愛する日本を偉大ならしめられん事を、国民の方々にお願いするのみです」

良司は、自らの不条理な死を受け入れる代わりに、多様な価値観を保障する新生日本の実現を国民に訴えた。「良司の碑」はその思いを末永く後世に伝えようと、2006年、地元有志によって建てられた。

池田町の隣、良司が思春期を過ごした穂高町、現在の安曇野市に住む地域史研究家、中島博昭さん(81)は1983年、教師として母校の松本深志高校(松本市)に赴任した時、同校の前身、旧制松本中学校の卒業生だった良司を知り、「所感」に衝撃を受けた。

特攻隊員でありながらどうして、このような踏み込んだ思想をはぐくめたのか？　その疑問から、中島さんは良司が出撃までに残した三つの遺書、六つの日記類を詳しく分析。

中島博昭さん

妹や友人らの証言を集めて、その思想形成の過程を探った。結果を85年、「あゝ祖国よ恋人よ」という本にまとめた。

良司は、兄2人、妹2人の5人きょうだいの三男として生まれた。開業医である父・寅太郎の「自分の思ったこと、言いたいことは、誰の前でも隠さずに言うこと」という教育方針の下、

冠雪した北アルプスと安曇野の絶景を望む高台にある「上原良司の碑」＝長野県池田町

家族全員が音楽に親しむ文化的な家庭環境で育った。ちなみに軍医になった兄2人も戦地から戻らず、上原家は男兄弟3人全員を失っている。

中島さんは「長野の自由民権運動に大きくかかわった祖父の存在や、自主的な校風のある松本中学や慶応大学に進学したことが、のちの自由主義者の素養を形作った」と話す。

だが、軍に入った頃の良司はまだ全体主義の範ちゅうにあった。徴兵猶予が廃止された43年9月、愛読書の見開きに記した「第一の遺書」には、「直接国家に尽すことが間接に御両親様の御恩に報ゆることと確信致して居《お》ります」。当時の一般兵士と変わらない論調だ。

それが飛行学校在学中の44年2～6月に書かれたとみられる「第二の遺書」では「日本が真に永久に続くためには自由主義が必要である」と、自由主義者の意思を鮮明にし、「第三の遺書」となる「所感」では、国民に自由主義への目覚めを促すまでに至った。

特攻出撃前日、陸軍知覧飛行場で高木俊朗報道班員が撮影した上原良司（写真右）。隣は同じ第五六振武隊員の京谷英治少尉＝中島博昭さん提供

中島さんは「良司の中の自由主義の芽を開かせたのは、人間の尊厳を奪い、感情を持たない『一器械』に仕立て上げようとする軍隊の不条理だった」と指摘する。「遺書や日記を丁寧に見ていくことで、それが見えてくる」

中島さんは、「所感」で、良司が一人称の「私」、二人称の「我々《われわれ》」「吾人」、三人称の「彼」「自由主義者」を厳密に区別して使い分けていることに気付いた。「我々」と同じ「私たち」を意味する「吾人」は、「自由が必ず勝利する」「国民に日本を偉大な国にしてほしい」と、良司が最も強く主張する2カ所で使われていた。

「『吾人』は『物言わぬ特攻隊員を代表して』という含みで使ったのではないか。良司の考え方が、決して〝異色〟ではなく、学徒兵の多くに共有されていたことを示唆するものだ」と中島さん。

「志願」か「強制」か？　「英雄」か「犬死に」か？　これまで分かりやすい二元論で語られがちだった特攻。中島さんは「私たちは、隊員一人一人の内面に分け入り、遺書の行間に込められたそれぞれの思いを読み取る努力をしてきただろうか」と問い掛ける。「画一的な見方では、特攻の実相から遠ざかるだけ。軍に『一器械』とひとくくりにされた特攻隊員たちを、死んだ後も同じ目に遭わせていることになる」

2・体当たりせず
夜襲貫いた異色の部隊

横尾啓四郎さん

1945(昭和20)年4月28日未明、21歳の海軍上等飛行兵曹、横尾(旧姓・久米)啓四郎さん(92)＝佐賀市＝は、2人乗り爆撃機「彗星《すいせい》」を操縦し、鹿屋海軍航空基地を離陸して沖縄に向かった。後席の偵察員は小菅靖雄少尉。立命館大学出身の予備士官で、横尾さんの一つ上だった。

2人にとって沖縄攻撃は初めて。当時の主要戦術の特攻ではなく、夜間攻撃を繰り返す「夜襲隊」としての参加だった。この日は、沖縄本島中部にある飛行場に、高度100メートルで爆弾を投下する命令を受けていた。

1時間半後、沖縄に到着。爆撃のため、高度を低く取ると、米軍の猛烈な対空砲火が待ち構えていた。暗闇を飛び交う曳光弾《えいこうだん》が槍《やり》ぶすまのようだ。その時、「やられたーっ」。後席の小菅少尉が叫んだ。

弾が脚に当たったらしい。爆弾投下のタイミングも逸したため、そのまま海上へ抜け、

芙蓉部隊が使用した２人乗り爆撃機「彗星」（斎藤久夫さん提供）

本土へ引き返した。沖縄の海を埋めた米艦艇から、またすさまじい弾幕が追い掛けてきた。

小菅少尉が「痛い、痛い」とうめく。操縦席内は血の臭いでいっぱいだ。声は次第にか細くなり、途絶えた。鹿屋基地に着いた時、まだ息はあったが、軍医は手当てしようともしなかった。

「血液型も考えず『私の血を輸血してください』と申し出たけど、『もう助からん。おまえは明日も出撃するんだろう。飯を食って英気を養え』と言われた」。その時を振り返る横尾さんの顔は苦悶《くもん》にゆがんだ。

彗星の胴体には、４発の弾が当たっていた。横尾さんは「防御が薄い夜間でもこんなにすごいのだから、迎撃機も多い昼間に飛ぶ特攻機が、目標に到達するのは容易ではない」と痛感した。

一方で、「うちの指揮官はよく戦場の実態が分かっているな」とも思った。その指揮官は、「俺は貴様らを特攻には絶対に出さん」と訓示していた。「『思い切ったことを言うなあ』と思っていたが、あの猛烈な防御網をかいくぐって、戦い続けていくための有効な方策が夜襲ということはよく理解できた」。指揮官に対する信頼が強まった。

夜襲隊は名称を「芙蓉《ふよう》部隊」といった。部隊を提案し、指揮したのは、美濃部(旧姓・太田)正少佐＝１９９７年、81歳で死去＝だ。

横尾さんは、その後も複数回、沖縄夜間攻撃に参加し、生還した。機体を全喪失した段階で部隊が消える特攻隊と違い、芙蓉部隊は、犠牲者を出しながらも、終戦まで作戦行動を継続した。

「生き延びることができたのは、運の良さもあるが、あの特攻一色の風潮の中、ぶれることなく夜襲作戦を貫いた美濃部さんのおかげでもある。あんな指揮官もいたことを、多くの人に知ってもらいたい」

3・愚かな作戦
勇気ある指揮官の遺言

1945(昭和20)年2月、海軍連合艦隊司令部は、木更津航空基地(千葉県)に、100人近い航空指揮官を集め、迫る沖縄戦へ向けた作戦会議を開いた。その中に、藤枝航空基地(静岡県)で、夜間襲撃部隊「芙蓉《ふよう》部隊」を編成中だった29歳の美濃部正少佐=97年、81歳で死去=もいた。最下級の出席者だった。

連合艦隊首席参謀は、訓練用の燃料の不足、それに伴う搭乗員の技量低下を理由に、戦闘機や偵察機の一部を除く保有全機を特攻に使う方針を打ち出した。「赤とんぼ」と呼ばれた低速の九三式中間練習機(九三中練)まで駆り出すという。

「(米軍の)すさまじい対空砲火、直衛戦闘機網の中に時速150キロ足らずの訓練機がどの様にして敵に近づけるのか? 戦場を知らぬ狂人参謀の殺人戦法に怒りを感じた」。自伝「大正っ子の太平洋戦記」で、美濃部は戦場の現実を無視して、安易に若者を死地に追いやる軍上層部に激しい反発を覚えたと証言する。

だが、出席者はだれ一人、異議を唱えない。美濃部は抗命罪に問われることも覚悟で発言した。

「若い搭乗員が一命を賭《と》して国に殉ずるには、それだけの成算と意義が要ります。精神力一点ばりの空念仏では、心から勇んでたつことはできません。同じ死ぬなら、確算ある手段を講じていただきたい」

「搭乗員指導の創意工夫も足りない。訓練を見ていただきたい。私のところでは総飛行時間200時間の搭乗員でも夜間進撃が可能です。ぜひ、訓練を見ていただきたい」

美濃部の発言は、全軍特攻方針を変えることはできなかったが、芙蓉部隊を特攻編成から外し、中練特攻の実施先延ばしにつながった。

全軍特攻方針に異議を唱えた芙蓉部隊指揮官の美濃部正少佐

その発言ははったりではなく、芙蓉部隊は実際に工夫を凝らして、操縦経験不足を補っていた。

「『猫日課』と称した昼夜逆転生活の徹底で夜目が利くようにしたり、基地の立体模型を使って夜間離着陸の手順を学んだり…。美濃部さんはとにかくアイデアマン。部下の提案も柔軟に受け入れた」。先任下士官として、若手搭乗員の技量向上に当たった横尾(旧姓・久米)啓四郎さん(92)＝佐賀市＝は証言する。

昭和史に詳しいノンフィクション作家の保阪正康さん(76)は、美濃部を「自分が取材した旧軍人の中でも、本当に尊敬できる人物の一人」と話す。「与えられた環境で最善を尽くす。彼の行動を見れば、軍人として当たり前のことを当たり前にこなしただけだが、逆にそんな指揮官がわずかだったことに驚かされる」

保阪さんの取材に美濃部は答えたという。「ああいう愚かな作戦をなぜ考え出したか。私は今もそのことを考えている。特攻作戦をエモーショナル(感情的)に語ってはいけない。人間統帥、命令権威、人間集団の組織のこと、理性的に詰めて考えなければならない。あの愚かな作戦と、あの作戦で死んだパイロットとは全く次元が違うことも理解しなければならない」。その言葉は、特攻の伝え方を考える上で大きな示唆に富む。

4・根強い志願説
指導者証言の多さに要因

太平洋戦争が終わって6年後の1951(昭和26)年、戦時中、機密だった特攻作戦に関する初の書籍が世に出た。題名は「神風特別攻撃隊」(日本出版協同)。共同著者となった猪口(のち詫間)力平、中島正＝ともに故人＝の両氏は、44年10月、フィリピンにおける初の航空特攻の実施主体となった海軍第一航空艦隊首席参謀、第二〇一航空隊飛行長を、それぞれ務めた海軍兵学校出の指導者たちだった。

特攻はまず、「命じた側」から語られ始めた。

「この特別攻撃隊を強制してばかりやったように考え勝ちであるが、強制のみでこういう絶対的な〃きつい〃ことが、何等《なんら》のよどみもなくあのように多く、あのように長くつづいてやれるものではあるまい。命ずるものと命ぜられるものとの心の底に、何ものか相通ずるものがあった筈《はず》である」

同書の一節だ。「命じた側」は、特攻が若い隊員の「自発的な志願」によって成り立っていたことを強調した。

「強者が弱者を死地に追いやっていくのが特攻や戦争の本質」と話す桑原敬一さん＝2015年12月、神奈川県大和市

45年5月、串良町（現・鹿屋市）の串良海軍航空基地から2度出撃したものの、いずれも機体故障で引き返し、生き残った元特攻隊員の桑原敬一さん（89）＝横浜市瀬谷区＝は、「特攻は実質的な強制だった」と言う。

桑原さんは「軍というのは、絶対的な上意下達の命令社会。さらに『人前で弱みを見せるな』『家族や郷里の人々に恥をかかせるな』など、明治以降の富国強兵の国策下で強められた『恥の文化』が加わって、下位者はいかに理不尽であっても、上位者の意向を拒否できなかった」と指摘する。

桑原さんによると、海軍では「行き足」という言葉が重視された。

「同調圧力が特に強い軍内部では、上官の説明を十分聞かなくても、その意向を忖度《そんたく》し、他者に先んじて一歩前に出て、前向きに取り組む気持ちを表明する。そんな兵士が『行き足のあるやつだ』と、評価された。だから、いざ志願した後になって皆、心の葛藤に悩まされることになった」。その典型が特攻だった。

桑原さんは、特攻隊員の葛藤を率直に語った手記が少ないことに気付き、戦後40年近い84年に、自らの特攻体験を「串良―ある特攻隊員の回想」と題した手記にまとめた。予科練時代の仲間や上司からは、弱みをさらけ出したことに批判も出て、戦後も「上意下達」の文化が生き永らえていることに気づかされたという。

ノンフィクション作家の保阪正康さん(76)によると、桑原さんのような一般兵士の手記は、戦後50年が経過した１９９０年代に出版が目立ち始めたが、戦後間もない時期から世に出た指導者層の手記に比べ、その数は圧倒的に少ない。

この量的〝格差〟が今後、どう影響してくるか。桑原さんは体験者が少なくなってきた最近、戦争体験から遠い若い世代が書く特攻論に「志願」を前提にしたものが目立ってきたと心配する。「『強者が弱者を矢面に立たせる』という、特攻の本質が伝わらなくなるとしたら怖い」

5・神国日本「名誉ある死」が目的に

「このような特別攻撃隊を創設せずにすますためには、日本は、マリアナ失陥直後終戦すればよかったし、こんな特別攻撃隊をこれから先出さぬようにするためには、世界が戦争をせねばよろしいことである」

参加者に死を強制する特攻作戦を指導した旧海軍幹部が1951(昭和26)年、初の特攻記録として世に出した「神風特別攻撃隊」(猪口力平・中島正著、日本出版協同)。そのわずか3行の「あとがき」がこの一文だ。

将来ある多くの若者たちを死地に送り込んだ指導者の言葉としては、はなはだ当事者意識に欠けた言い方に思えるが、軍事のプロとして、戦争を収拾すべきだった時期についての見方は間違っていない。

1944(昭和19)年7月、「絶対国防圏」の要と位置づけたマリアナ諸島を米軍に奪われた時点で、太平洋戦争における日本の「敗北」は確定していた。同諸島から飛ぶ大型爆撃機B29の爆撃範囲に日本列島の全域が含まれたからだ。

にもかかわらず、日本は、その後も1年余にわたって、「一億総特攻」の掛け声の下、勝算のない戦いを続けた。

「軍事的観点から『もう勝てない』と分かっていたのに、ほこを収めようとせず、破滅的な敗戦へと突き進んだ。日本が軍事的合理性を最優先する単なる『軍事国家』でなかったことを、この事実が示している」。そう指摘するのは、児童読み物作家の山中恒さん(85)＝神奈川県藤沢市＝だ。

児童文学を数多く書く一方で、書籍や雑誌など、膨大な戦前資料を収集。それをもとに「ボクラ少国民」シリーズなど、戦前の世相を分析するノンフィクション作品を数多く発表してきた。

「国家に殉ずる考えを注入するのに、これら子ども用図書も大きな役割を果たした」。自宅書庫で語る山中恒さん＝2015年12月、神奈川県藤沢市

「日本は天皇を中心とした『神の国』という、国体原理主義を推進し、『天皇のために死ぬことは名誉なことだ』と、死を恐れない教育を子どもを中心に刷り込んだ。その結果、『神国である日本が絶対に負けるはずがな

い』という幻想が国民に広まり、無謀な特攻や玉砕作戦を後押しすることにつながった」と話す。

山中さんは「自分もそんな少国民の一人だった」と告白する。旧制中学校2年生で迎えた終戦。「神国を敗北に追いやった責任を取って自決しなければと本気で考えた」

「日本の戦争は『宗教的な実践』だったと考えれば分かりやすい」と山中さんは言う。「理屈を超えた『雰囲気』が大切にされ、末期の特攻のように『死ぬこと』そのものが目的化しても、だれも違和感を持たなかった。主観的にしか現実をみようとしない、国家と国民に、特攻隊員は死に追いやられていった面がある」

「物事を客観化、相対化する習慣がなくなると、特攻のように、物量の差を『精神力』で何とかしようという危険な発想が出てくる。一時の熱狂に浮かされやすいという自らの悪弊を日本人はきちんと見つめていく必要がある」と山中さんは語った。

6・資料館
求められる多様な視点

霜出勘平さん

「特攻の記憶」の継承に大きな役割を果たしてきたのが、知覧(南九州市)、万世(南さつま市)、鹿屋(鹿屋市)など特攻基地跡に開設された資料館だ。

これらに共通するのは、特攻隊員の遺族や旧軍関係者から寄せられた遺書・遺品の展示施設としてスタートしたという点だ。その〝出自〟ゆえに、戦死者の鎮魂・慰霊の場としての色彩が濃くなり、特攻を客観的、批判的に見る視点が足りなかったことは否めない。

知覧特攻平和会館を抱える南九州市は、世界中の人々に同会館を訪れてもらおうと、貴重な特攻関係資料を国連教育科学文化機関(ユネスコ)の世界記憶遺産に登録する運動に2012年から取り組む。その過程で、「日本からの視点のみの展示が多い」と、客観性不足を指摘された。

2015年12月で南九州市長を勇退した霜出勘平さん(74)は、「世界的に価値ある資料と

多様な視点への対応に取り組み始めた知覧特攻平和会館

認められるには、世界の人々に受け入れられるような『普遍的な価値』を見いだす努力と、こちらから積極的に対外発信する姿勢が大切なことを教えてもらった」と話す。

市は、その指摘に沿って15年4月、米・ハワイ州の戦艦ミズーリ記念館が企画した特攻企画展に初めて英文展示資料を貸し出した。大戦中に特攻機が突入した戦艦での展示とあって、市側は来館者の反発も懸念したが、実際には「多くのことを学べた」「興味深かった」と好意的な評価が多かった。否定的な反応はごくわずかで、記念館からは開催期間延長の申し出を受けた。

知覧特攻平和会館の桑代睦雄さん(55)は「きちんとした説明を心掛ければ、かつての敵国の人々にも受け入れられることが分かり、自信になった」と話す。

だが、次いで取り組もうとした、アウシュビッツ強制収容所跡地を抱えるポーランド・オシフィエンチム市との連携では、真逆の反応が出た。

「祖国や家族を守るために出撃した特攻と、ナチス・ドイツによるユダヤ人虐殺の象徴を同じように扱うのはおかしい」との批判が、日本国内から巻き起こった。南九州市役所には、ネットの呼び掛けに呼応した抗議電話が殺到し、市は交流協定締結を断念せざるをえなかった。

霜出さんは「特攻隊員もユダヤ人も、『国家に死を強制された』という視点で考えれば同じ、と考えたが、その視点をどうしても認めていただけなかった」と説明する。

「この1年、特攻を後世に伝えていくことの難しさを痛感した」と語った霜出さん。それでも「今後の資料館にとって、特攻を多様な視点から見つめていく姿勢は欠かせない」と言い切った。

7・新たな器

戦争の「構造」伝えたい

大分県宇佐市の田園地帯を歩くと、半円形をしたコンクリート構造物が点々と見つかる。太平洋戦争中、敵の空襲から日本軍機を守るために造られた「有蓋掩体壕《ゆうがいえんたいごう》」。１９３９（昭和14）年から敗戦までの6年間、この地に存在した「宇佐海軍航空基地」の名残だ。一つの基地跡で10基も残っているのは全国でもここだけという。

同基地に置かれた練習航空隊「宇佐海軍航空隊」は、航空母艦（空母）に載せる攻撃機や爆撃機の搭乗員を養成。宇佐航空隊の初代飛行隊長を務めた高橋赫一《かくいち》大佐は、太平洋戦争の口火を切った真珠湾攻撃で、最初の爆弾を投下した人物として知られる。

戦争末期には、練習航空隊の教官、練習生による特攻隊が編成され、45年4～5月、鹿児島県の串良（鹿屋市）、第二国分（霧島市）の両基地から沖縄に向け出撃。１５４人が戦死した。

宇佐市は、これら宇佐海軍航空基地と練習航空隊の歴史を紹介する資料館「市平和ミュージアム」（仮称）を、戦後75年に当たる２０２０年に開館する予定だ。

「宇佐ならではの特色ある平和ミュージアムを実現したい」と語る平田崇英さん＝2015年12月、宇佐市閣の市平和資料館

　平和ミュージアムは現在、基本構想の段階だ。市はミュージアム開館までの暫定施設として、もとシイタケ倉庫の建物を改造した「市平和資料館」を13年にオープンさせた。特攻を取り上げてヒットした映画「永遠の0」の撮影に使われた零式艦上戦闘機の実物大レプリカなどが目を引く。

　市内にある古寺・教覚寺の住職で、地域おこし団体「豊の国宇佐市塾」塾頭を務める平田崇英《そうえい》さん(67)に、同資料館で会った。

　宇佐市塾は、地域に埋もれたものを掘り起こす「宇佐細見《さいけん》」活動の一環として、1989年に宇佐海軍航空隊の調査に着手。調査で集めた旧軍関係者らの貴重な証言を「宇佐航空隊の世界」と題した5冊の本にまとめてきたほか、掩体壕の文化財指定を市に働きかけたり、市民が戦跡に親しむ「平和ウオーク」を開催したりして、こつこつと資料館整備の機運を醸成してきた。

近年は、米軍機が日本各地を空襲する様子を写したガンカメラ映像の収集・分析で、その名前は全国区となっている。

「宇佐ならではの資料館の実現を目指して四半世紀以上、資料や映像の収集をしてきたから、ここまでこぎ着けられたことは素直にうれしい」と平田さん。その一方で「後発施設として、よほど施設の目的を明確化しないと、知覧など九州の先行施設に埋没する」と、先行きを楽観視しない。

平田さんが、実現したいのは、中学生をメーンターゲットに、戦争が起きる「構造」を伝えることができる資料館だという。「戦争の歴史を学ばなければ、平和の大切さも分からない」と考えるからだ。

「戦争の現実は勝者もなく、敗者もなく、犠牲者しか生まない。それを戦争を知らない世代に伝えられるように、施設の展示内容などを細かく詰めていくこれからが正念場」と意気込みを見せた。

8・学校新聞の挑戦
記憶に眠る史実を発掘

鹿児島市谷山中央8丁目にある鹿児島南高校の新聞部が、同校敷地もその一部だった巨大軍需工場「田辺航空工業」の調査報道に取り組んで、２０１５年で3年目になる。

新聞部の前身の新聞部同好会は13年5月に誕生。同年7月に学校新聞「鹿南タイムズ」の創刊号を発行して一息ついていた部員に、当時の山之口大《まさる》校長が、「本校周辺は『田辺地区』といわれているけど、それは戦時中の軍需工場に由来するらしい。調査してみたら」と呼び掛けたのが、着手のきっかけだった。

インターネット世代の部員は、早速、ネット検索を掛けたが、ほとんどヒットしなかった。郷土史家のブログや郷土誌などで、同工場が水上機のフロート(浮き舟)を造っていたことは分かったが、それ以上の具体的な情報は得られなかった。

行き詰まった部員に、ＰＴＡ会長が戦時中、工場に学徒動員されていた男性を見つけてきてくれた。男性への聞き取りから、工場が、互いの作業内容が分からぬよう四つの区画に分けられていたことや海軍の零式水上偵察機(零式水偵)のフロート生産では最大手だっ

顧問の池之上博秋教諭と取材内容の打ち合わせをする鹿児島南高校新聞部員＝2015年12月、鹿児島市谷山中央８丁目

たこと、学校敷地周辺に社宅が多くあったため「田辺」という地名が付いたこと―などが分かった。

13年12月、「鹿南タイムズ」第2号に「本校は巨大軍需工場跡」と大見出しを打って報じた。当時、2年生で取材に当たった廣庭佳奈さん(19)＝長崎県立大学シーボルト校1年生＝は、「歴史は、教科書で学ぶ堅苦しいものだと思い込んでいたが、身近な人の記憶の中にあることが分かり、印象が変わった」と振り返る。

新聞部は15年9月発行の第7号で、田辺航空工業が、現在の伊佐市に工場を疎開させ、そこで海軍の哨戒機「東海」の胴体を生産していた事実をスクープした。部長の2年、米山直希君(16)は「人の協力やつながりがあって、事実に迫ることができている。資料のない史実を掘り起こしていくのは難しいが、やりがいがある」と語る。

新聞部は今後も、田辺航空工業の全貌を解明すべく、調査報道を継続していく方針だ。たどっていった先には、たぶん特攻もある。同工業が部品を生産した零式水偵は特攻機でもあったからだ。

戦時中、日本最大の特攻出撃地だった鹿児島。機密事項ゆえに、事実の多くが、上官や同僚ら軍関係者の手記などによって後世に伝えられてきたが、いまだ記録されていない史実が、特攻に接した県民の記憶の中に数多く眠っている。

体験者の死とともに消える史実をいかに記録していくか。残された時間は少ないが、高校生が示したように、まずは自らの足元に刻まれた「戦争」を見つめたい。

第8部「伝承の壁」余話

創意工夫で最善尽くす

特攻拒んだ芙蓉部隊指揮官・美濃部正少佐の思い出語る元隊員

特攻に反対を唱えた軍人がいた。第8部「伝承の壁」の2、3回で取り上げた芙蓉《ふよう》部隊指揮官の美濃部正少佐＝1997年、81歳で死去＝だ。時代の空気に染まらず、自分の頭で考え、行動できた人物だった。

「同じ死ぬなら確算ある手段」を講じるべきと、芙蓉部隊は特攻の代わりに沖縄への夜襲攻撃を鹿屋、岩川の両海軍航空基地を拠点に、1945(昭和20)年4月から終戦まで4カ月余、継続した。連載には、美濃部を「アイデアマン」だったと評する下士官が登場するが、その手腕に関する証言はまだある。

「物不足をいたずらに嘆かず、あるものを最大限に有効活用して、継戦能力を維持していく。それが部隊と指揮官・美濃部少佐の流儀だった」と総合力を語るのは、元整備兵の槙田崇宏さん(89)＝静岡市清水区＝だ。

最たるものが、主力機種に水冷列型エンジンの2人乗り攻撃機「彗星」を据えた経緯だろう。

愛知航空機製の同機は、ドイツ・ダイムラーの液冷列型エンジンをライセンス生産した「熱田エンジン」を載せた先進的機体だったが、当時の日本機の主流だった空冷星型エンジンと構造が違いすぎて、戸惑う整備兵も多かった。そのため、稼働率が低く、各部隊で放置されていた。

芙蓉部隊や指揮官の美濃部正少佐について語る元隊員の（左から）槙田崇宏さん、田中正さん、渋谷一男さん

美濃部は愛知航空機の担当者を呼んだり、逆に整備員を先方に派遣したりして、整備方法の習熟に努めた。

芙蓉部隊の後方拠点である静岡・藤枝海軍航空基地に45年2月ごろ、整備兵として着任した田中正さん(91)＝福岡市南区＝は「水冷列型エンジンは初めてだったが、講習の場が非常に多く、班長が懇切丁寧に教えてくれ、助かった」と振り返る。

芙蓉部隊の航空機稼働率は、他部隊の50～60％に対し70～80％と、高率を維持し、終戦時も150機の稼働機を有していた。

同様に力を入れたのが、地上にある飛行機を破壊されないための手立てだった。複数の航空隊が利用する鹿屋海軍航空

1945年４月上旬、沖縄戦へ向け鹿屋海軍航空基地に集結した芙蓉部隊員。２列目右から６人目の革ジャンパーの人物が美濃部正少佐

基地から、部隊単独で使用する岩川海軍航空基地に移転した45年5月末以降、それはさらに徹底された。

飛行機が帰還するとすぐにガソリンを抜き、滑走路から500～1000メートル離れた林の中に運んで隠す。ガソリンをいれたまま隠していると、敵機にあてずっぽうに機銃掃射された場合、発火してしまうからだ。

出撃機のない昼間には滑走路に刈り草を敷き、移動式の小屋を置いたり、牛を放って、牧場を装った。草が枯れてくると、地元の農家に依頼して新しい刈り草に取り替えてもらっていた。

美濃部は自伝で「農民の協力に対し、月2万円の支払いはあったが、1機十数万円の飛行機を焼かれるよりもましであった」と吐露する。

これらの作業を担ったのが、整備兵ら地上支援員で、激務が続いた。美濃部は「芙蓉部隊の戦闘も、１０００人近い地上支援の献身的若者なくしてはなりたたなかった」と感謝している。

部隊で零戦の無線の調整を担当していた渋谷一男さん（89）＝静岡県島田市＝は、ある光景を覚えている。

芙蓉部隊の主力機「彗星」

会議から戻ってきた美濃部が一般兵士に向かって、「５月には航空ガソリンがなくなってきそうだ」と会議の内容を話し始めたのだ。「下の人間には何も知らせるな、という士官が多い中で、この人はわれわれにも必要最低限の情報を伝えてくれるんだな」と思った。

部下に不条理な死を命ずることを最後まで拒んだ上官の〝自分流〟に、部下は厚い信頼を寄せていた。

芙蓉部隊の事実語り継ぐ

岩川芙蓉会顧問・澤俊文さん（75）曽於市

父が撮った芙蓉部隊員の写真を前に話す澤俊文さん＝2015年12月、曽於市岩川

太平洋戦争中、海軍芙蓉部隊の基地があった曽於市岩川に２０１５年５月、「岩川芙蓉会」（鳥丸大志郎会長）が誕生した。部隊を語り継いでいこうという民間有志の会だ。

旧大隅町には戦後、平松（旧姓名賀）光雄さん、池田秀一さんという2人の元芙蓉部隊搭乗員が暮らし、史実継承に大きな役割を果たしてきた。「2人が亡くなった今、自分たちが語り継いでいかないと」と話すのは、結成を呼び掛けた顧問の澤俊文さん（75）だ。

澤さんは、岩川で１００年以上続く老舗写真館の3代目。芙蓉部隊がいた１９４５（昭和20）年、町唯一の写真館には、飛行服姿の芙蓉部隊員が、故郷に送る写真を撮りにたびたび訪れた。

「民間には写真原板がなかったから、原板持ち込みで来ていた。父も部隊に、仕事用の原板を融通してもらったこともあったようだ」

4歳だった澤さんは、隊員たちにかわいがられた。「飛行帽をかぶらせてもらったり、マフラーを巻いてもらったり…。子ども心に『かっこいいな』と思っていた」

そんな澤さんを、父・貫一さんは夜中に起こした。基地から聞こえてくる飛行機エンジンの音に耳をすまさせ、「今からあの兄ちゃんたちが沖縄に飛んでいく。無事戻ってこられるよう父さんと祈ろうな」と語りかけた。

澤さんは「敵の防御網を突破して攻撃を仕掛け、生還する。その過酷さを父はよく分かっていたんだろう」と話す。

「『特攻を拒否した部隊』がいたことは地元の誇り。その真価を伝えていきたい」

おたよりから

酒求めて深夜の来訪＝黒岩紀子さん(74)

2015年に94歳で亡くなった母から聞いた話です。

戦時中、母は、東京から幼い私を連れて川辺町の実家に疎開していました。実家は酒造業を営んでいて、その家には夜遅く知覧から酒を求め、兵士たちが訪ねてきたそうです。

人の目を気にしなくてはならない規制があったのでしょうか、いつも人みな寝静まった時間に、数キロの山越えの道を途中までトラックで来て、あとは足音をしのばせるように歩いてきたらしいです。

祖父は玄関ではまず断り、裏口に回るように言い、そこでは祖母が真っ白な日本タオルと焼酎を一人一人に手渡していました。

その様子を、母は物陰から見ていました。深々と頭を下げる若い兵士たちの顔が、一様に真っ白で無表情だったことを「いつまでも忘れられない。心が痛んだ」と、よく話していました。（鹿児島市）

手記が伝えるドラマ＝立蔵順子さん

父が亡くなった後、遺品の中に「大空の手記」と銘打ったノートがありました。16歳で旧制福山中学校を中退し予科練を志願、合格して茨城・霞ケ浦、土浦航空隊での教育を経て、三重・鈴鹿航空隊で偵察の専修教育を卒業間近、いよいよ実戦へ向かう――という19歳から始まっています。

１９４２（昭和17）年9月から45年8月まで片時も離さず持ち歩いていたようです。戦う決意や自分を鼓舞する漢詩、戦闘の具体的な記録も。故郷に思いを寄せた詩歌には絵も添えられていました。44年に松島海軍航空隊の教員として任じられ、後輩を送り出すときの詩は苦痛に満ちていました。

戦争を知らない私は父の手記を通じ、戦争にたくさんのドラマがあったと知りました。新聞の特攻連載で語られる数行の記録にも、それぞれに壮大なドラマがあったことだろうと思います。（霧島市）

特別編　玉音放送の日

1945（昭和20）年8月15日は、昭和天皇がラジオを通し、太平洋戦争における日本の降伏を国民に知らせた「玉音放送」があった日だが、軍の正式な停戦命令はまだ出ておらず、「終戦」にはほど遠かった。同日行われた特攻や、動揺を隠せない県内航空基地の様子などを、特別編として紹介する。

敗戦知らず、「宇垣特攻」に参加

海軍七〇一航空隊・川野和一さん（90）徳島県阿南市

玉音放送から4時間余りたった45年8月15日午後5時ごろ、大分市の大分海軍航空基地を、海軍第七〇一航空隊（七〇一空）の艦上爆撃機「彗星《すいせい》」11機が、米軍占領下の沖縄を目指し飛び立った。第五航空艦隊（五航艦）司令長官、宇垣纏《まとめ》中将直率の特攻隊。「宇垣特攻」と呼ばれる海軍最後の特攻は、未帰還8機。参加した23人中、宇垣中将を含む18人が亡くなった。

米軍資料によると、2機は沖縄・伊平屋島に突入。米軍に1人死亡、2人負傷の被害を与えたが、残る6機の行方は分かっていない。一方で、3機は鹿児島県内に不時着し、5人が生き残った。

出撃のもようを伝える写真が残る。「宇垣長官の前に並ぶ隊員の前列左から6人目が私。私の後ろがペアを組んでいた種子島出身の偵察員、日高保・一飛曹です」と話すのは、元海軍一飛曹の川野和一さん（90）＝徳島県阿南市。生還者の1人だ。

出撃当日の午前、川野さんら下士官が寝泊まりする横穴壕《ごう》から飛行場に向かうと、基地内の広場に多くの軍人が集まっていた。「『何があるんだ』と聞いたら、『昼にラジオで重大発表がある』という。玉音放送のことだったが、それを聞く時間はなかった」

飛行場では、特攻隊の編成と搭乗員の割り当てが発表され、川野さんペアも選ばれた。「航空隊員として初の実戦。奮い立った」

午後4時ごろ、黒塗りの車で宇垣中将が飛行場に乗り付けると、川野さんは「長官自ら出撃するのか」と驚いた。「長官は22人の隊員を見て、『こんなに行く必要はない。偵察員は残れ』と指示されたが、全員が『お供させてください』と言った」と振り返る。

故・日高保さん

「皆、おれと一緒に行ってくれるか。自分は生きて戻らない覚悟だ」。宇垣中将の目が潤んでいたように見えた。

宇垣中将は、飛行隊長の中津留達雄大尉が操縦する1番機の偵察席に、偵察員と2人で乗り組み午後5時、出撃した。

800キロ爆弾を抱いた川野さんの彗星が飛び立ったのはその30分後。単機で九州東岸を南

（上）椅子の上に立つ宇垣纏第五航空艦隊司令長官の訓示に耳を傾ける第七〇一航空隊の隊員たち＝1945年８月15日、大分海軍航空基地（川野和一さん提供）
（下）第七〇一飛行隊が使用した艦上爆撃機「彗星四三型」（斎藤久夫さん提供）

下し、沖縄上空に到達したが、敵艦を発見できなかった。爆弾を捨てて基地に戻る途中、燃料切れで、鹿児島湾とみられる海岸沿いに不時着。その際の衝撃で頭を強打した日高一飛曹は死亡した。

不時着した場所は、夜間だったこともあり、はっきりしない。ただ、翌16日に川野さんと日高一飛曹の遺体を運んだトラックは、１時間ほどで鹿児島市の鹿児島航空基地に着いた。

川野さんが初めて終戦を自覚したのは、鹿児島市で日高一飛曹の火葬を終え、鉄道を乗り継いで大分基地にたどり着いた19日のことだった。

同年3～6月、鹿屋を拠点に、航空特攻作戦の総指揮を執った宇垣中将。41年10月から特攻出撃直前までつづった陣中日誌「戦藻録《せんそうろく》」の45年3月11日付には「自分もいつかは彼ら（特攻隊）若者のあとを追う覚悟はできている」と、「宇垣特攻」を示唆する記述がある。だが、終戦が分かっているにもかかわらず、独断で決行した特攻は、正式な作戦には認められず、旧軍関係者からも「部下を道連れにした」と批判が多い。

「もし終戦を知っていたとしても出撃しただろう」と川野さんは言い切る。「何をおいても上の意向に従うのが、あの時代だった」

飛び去る長官機見送る

高山高女・挺身隊、勝目アサエさん（86）鹿屋市

沖縄航空特攻作戦を指揮した海軍第五航空艦隊は45年8月3日、近く予想される米軍の南九州上陸に備えて、司令部を鹿屋から大分へと移した。この時、鹿屋から司令部に同行した高山高等女学校卒の女子挺身《ていしん》隊員23人が、8月15日、大分航空基地における宇垣纏司

令長官の特攻に立ち会うことになった。

その一人である勝目(旧姓・千堂)アサエさん(86)=鹿屋市新生町=によると、同日、基地内の広場で玉音放送を聞いた。「音声が不鮮明で、よく聞き取れない。一緒にいた兵隊さんが『日本は負けた』と教えてくれて、皆、『うそでしょう』と、泣き出した」

勝目アサエさん

衝撃の大きさゆえか、「宇垣特攻」が出る午後5時まで、どこで過ごしたか、勝目さんの記憶はあいまいだ。ただ、「彗星」1機が南の空に飛び去るのを見送った。「宇垣長官のお世話をする従兵だった人が『あの飛行機に乗っていかれた』と教えてくれた」という。
作戦電話室業務の指導役を期待された女子挺身隊員たちだったが、大分の施設は鹿屋に比べ貧弱で、手持ちぶさたな日々が続いた。「宿舎にはお風呂もなくて、小川で髪を洗った。見かねたのか、2度、別府の温泉に連れて行ってくれた」と勝目さん。「あれが戦争に明け暮れた学生生活を送った私たちのささやかな〝修学旅行〟だったのかも」と苦笑いした。

爆装零戦に乗り込み、鹿屋で半日待機

戦闘三〇六飛行隊・佐藤孝一さん（92）宮城県白石市

零式艦上戦闘機五二型と佐藤孝一さん。1945年８月15日の出撃待機時も同機に乗り込んだ

海軍が米軍の沖縄占領阻止を目的に45年４月上旬から６月下旬まで実施した航空特攻作戦「菊水作戦」が終わってからも、戦闘機練習航空隊で編成された特攻隊の一部隊員は、鹿屋航空基地にとどまっていた。

約20人の生き残り隊員は４月下旬に、第七二一航空隊（通称・神雷部隊）戦闘三〇六飛行隊に統合されていた。茨城・谷田部航空隊で編成された昭和隊の少尉だった佐藤孝一さん（92）＝宮城県白石市＝もその一人だ。

２カ月近い「待機」の日々に倦《う》んでいた隊員らに集合が掛かったのは８月15日朝。戦闘三〇六飛行隊長の栢木《かやき》一男大尉から「九州西方海面の米船団に突入せよ」との命令が伝達された。

1945年8月15日の出撃待機時、別れのはがきを書いた佐藤孝一さん（左）と、はがきを受け取った妻の汀子さん＝2015年6月、宮城県白石市

隊員らはいったん宿舎に戻り出撃準備を整えた。佐藤さんは、文通を続けてきた群馬県安中市の女性に「○時○分出撃。さようなら」と伏せ字交じりのはがきを出した。

基地に戻ると、500キロ爆弾をつった零式艦上戦闘機(零戦)五二型が約30機ずらりと並び、エンジンの試運転が始まっていた。

ところが、なかなか出撃命令が出ない。船団発見から時間がたっていたため、正確な位置確認に偵察機を発進させたが、船団が見つからなかった。

午後6時ごろ、栢木大尉は出撃中止を決断。隊員たちに「明朝、黎明攻撃を掛ける」と申し渡した。

半日に及ぶ待機を終えて、宿舎に戻った佐藤さんは、隊付の軍医から「今日の昼、玉音放送があった。戦争は終わった」と告げられた。

佐藤さんは「ばか言うな、あす朝出撃するんだ」と反論したが、「待機続きのその日の状況を冷静に思い返すと、軍医の言葉は正しいと認めざるを得なかった」と振り返る。

佐藤さんらは19日、使わなかった零戦を宮崎・富高基地に空輸。部隊に解散命令が出た21日、佐藤さんは石川・小松基地まで飛ぶ一式陸上攻撃機に乗せてもらい、そこから鉄道で宮城・白石の実家に復員した。

実家にたどり着いてみると、佐藤さんからの別れのはがきを受け取った女性が、ちょうど弔問に来ていた。その女性が、戦後70年連れ添ってきた妻の汀子《ていこ》さん(91)だ。

はがされた「必勝」の紙

鹿屋高女・挺身隊、田之上ムツさん（86）垂水市

田之上ムツさん

女子挺身隊員として海軍鹿屋航空基地通信壕の作戦電話室に勤めていた鹿屋高等女学校4年生の田之上(旧姓吉松)ムツさん(86)＝垂水市田神＝は、8月15日の朝を壕近くにあった鹿屋市下谷町(現新生町)の宿舎で迎えた。

夜勤明けだったが、快晴で警報も全くないため、洗濯した。その後、昼食当番で烹炊《ほうすい》所に食事を取りに行くと、途中にある広場の掲示板に貼ってあった「必勝」の紙が荒々しく破

られているのに気付いた。胸騒ぎがした。

もとは民家である宿舎に戻り、配膳をしていると、少尉が緊張した面持ちで駆け込んできて、床の間に掲げてあった「必勝」の紙をいきなりはぎ取った。

「何事ですか」と尋ねると、少尉は「もうこれはいらなくなった。後で話があるが停戦だ」と話した。ほどなく「女子挺身隊は全員集合」の指示が出て先の広場に集まった。

分隊長は「終戦の詔勅《しょうちょく》が下った。挺身隊も今までの奉仕を感謝して解散する。日本人の誇りを失うことなく強く生きよ」と訓示した。その日のうちに田之上さんは鹿屋市花岡の実家に帰った。

田之上さんは訓示を聞いて、涙があふれたが、軍の情報に接する中で終戦には納得できたという。「米軍が占領した沖縄の飛行場を偵察機が撮影した写真を整理していると、あっという間に、飛行機が飛べるように整備してしまうのが分かった。こんなすごい国には勝てない、と内心思わざるをえなかった」

音が消えた知覧飛行場

旧制川辺中生・峯苫眞雄さん（85）南九州市

「飛行機に関する音が一切消え、警報も一つとして鳴らない。晴れ渡った空の下、音のない世界が広がっていた」

知覧特攻平和会館の語り部を務める峯苫眞雄さん（85）＝南九州市知覧町西元＝にとって、45年8月15日午後の陸軍知覧飛行場の「深い静寂」は、70年たった今も忘れ得ぬ思い出だ。

旧制川辺中学校の3年生だった峯苫さんは同日早朝、飛行場の主滑走路わきにあった峯苫集落の自宅を出た。

学校近くで進められていた陸軍第一四六師団（護南兵団）の司令部壕《ごう》掘りの作業に向かったが、そこで日本の敗戦を告げられた。悔しさに泣きながら戻ってくると、飛行場周辺の雰囲気は一変していた。

太平洋戦争末期の峯苫集落は、飛行場から延びた「カモメ」と呼ばれる誘導路に囲まれており、軍用機を爆弾の被害から守る掩体壕《えんたい》が数多く造られていた。

沖縄戦における知覧飛行場からの陸軍特攻隊「振武隊」の出撃は、6月11日で終わり、飛行戦隊の大半も九州北部などに後退していた。しかし、「集落の掩体壕には依然、一式戦闘機『隼』や九七式戦闘機などの特攻機が多く格納され、昼夜問わず、整備やエンジンを試運転する爆音が絶えることはなかった」と峯苫さん。

峯苫さんは、これら軍用機を整備する整備兵たちと顔見知りになり、沖縄特攻がたけなわになった3月ごろからは、折に触れて整備作業を手伝った。

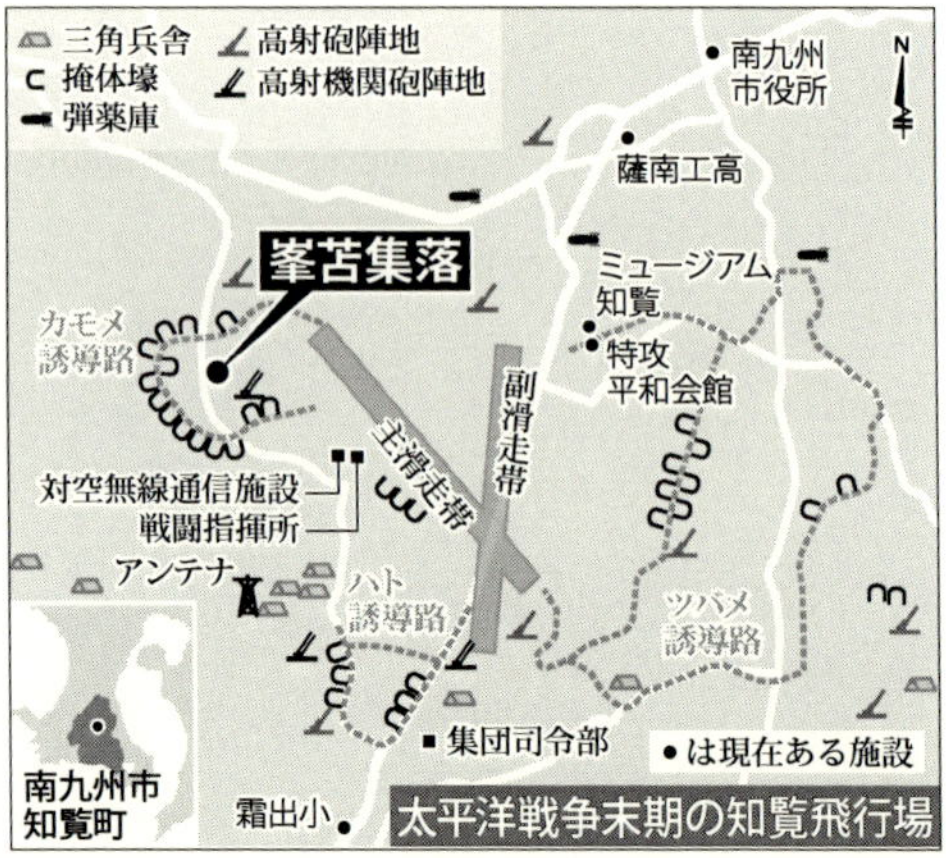

太平洋戦争末期の知覧飛行場

「徹夜、徹夜の突貫作業を求められるのに、空襲の激しさから煙を出す炊事ができず、食事がなかなか届かない。皆、空腹でふらふらになりながら整備していた。かわいそうなものでした」

8月16日から1週間ほど、知覧飛行場は、本土決戦に備えて残留していた飛行兵が故郷への復員に使う軍用機が離発着し、一時、騒々しさを取り戻したが、それが終わると、残った20機ほどの軍用機は滑走路に引き出され、プロペラを外されて並べられた。

それらを9月の枕崎台風が直撃した。

「精鋭だった軍用機が強風に吹き飛ばされて、ひっくり返ったり、逆立ちしたり。あわれな姿を眺めるたび、敗戦を実感させられた」。峯苫さんは語った。

おわりに

人間兵器となって敵に体当たりし、必ず死ぬことを国家が強いた戦術、それが太平洋戦争末期に日本軍が編み出した「特攻」だった。最も多くの隊員が出撃した鹿児島の地から、この「十死零生《じゅっしれいせい》」作戦に迫ろうと、8部を書き継いできた「特攻この地より」。識者インタビューのほか、連載に収めることができなかったエピソードで締めくくる。

識者インタビュー

「残念」胸に反戦を詠む

歌人　岡野弘彦さん

歌人で国文学者の岡野弘彦さん(91)＝静岡県伊東市＝は、特攻作戦で失った国学院大学予科時代の同級生に対する「残念」を、おもりのように引きずって戦後を生きた。現代の自爆テロに対しても、あの特攻を経験した日本人として複雑な思いを抱く。2015年11月、陸軍万世飛行場があった南さつま市で開かれた短歌コンクールの講演会で来鹿した岡野さんに、日本の伝統詩三十一《みそひと》文字に託してきた反戦への思いを聞いた。

―1945(昭和20)年4月12日、第一〇三振武隊の一員として知覧飛行場を出撃し、特攻戦死した同級生の「板倉震《とおる》君」について歌を数々詠まれています。

「『沖縄《うちな》の島　あをきなぎさを犯す魔《もの》。身もて守ると　たち征きにけり』『勝つすべのなき戦ひの果てを信じ、神のごとくに　逝きし二十ぞ』『白鳥《しらとり》は血潮にぬれて天《あま》くだる。機をおしつつむ弾幕のなか』などを今年、短歌雑誌に発表しました」

―「板倉君」は、航空戦闘要員不足を補うため、学生たちから予備役将校操縦者を登用した陸軍特別操縦見習士官（特操）の2期生でした。岡野さんは一緒に特操志願するはずだったのですね。

「国学院大学予科の同級生だった板倉君は2年に上がる44年春、『おれたちも突っ込んでいかねば、もう日本はだめじゃないか』と特操を志願した。僕も行く、と約束したが、生家が三重県美杉村（現・津市）の30代以上続く神主の家で、後継ぎを期待していた父親に『どうしても行くというなら勘当する』と言われ断念。板倉君にあわせる顔がなかった」

「埼玉県出身の板倉君は母子家庭だった。知覧特攻平和会館に展示されている遺書には『わがままな息子でごめんなさい』と書いてあった。板倉君の戦死は、私の生涯の残念。頭を離れない」

「特攻とジハードを重ねてみざるをえない」と話す岡野弘彦さん
＝2015年11月、鹿児島市

―そのころから短歌を作っておられたのですか。

「予科2年生になると全クラスが愛知県の豊川海軍工廠《こうしょう》に動員された。毎日くたくたでも、週1回、短歌仲間と研究会を開いた。そのときのみんなの愛唱歌が、若山牧水の『白鳥は哀しからずや空の青　海のあをにも染まずただよふ』だった」

「特攻作戦が始まりかけた時期で、棺おけと言われるような、二度と戻れない特殊潜航艇があることも海軍工廠の中では知らされていた。もとは明治初期のロマンチックな牧水の歌が、当時の若者には自分たちの運命そのものを歌ったように思え、心にしみた。時代が与えた感受性だった。むごい時代だ」

—戦後、現代の紛争についてもしばしば言及し、歌を作っておられます。

「ジハード(聖戦)を掲げ、自分の体に爆薬を巻き付けて敵の国で自爆する。あの異常な方法の根源には、人類の歴史上、かつてない作戦と言われた日本の特攻があるのではないか。つらく、悲しく、苦しい思いでニュースを見聞きせざるをえない。日本人としての責任を感じる」

—戦後70年の2015年、詠まれた歌をおしえてください。

「子を抱きて冷たき雨にぬれてゆく　女《をみな》もまじる。反戦の列」

「七十年の国の歩みの変る日ぞ。テレビの前に　われは激しき」

おかの・ひろひこ　1924年、三重県生まれ。国学院大卒。民俗学者で歌人でもあった折口信夫に師事。宮中歌会始の選者、昭和天皇の歌の指導役も務める。2013年度文化功労者。日本芸術院会員。歌集に「バグダッド燃ゆ」「美しく愛《かな》しき日本」など。

国民を序列化する戦争

昭和史研究家　保阪正康さん

昭和史研究で知られるノンフィクション作家、保阪正康さん(76)には「特攻この地より」のスタートに際し、「特攻」を見る視座の置き方を聞いた。連載と戦後70年の締めくくりにあたり、あらためて話を聞いた。

―新聞やテレビの報道、講演会の講師などに、保阪さんの名前を見る機会が多かった戦後70年でした。

「依頼があれば、可能な限り引き受けてきた。安全保障関連法をめぐる一連の国会審議を見ていて、これを黙って見過ごしたら、今まで自分が昭和史の検証に取り組んできたことの意味がなくなってしまう、と強い危機感を抱いたからだ。それだけ、昭和史の転換点と重なるような、既視感ある光景が現れた」

―具体的にはどういったことですか。

「安倍晋三首相が野党議員に『早く質問しろよ』とヤジを飛ばした。あれは、1938(昭

「歴史を謙虚に見る姿勢が今求められている」と語る保阪正康さん
＝2015年12月、東京都中央区

和13)年、日中戦争の体制強化のために、政府に人的・物的資源の統制権を与える国家総動員法案の審議中、国会議員の抗議に陸軍官僚が『黙れ』と一喝した事件を思い起こさせた」

「議員が手続きに沿って国会開会を要求しても開こうとせず、元最高裁長官が『違憲』の可能性を指摘しても無視。そこから見えるのは、安倍首相は、司法や立法を行政に従属させようとしているということ。行政による独裁、ファシズムです。対英米戦争に踏み切った東条英機内閣も同じ行政独裁だった」

—夏には、首相の戦後70年談話が出ました。歴史認識をめぐって中国や韓国との関係は冷え込んだままです。

「談話には、70年前、あの破滅的な戦争を招いたことに対する歴史への謙虚さが徹底的に欠けている」

「首相の周囲には歴史を主観だけで語る人が多い。『日本は侵略などしていない』『太平洋戦争はアジアの解放戦争だった』などと最初に旗を立て、都合のいい史料だけを集めて、それが『史実』だと言い立てる。彼ら『歴史修正主義者』はこれまで、学者やジャーナリストが懸命に史料を収集し、論争を重ねてつくり上げてきた歴史認識を、いとも簡単に『自虐史観』と切り捨てる」

――一方で、「強い日本」の実現を訴える安倍政権を支持する声も多い。

「経済効率が優先される競争社会の中で、次第に共同体が失われ、国民一人一人が孤立化しているのが大きいのかもしれない。共同体から孤立した人はその分、安易に自分を国家に結びつけ、国が批判されると、自分が攻撃されたかのようにむきになる」

――今後の日本の状況をどう見ていますか。

「安保関連法の成立によって、日本は憲法の非軍事主義を軸にした戦後民主主義から『軍事主導体制』にかじを切りつつある」

「その体制が進むとどうなるか。『特攻この地より』の中でも紹介されているが、特攻隊員の多くは学徒兵や少年飛行兵で、きちんとした軍人教育を受けた陸軍士官学校や海軍兵学校卒のエリートはわずかだった。歴史が教えるのは、人間が国家によって序列化され、死の順番さえ決められていくということだ」

――かつての戦争に学ぶべき点は多い。

「戦争の怖さは、今までとは異なる価値観の社会空間がつくり出されていくこと。国家総動員法のような個人の自由を制限する法律が生み出され、ヒューマニズムなどを学ぶ文化系学部は無駄だと切り捨てられた。歴史を冷静に見ていけば、今、日本で起きている安保関連法、特定秘密保護法の成立、大学の文化系学部の縮小、非正規労働者の増加…。ばらばらに出てきたそれらが、全部同じ方向にあることに気づくはずだ」

「特攻隊員たちは、客観的視点に欠けた軍事体制の戦争指導の下、不条理な死を強いられた。私がこの仕事に進むきっかけは慶応大学出身の学徒兵、上原良司がその不条理な世界の中で『願わくば愛する日本を偉大ならしめん事を、国民の方々にお願いするのみです』と、自由な社会の実現を託した遺書を読んだからだ。今こそ、その叫びを思い返す時だと思う」

ほさか・まさやす　1939年、札幌市生まれ。同志社大卒。昭和史の実証的研究のために延べ4千人以上に聞き書き調査をし、それに基づく著書多数。近刊に「戦争体験者　沈黙の記録」「昭和史のかたち」「安倍首相の『歴史観』を問う」など。

連載余話

敵地まで10時間、３０００キロ踏破

鹿児島から初の特攻「梓隊」の誘導役務めた安井勇さん（90）愛知県日進市

1945年３月11日、鹿屋海軍航空基地を飛び立つ梓特別攻撃隊の「銀河」（鹿屋航空基地史料館提供）

鹿児島の地を初めて飛び立った特攻隊は１９４５（昭和20）年3月11日、本土から約3千キロ離れた西カロリン諸島・ウルシー環礁を目指した海軍の「梓《あずさ》特別攻撃隊」だ。太平洋戦争中、最も長い距離を飛んだ特攻隊である。

ウルシー環礁には、航空母艦（空母）を中核とした米機動部隊の補給・休養拠点があった。この頃、海軍は米機動部隊の沖縄来攻が近いことを予測していたが、それを迎え撃つ航空部隊の搭乗員養成は遅れていた。

機動部隊が拠点を出る前に奇襲攻撃をかけ、少しでも沖縄進攻の時期を遅らせる――というのが「第二次丹作戦」と名付けられた特攻作戦の狙いだった。

梓特別攻撃隊は、双発エンジンの陸上攻撃機「銀河」(3人乗り)24機と、四発エンジンの大型飛行艇「二式飛行艇」(10人乗り)3機の混成だった。

異なる機種で編成されたのは理由がある。現在のような誘導装置がなかった当時の飛行機で、目印のない洋上を3千キロ飛び、目標に正確に到達するのは、至難のわざだった。そのため、長距離飛行の経験が豊富で、航法能力に秀でた偵察員を擁していた二式飛行艇に、800キロ爆弾を抱えて敵艦に突入する銀河隊をウルシーまで誘導する役割が託された。

第八〇一航空隊の二式飛行艇の副操縦員だった安井勇さん(90)＝愛知県日進市＝は、45年2月、同隊が本拠地とする香川・詫間海軍航空基地で梓隊員の指名を受けた。

「ウルシーへの突入時刻は、敵の迎撃を受けにくい日没後の薄暮とされていた。約10時間、飛行した後、目的地にちゃんと着かないと、銀河隊を犬死にさせることになる。誘導の責任は非常に重いと感じた」と振り返る。

操縦員と偵察員で確実な飛行ルートを何度も検討した。巡航速度が二式飛行艇より約70キロも速い銀河のペースに合わせるために、機銃の弾倉まで機体から降ろし、軽量化を図った。

45年3月11日午前8時半、安井さんの乗り込む二式飛行艇は鹿児島海軍航空基地（鹿児島市）を離水。鹿屋海軍航空基地を出撃した銀河隊と佐多岬上空で合流して、ウルシーに向かった。

実は前日10日にも出撃したが、出発後すぐに作戦中止に。第五航空艦隊司令部は、仕切り直しに当たり、追い風によるスピードアップが期待できるとして、出発を1時間遅らせる判断をした。

上は安井勇さん（左下）＝2015年9月撮影＝が副操縦員として乗り組んだ二式飛行艇。右下は梓特別攻撃隊として出撃前、鹿児島湾で二式飛行艇の操縦桿《かん》を握る安井さん

「だが、その1時間がわれわれを苦しめることになった」と安井さんはい

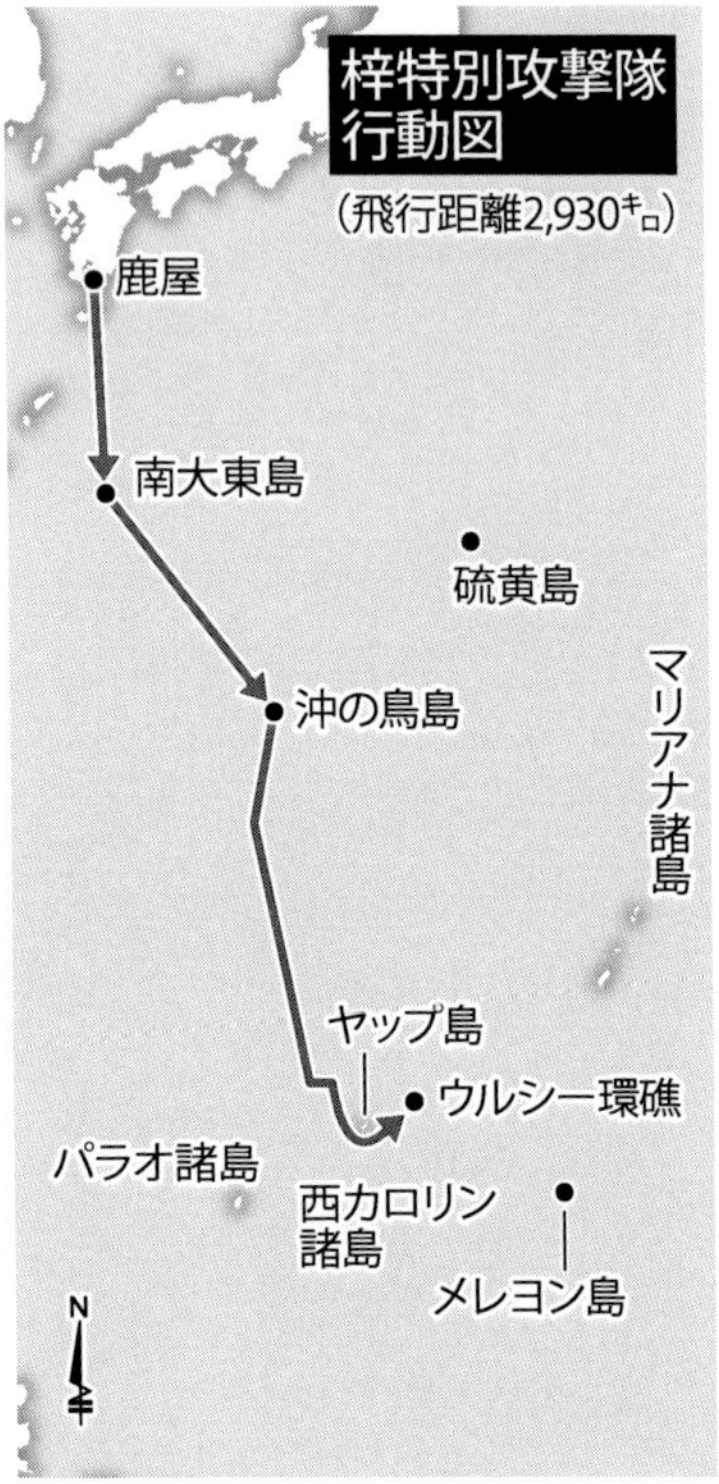

う。

進撃途中、積乱雲にぶつかったため、編隊は雲下の低高度を進むことを強いられた。空気抵抗増で速度が落ち、予定よりも時間を食うことになった。

安井さんは「銀河は『機速遅し。編隊組み難し』と発光信号で盛んにスピードアップを促してくる。こちらがエンジンに大きな負荷を掛ける『赤ブースト』を続けても、彼我の速度差はいかんともしがたかった」と語る。

エンジン故障による銀河の脱落も相次ぎ、ウルシー近くのヤップ島を確認した時、その数は16機まで減っていた。しかもとっくに薄暮の時間は過ぎ去り、周囲は真っ暗だった。

それでも、銀河はウルシー環礁へと突っ込んでいった。安井さんは「何本もの火柱が立つのを見た」。だが、実際の戦果は1機が米空母ランドルフの飛行甲板に突入しただけ。攻撃を断念してヤップ島に引き返した5機を除いたほとんどの機が、サンゴ礁を軍艦と見誤って突入していったとみられる。

安井さんの二式飛行艇は、エンジンの酷使で飛び続けられず、日本軍がいるメレヨン島に不時着。同島で約2カ月間、飢餓生活を送った後、潜水艦に救助されて日本に帰った。

安井さんは90歳の今も、二式飛行艇のわきを躍るようにすり抜けて、死地に向かった銀河と手を振っていった搭乗員の姿を思い出すと涙がこぼれる。「兵隊はあそこまで苦労して目的地にたどり着いたのに、なぜ照明弾一発持たせなかったのか。作戦を策定した側の想定の甘さには憤るしかない」

異様な機体に「飛べるんか」

3トンの特殊爆弾搭載「さくら弾機」に搭乗した花道柳太郎さん（90）和歌山県日高町

太平洋戦争末期、特殊な爆弾を搭載し、敵の大型戦闘艦を一撃で沈めることを目指した特攻専用兵器を陸海軍が相次ぎ開発した。第3部「軍都鹿屋」で紹介した海軍のロケット推進兵器「桜花」は有名だが、それと比肩する陸軍兵器が、「さくら弾機」だ。ともに散り際のいい「桜」を名前に冠していることが共通している。

操縦席の後ろに不格好な膨らみが張り出している「さくら弾機」(林えいだいさん提供)

さくら弾機とは何か。優れた飛行性能から傑作機と呼ばれた双発エンジンの陸軍四式重爆撃機「飛龍」の改造機だ。操縦席の後ろに、ドイツから技術供与を受けた直径1・6メートル、重さ2・9トンの特殊爆弾を搭載するスペースが設けられ、前方3キロ、後方300メートルの範囲を吹き飛ばす破壊力があるとされた。

「さくら弾機を初めて見たときはその異様な姿に驚いた」と話すのは飛行第六二戦隊の伍長だった花道柳太郎さん(90)＝和歌山県日高町。「重い爆弾を積むために背中に大きなこぶが出っ張っている上に、軽量化のためにベニヤ板がたくさん使われている。機関砲も積まれてない」「これで満足に飛べるんか」。率直に思った。

花道さんは1945(昭和20)年2月、重爆隊である第六二戦隊が拠点を置いていた茨城・西筑波飛行場に航法士として着任した。

その頃、既に同戦隊は重爆特攻の専用部隊となっていた。そのため生産されたさくら弾機全機が配備されたほか、同じ「飛龍」に８００キロ爆弾2基を積んだ「ト号機」も装備していた。

「満足に飛べるんか」と花道さんが疑問に思ったのも当然で、さくら弾機、ト号機ともに、重い爆弾を積むため、オリジナルの飛龍に比べ、格段にスピードや運動性能が落ちた。さらに、さくら弾機は燃料消費量の多さから、沖縄への片道飛行しかできなかった。

花道さんは45年4月12日、福岡・大刀《たち》洗《あらい》飛行場に前進、そこでさくら弾機乗り組みを命じられた。

「重い爆弾を積むさくら弾機の運動性能は非常に悪かった」と話す花道柳太郎さん＝2015年9月、和歌山県日高町

だが、さくら弾機の実機を使った訓練は一度も許されなかった。事故を起こした場合、飛行場に甚大な被害を与える恐れが大きいからだった。

さくら弾機は4月17日、鹿屋海軍航空基地から1機が出撃したが行方不明となった。そして続く第

2陣が5月25日に花道さんたち3機の出撃と決まった。

ところが、同23日、花道さんの運命を変える出来事が起こる。大刀洗飛行場に駐機していた搭乗予定のさくら弾機が炎上、焼失したのだ。しかも、一緒にさくら弾機に乗り込むはずだった通信兵の伍長が放火容疑で憲兵隊に逮捕され、連行された。機体を失った花道さんらには代わりにト号機が与えられ、通信兵を除く3人で出撃することになった。

25日、大刀洗飛行場をさくら弾機2機、ト号機2機が、沖縄へ向け飛び立った。花道さんのト号機は、悪天候の中、前を行くさくら弾機を追いかけたが、「想像以上の遅さですぐ追いついてしまう。旋回して待つのだが、そのうちに見失ってしまった」

花道さんの機も敵艦を捜し続けたが、見つからず、鹿屋海軍航空基地に滑り込んだ。掩《えん》体壕《たいごう》に向かう途中で燃料が切れた。別のト号機も帰還したが、さくら弾機2機は帰らず、戦果も確認されていない。

「燃料が片道しかもたないさくら弾機では生きて戻れなかった。自分は運に恵まれた」

と花道さんは語る。

花道さんは、戦後ずっと気になっていたことがあった。放火容疑で憲兵に連行されたたま会うことのなかった通信兵の行方だ。10年前、ノンフィクション作家、林えいだいさん(82)の調査で、通信兵が朝鮮出身者で終戦1週間前、銃殺になっていたことが分かった。

「彼は自分たち3人とずっと一緒にいて、放火などできないのに、憲兵は自分たちに事情をきくこともなく、罪を押しつけた。むごいことをした」と嘆いた。

出撃目前、「死の覚悟」日記に

元震洋隊員の亡父・浜田末隆さんを語る川原由美子さん（56）鹿児島市

川原由美子さん(56)＝鹿児島市喜入瀬々串町＝の父・浜田末隆さん(2007年5月、84歳で死去)は、酒が入るたび「特攻出撃まで、自分はあと数日のところだった」と話していた。

川原さんは母ハツエさん(91)と父の思い出を話しながら「特攻」の連載を読み、切り抜いた。戦時中の父の日記も久しぶりに取り出した。当時の「死ぬ覚悟」が伝わってくる。「あの時代に生きた若者の悲痛な思いを伝える資料になれば」と、新聞社に連絡を寄せた。

表紙に手書きで「反省録」と記された、1944(昭和19)年8月10日から10月16日までの記録だ。末隆さんは43年12月、甲種飛行予科練習生として三重海軍航空隊奈良分遣隊に入隊した。日記は、44年10月22日の教程卒業直前の時期に当たる。

浜田（旧姓城ケ野）末隆さんが海軍飛行予科練習生時代につけていた日記「反省録」と写真（家族提供）

「ワレ等ハ今コソ一切ノ私心ト一命ヲ未練ナク投ゲ捨テテ皇国日本ノ運命ノ中ニ永遠ニ生キ貫クベキデアル」「夢想スルナリ　憧憬スルナリ　タダ殉忠一途　捨石タラムト欲ス」「ワレラハ装填《そうてん》サレタル弾丸デアル」

川原さんは「今の感覚からは考えられない」と話す。

地元農協の幹部を務め、筆まめだった父。遺品の中には、この日記とは別に、人生の「回顧録」もあった。それによると奈良分遣隊卒業の2日後、長崎・川棚魚雷艇訓練所に入隊していた。海軍の水上特攻艇「震洋」の搭乗員訓練基地だった。

45年が明けるとすぐ香港方面特別根拠地隊付となり、佐世保軍港から香港へ。

8月1日のところには「肉薄攻撃敢行の　とき数刻に迫りたり」とある。その後、出撃目前で終戦を迎えたようだ。

「生きて帰ったのは申し訳ない」と繰り返していた父の言葉が、いま、あらためてよみがえってくる。

取材を終えて

「忘れぬ」大切さ実感

編集委員　深野修司

2015年12月29日付の新聞各紙の1面には「慰安婦問題で日韓決着」の見出しが躍った。日韓両政府によると、「最終的かつ不可逆的解決」なのだそうだ。

けど、個人の気持ちはそんな国家間の「線引き」で割り切れるものだろうか。違うと思う。この1年間、元特攻隊員や隊員に関わり合った人を全国に訪ね歩いた。もっと声を掛実感として70年前の戦争を昇華できている人はほとんどいない。「なぜ、あの時、(戦死者に)もっと声を掛けてあげられなかったか」「自分だけが生き残って申し訳ない」。悔いを語る人は多かったけれど。

戦争が一人の人間に与える影響というのは計り知れない。だからこそ政治指導者はそのことに思いをいたし、戦争の段階に至らぬよう全力を尽くすべきなのだろう。

でも七十数年前はそれができなかった。そして新聞も誤った情報を流して、そんな政府を後押しした。

読者の皆さん、特に戦争を体験した方々から手紙や電話で数多くの情報提供をいただいた。「これだけは伝えておきたい」という執念を感じる文章もあった。そのすべてに応えられたかというと、自信がない。

取材を通じ、戦争を防ぐために必要なのは「忘れない」ことだとの思いを強くしている。年間企画としての「特攻この地より」はここで終わるが、戦争の記録は続けていきたい。

不戦へ問い続けたい

編集委員　門田夫佐子

連載は2014年12月20日に始まった。第1部「終《つい》の便り」第1回に登場してもらったのが、「特攻生き残り」の板津忠正さんだった。

戦後30年間、自分の特攻体験を明かせなかった。1970年代から戦友を慰霊する行脚に出た。高齢化が進む父母らに託された遺書や遺品の数々が、現在の知覧特攻平和会館の礎になった。

取材のため愛知県犬山市の自宅を訪ねたときは、顔つやもよく、まだまだお元気だった。ところが15年4月、戦後70年目の夏は迎えられず逝った。90歳だった。

いま話を聞かねば、特攻の証言者がいなくなってしまう、という不安が現実になった。時間の重みをしみじみ感じる出来事だった。

朝鮮半島出身の特攻隊員を取り上げた第5部「半島の神鷲《わし》」では、隊員の遺族を韓国に訪ねた。日本で英雄視される一方、韓国ではいまだ「志願して日本に協力した裏切り者」の見方が残る。どちらの見方にも憤りを抱く遺族らの声を、日本の新聞で伝えなければならない、と思った。

特攻作戦の不条理さを繰り返し伝えた1面連載記事の隣では、日本の安全保障政策の変化を伝える大見出しが躍った年でもあった。

「戦後七〇年いまがもっとも危ふいとわたしは思ふがあなたはどうか」(永田和宏)。今回の連載が、こんな問いを読者に発することができていたらいい。戦後80年も90年も。戦争が現実とならず、問いかけ続けられればいい。

参考文献

第1部

二度戦死した特攻兵　安部正也少尉（福島昂　学芸みらい社）▽父と母の生きた時代―特攻隊長伍井芳夫（臼田智子　中央公論事業出版）▽知覧特攻基地（知覧高女なでしこ会　文和書房）

第2部

戦史叢書沖縄・台湾・硫黄島方面陸軍航空作戦（防衛庁防衛研究所戦史室　朝雲新聞社）▽陸軍少年飛行兵史（少飛会）▽陸軍最後の特攻基地―万世特攻隊員の遺書・遺影（苗村七郎　東方出版）▽陸軍航空特別攻撃隊史（生田惇　ビジネス社）▽特別攻撃隊の記録陸軍編（押尾一彦　光人社）▽特攻―外道の統率と人間の条件（森本忠夫　文藝春秋）▽ドキュメント神風―特攻作戦の全貌（上）（下）（デニス、ペギー・ウォーナー　時事通信社）▽元気で命中に参ります―遺書からみた陸軍航空特別攻撃隊（今井健嗣　元就出版社）▽朝鮮一〇一部隊史懐想集1・2（朝一〇一部隊戦友会）▽飛行第六六戦隊記Ⅰ・Ⅱ（飛行第六六戦隊会事務局）▽昭和は遠く―生き残った特攻隊員の遺書（松浦喜一　径書房）▽流星一瞬の人生―後藤光春の実録（後藤慶生）▽沙羅の花―「特攻」沖縄の海に散る―中島秀彦の記録（白川栄子　文芸社）▽加世田市史（上）（下）（加世田市史編さん委員会）

第3部

戦史叢書沖縄方面海軍作戦、海軍航空概史（防衛庁防衛研究室　朝雲出版社）▽神雷部隊始末記（加藤浩　学研）▽証言・桜花特攻（文藝春秋）▽極限の特攻機桜花（内藤初穂　中央公論新社）▽一式陸攻戦史（佐藤暢彦　潮書房光人社）▽日本海軍神風特別攻撃隊々員之記録（零戦搭乗員会）▽戦藻録（宇垣纏　原書房）▽特別攻撃隊の記録・海軍編（押尾一彦　光人社）

▽特攻　外道の統率と人間の条件（森本忠夫　文藝春秋）▽ドキュメント神風（上）（下）（デニス、ペギー・ウォーナー　時事通信社）▽神風よ鎮め（今井健嗣　元就出版社）▽魂のさけび（鹿屋航空基地史料館連絡協議会）▽特攻―一つの時代を駆け抜けたある青年の記録（寺田晶　到知出版社）▽神雷部隊櫻花隊（羽衣会）▽海軍神雷部隊戦史（海軍神雷部隊戦友会）▽激烈に生きて（長濱敏行）▽隠密特攻第二神雷爆戦隊（大倉忠夫）▽大隅第48号（大隅史談会）▽郷土史郷之原（郷之原を語る会）▽山下集落史（山下自治会）▽鹿屋市史（下）（鹿屋市）

第4部

戦史叢書沖縄方面海軍作戦（防衛庁防衛研究室　朝雲出版社）▽同大本営海軍部・聯合艦隊（7）戦争最終期（同）▽海軍特別攻撃隊戦闘記録―航空隊編（アテネ書房）▽海に消えた56人―海軍特攻隊・徳島白菊隊（島原落穂　童心社）▽高知海軍航空隊白菊特別攻撃隊（三国雄大　群青社）▽白菊特攻隊　還らざる若鷲たちへの鎮魂譜（永末千里　光人社）▽天空　1〜19号・慰霊碑建立記念号（天空会）▽雲ながるるままに（山田斂　文藝春秋企画出版部）▽海軍水上機隊（高木清次郎ほか　潮書房光人社）▽八月十五日の空（秦郁彦　文藝春秋）▽還らざる河―指宿航空基地を偲びて（小林広次）▽日本海軍神風特別攻撃隊々員之記録（零戦搭乗員会）▽戦藻録（宇垣纏　原書房）▽半世紀の鹿屋航空隊―戦前編（南九州新聞社）▽特別攻撃隊の記録海軍編（押尾一彦　光人社）▽特攻―外道の統率と人間の条件（森本忠夫　文藝春秋）▽ドキュメント神風―特攻作戦の全貌（上）（下）（デニス、ペギー・ウォーナー　時事通信社）▽神風よ鎮め―史料からみた海軍神風特攻隊員の青春（今井健嗣　元就出版社）▽魂のさけび―鹿屋航空基地史料館10周年記念誌（鹿屋航空基地史料館連絡協議会）▽串良郷土史（串良町）

第5部

他者の特攻　朝鮮人特攻兵の記憶・言説・実像（山口隆　社会評論社）▽朝鮮人特攻隊　「日本人」として死んだ英霊たち（裵淵弘　新潮新書）▽もう一つのわだつみのこえ　朝鮮人学徒出陣（姜徳相　岩波書店）▽内なる祖国へ　ある朝鮮人学

徒兵の死（河田宏　原書房）▽朝鮮民衆と「皇民化」政策（宮田節子　未来社）▽向かいあう日本と韓国・朝鮮の歴史　近現代編（歴史教育者協議会＝日本、全国歴史教師の会＝韓国＝編　大月書房）▽知覧の誕生　特攻の記憶はいかに創られてきたのか（福間良明・山口誠編　柏書房）▽日韓歴史認識問題とは何か　歴史教科書・「慰安婦」・ポピュリズム（木村幹　ミネルヴァ書房）▽陸軍航空特別攻撃隊史（生田惇　ビジネス社）

第6部

戦史叢書沖縄方面海軍作戦（防衛庁防衛研究室　朝雲出版社）▽同本土決戦準備（2）九州の防衛（同）▽丸8月別冊―終戦と本土決戦（潮書房光人社）▽日本本土決戦―知られざる国民義勇戦闘隊の全貌（藤田昌雄　潮書房光人社）▽本土決戦（土門周平ほか　光人社NF文庫）▽日本海軍神風特別攻撃隊々員之記録（零戦搭乗員会）▽戦藻録（宇垣纏　原書房）▽君死に給ふことなかれ（古川薫　幻冬舎）▽決定版太平洋戦争（8）――一億総特攻（学研）▽本土決戦―陸海軍、徹底抗戦への準備と〝日本敗戦〟の真実（学研）▽十五年戦争極秘資料集第23集（不二出版）▽本土決戦幻想―オリンピック作戦編（保阪正康　毎日新聞社）▽半世紀の鹿屋航空隊―戦前編（南九州新聞社）▽日本特攻艇戦史（木俣滋郎　光人社NF文庫）▽ドキュメント神風―特攻作戦の全貌（上）（下）（デニス、ペギー・ウォーナー　時事通信社）▽ひょっこ特攻（永沢道雄　光人社NF文庫）▽予科練―甲十三期生落日の栄光（高塚篤　原書房）▽三角兵舎の月（前橋竹之）▽思い出―俺たちの文集（出水ひかりの会）▽飛翔―飛行機野郎の70年回想史（岡村五郎）▽蒼空の彼方に（庭月野英樹）▽同袍の絆（岩空会）▽八十路を越えて（福元祐吉）▽母校焼失その日その時（堀中清美）▽第一二四震洋隊―有田部隊記（安井鋭雄）▽百年のあゆみ（鹿児島県立第一高等女学校同窓会）

第7部

報道戦線（馬淵逸雄　改造社）▽新聞五十年史（伊藤正徳　鱒書房）▽実録朝日新聞（細川隆元　中央公論社）▽戦時下の新聞・放送（宮本吉夫　人間の科学社）▽戦時統制とジャーナリズム1940年代メディア史（吉田則昭　昭和堂）▽太平

洋戦争と朝日新聞—戦争ジャーナリズムの研究(早瀬貫　新人物往来社)▽あるジャーナリストの敗戦日記1945～1946(森正蔵　ゆまに書房)▽読んでびっくり朝日新聞の太平洋戦争記事　いま問われる新聞のあり方(安田将三、石橋孝太郎　リヨン社)▽朝日新聞「戦時社説」を読む(室谷克美　毎日ワンズ)▽新聞が日本をダメにした　太平洋戦争煽動の構図(石田収　現代書林)▽そして、メディアは日本を戦争に導いた(保阪正康、半藤一利　東洋経済新報社)▽戦争と新聞(鈴木健二　毎日新聞社)▽新聞と戦争(朝日新聞「新聞と戦争」取材班　朝日新聞出版)▽メディアコントロール　日本の戦争報道(前坂俊之　旬報社)▽暗黒日記(清沢洌　評論社)▽陸軍航空特別攻撃隊史(生田惇　ビジネス社)▽鎮魂白雲にのりて君還りませ　特攻基地第二国分の記(十三塚原特攻碑保存委員会編　朝日印刷)▽知覧特攻基地(知覧高女なでしこ会　文和書房)▽南日本新聞百年志(南日本新聞社)

第8部

戦史叢書沖縄方面海軍作戦(防衛庁防衛研究室　朝雲出版社)▽同沖縄・台湾・硫黄島方面陸軍航空作戦(同)▽同陸軍航空兵器の開発・生産・補給(同)▽海軍特別攻撃隊戦闘記録—航空隊編(アテネ書房)▽戦藻録(宇垣纏　原書房)▽あゝ祖国よ恋人よ(上原良司、中島博昭　信濃毎日新聞社)▽大正っ子の太平洋戦記(美濃部正)▽まぼろしの戦斗部隊史(美濃部正　高知県防衛協会)▽大隅町と芙蓉之塔(芙蓉之塔保存会)▽海軍戦闘第八一二飛行隊(吉野泰貴　大日本絵画)▽彗星夜襲隊(渡辺洋二　光人社NF文庫)▽二式大艇空戦記(長峯五郎　光人社NF文庫)▽梓特別攻撃隊(神野正美　光人社)▽重爆特攻さくら弾機(林えいだい　東方出版)▽「特攻」と日本人(保阪正康　講談社現代新書)▽昭和史のかたち(保阪正康　岩波新書)▽戦場体験者　沈黙の記録(保阪正康　筑摩書房)▽少国民はどう作られたか(山中恒　筑摩書房)▽靖国の子(山中恒　大月書店)▽反日の呪縛(山中恒　辺境社)▽特攻(森本忠夫　文藝春秋)▽語られざる特攻基地・串良(桑原敬一・文春文庫)▽予科練白書　下士官・兵のみた戦中と戦後(桑原敬一　新人物往来社)▽宇佐航空隊の世界I～V(豊の国宇佐市塾)▽神風特別攻撃隊(猪口力平、中島正　日本出版協同)

特別編「玉音放送の日」
戦史叢書沖縄方面海軍作戦（防衛庁防衛研究室　朝雲出版社）▽八月十五日の空（秦郁彦　文藝春秋）▽宇垣特攻軍団の最期（野原一彦　講談社）▽砲台跡の夏草（太佐順　六興出版）▽最後の特攻隊の真相（太佐順　学研）▽戦藻録（宇垣纏　原書房）▽半世紀の鹿屋航空隊—戦前編（南九州新聞社）▽歌集・雲の彼方に（佐藤孝一）

あとがき

石は流れて木の葉が沈む―。戦争の時代は、平時とは全く逆の価値観が世の中を支配した。国益という大義の下、数多くの命が軽んじられた。

その最たるものが、爆弾を抱いた飛行機もろとも敵戦艦に体当たりする特攻作戦だった。太平洋戦争末期の1945(昭和20)年3月から3カ月間にわたり、米軍の沖縄上陸を阻止するために展開された。最前線になった鹿児島県の知覧や鹿屋など数多くの基地からは20歳前後の青年が飛び立ち、2千人以上の命が南の海に散った。彼らは英雄視され、新聞もその風潮をあおった。

それから長い歳月が流れ、元隊員や隊員と当時交流のあった人々の話を直接聞ける時間はあまり残されていない。勇敢さに目が奪われがちな特攻の実像を正しく伝えなければならない。そんな思いで長期連載企画「かごしま戦後70年―特攻この地より」を始めた。2014年12月から1年余、計8部77回に及ぶ連載と特集を組み、本書に収録した。

取材、執筆は編集委員の深野修司、門田夫佐子両記者が担当した。存命の元隊員らを捜し、全国に訪ねた。韓国に出向き、朝鮮半島出身の元隊員や遺族が戦後、どのような半生を送ったのかも追った。

戦争体験者は若くても80代前半である。取材を頼んでも「耳が遠いし、あまり長く話はできない」と乗り気でない人も少なくなかった。しかし、実際訪ねると、ほとんどの人が予定の時間を大幅に超えて自分の体験を熱く語ってくれた。記者は「あんな息苦しい時代は、二度と来てほしくないという願いが込められていた」と感じた。

両記者のデスク周辺は、特攻関連の本や資料がうずたかく積まれていた。戦争体験者の記憶を揺り起こし、胸の内を語ってもらうには、入念な下調べが欠かせなかった。そして、得られた証言をできるだけ正確に記録するよう努めた。

取材を通して深野記者は「戦争を防ぐために必要なことは忘れないこと」との思いを強くした。門田記者は「戦後70年、いまが最も危うくないか。そう問いかけ続けたい」と言う。歴史の教訓を学び、同じ過ちを繰り返さないよう社会に警鐘を鳴らすのは、新聞が果たすべき使命に違いない。

戦後、高度成長を遂げた日本はいま、少子高齢化が進み、地方は疲弊が著しい。経済格差が広がり自殺者は年間2万人を超える。安全保障関連法が施行され、「普通の国」へ舵を切ろうとしている。若き特攻隊員たちが一命を賭して守りたかったのは、こんな国、故郷だったのだろうか。

本書がこれからの日本の針路を考える一助になれば、ありがたい。取材後間もなく鬼籍に入られた方もいらっしゃる。冥福をお祈りするとともに、取材に協力いただいた多くの方々に深く感謝申し上げげる。

二〇一六年　九月

南日本新聞社編集局編集本部長　藤田一知

取材・執筆

深野　修司（ふかの・しゅうじ）

1967年、鹿児島市生まれ。91年、南日本新聞社入社。大島支社（現奄美総局）、政経部、鹿屋支社（現鹿屋総局）、共同通信社金融証券部出向、東京支社報道部、社会部、伊佐支局、地域報道部、同副部長、報道部副部長、編集委員、種子島支局を経て2021年４月から編集部副部長。

門田　夫佐子（かどた・ふさこ）

1966年、鹿児島市生まれ。90年、南日本新聞社入社。編集局文化部、政経部、大口支局（現伊佐支局）、東京支社報道部、編集委員、報道部副部長、霧島総局を経て2022年４月から論説委員会。

特攻この地より

かごしま出撃の記録

2016年10月９日　初版発行
2019年４月１日　第２刷発行
2022年５月20日　第３刷発行

編　　者　南日本新聞社
発 行 所　南日本新聞社
制作・発売　南日本新聞開発センター
〒892-0816　鹿児島市山下町9-23
TEL 099(225)6854　FAX 099(227)2410
URL https://www.373kc.jp

ISBN978-4-86074-242-3　定価：1,760円（本体1,600円+税10%）
C0031　¥1600E